打爆口碑

0到150亿

的品牌方法论

木兰姐 著

机械工业出版社
CHINA MACHINE PRESS

面对新消费浪潮下的新客群、新场景、新商品、新渠道、新营销，作者对于品牌的理解与很多人不同。本书从作者10多年的品牌实战经验出发，以名创优品销售额从0到150亿元的品牌操盘案例为主线，融合多个不同层级的新消费品牌的案例策略拆解，从内容营销、产品营销、娱乐营销、IP营销、用户运营、团队打造、私域流量运营等方面，提炼出一套以产品为中心的现代品牌方法论，探讨品牌快速发展背后的底层逻辑，给零售企业及创业者以参考。

图书在版编目（CIP）数据

打爆口碑：0到150亿的品牌方法论／木兰姐著.
—北京：机械工业出版社，2021.4（2024.1重印）
ISBN 978－7－111－67857－1

Ⅰ.①打…　Ⅱ.①木…　Ⅲ.①品牌营销
Ⅳ.①F713.3

中国版本图书馆CIP数据核字（2021）第053907号

机械工业出版社（北京市百万庄大街22号　邮政编码100037）
策划编辑：解文涛　　责任编辑：解文涛　蔡欣欣
责任校对：李　伟　　责任印制：邓　博
北京盛通数码印刷有限公司印刷

2024年1月第1版第4次印刷
170mm×242mm · 23.25印张 · 1插页 · 330千字
标准书号：ISBN 978－7－111－67857－1
定价：85.00元

电话服务　　　　　　　　网络服务

客服电话：010-88361066　　机　工　官　网：www.cmpbook.com
　　　　　010-88379833　　机　工　官　博：weibo.com/cmp1952
　　　　　010-68326294　　金　书　网：www.golden-book.com
封底无防伪标均为盗版　　机工教育服务网：www.cmpedu.com

行业大咖赞誉

中国企业正在面临新的行业洗牌，金兰在名创优品集团工作 10 多年，经历了从传统零售到新零售的转型。翻阅她的书，你能看到她作为一线品牌操盘手提炼出的一套从产品、品牌到整合营销的系统化打法。本书总结的营销方式、工具和理论道术结合，是实战型品牌营销经验的精髓。相信本书满满的干货，能让身处消费品公司的从业者受益匪浅。

——润米咨询创始人、"刘润·5 分钟商学院"主理人、

微软前战略合作总监　刘润

金兰这本书给我最大的感受是从产品切入谈品牌营销的重要性。品牌是 1，营销是它后面的无数个 0。只有持续提升品牌价值才能让企业常青永续，这也是如家多年来一直坚持的经营理念。很高兴看到市场上有将产品、品牌、营销讲得如此系统化的一本书，受益匪浅！

——如家酒店集团董事长兼首席执行官　孙坚

作者在品牌运营中积极思考，在实践中积累了宝贵的经验，并借势借力快速跑通属于自己的方法论。木兰姐这本书为从事这个行业和想要了解品牌营销的人们提供了不同的品牌营销视角，具有很高的参考价值。

——清华大学营销学博导、世界营销名人堂中国区评委　郑毓煌

认识木兰姐是五年前的事，当时她就给了我一个惊艳的印象，年轻靓丽、充满活力的小女孩，但操盘名创优品这样的明星企业的品牌营销令我刮目相看，也不得不佩服。在互联网盛行的今天，名创优品的成功绝对是线下零售的奇迹，在产品力之外，营销是其最大的助推器。为此，我也一直期待能有解密者。今天欣喜地拜读木兰姐执笔的《打爆口碑：0 到 150 亿的品牌方法

论》，我是一口气读完的，满满的干货，都是作者自己实操的经验总结和对品牌营销这门学问的深刻解读。成功绝对不是偶然的，一定有其内在的根源，欣喜之余除了赞叹还是赞叹，也急切地想推荐给各位从事零售行业的有缘人，对于实体零售从业者而言，无论你从事哪个板块的工作，该书都非常值得一读，相信一定会对你有所启发和帮助。

——深圳百果园实业（集团）股份有限公司常务副总裁　袁峰

木兰姐参与了名创优品从初创到过百亿元的全过程。在授课与当顾问的这几年里，她深入研究了很多成功的企业，对品牌、流量、营销、用户、产品等都有独到见解。

书中复盘案例的形式更是深入浅出，直观易懂，值得所有新消费新品牌的创业者及市场营销负责人学习。

——熊猫不走蛋糕创始人　杨振华

本书有三大特点，一是新锐，介绍了在新商业时代所需的新方法；二是系统，能够提升企业的整体实力；三是实战，作者的现代品牌方法论来源于实战，又能应用于实战。我向广大企业家推荐这本书，相信它能帮助中国企业在新的经营环境中重塑竞争力。

——《商业评论》主编　颜杰华

做品牌营销工作，最怕的就是老板问到底有没有效果，对业绩的帮助到底有多大。木兰姐在过去10多年的实战中，主导了名创优品从0到150亿元的品牌建设，累积了丰富的品牌营销案例和经验，在产品打造、内容营销、娱乐营销及IP营销方面形成了一套低成本、高转化的品牌整合打法，有效地通过品牌价值提升驱动业务高速成长，无论是对初创型企业还是对成熟企业的品牌营销工作都有很强的启发性和实操借鉴作用。

——良品铺子集团副总裁　莫俊

本书将作者 10 多年的品牌操盘实践提炼成方法论，并辅以真实案例，把品牌营销讲得足够简洁、通透，很难得。推荐大家好好研读，一定会有所收获！

——新华社《中国名牌》杂志社总编辑　周志懿

随着人口红利的逐渐消失，大家从流量的增量时代进入存量时代，这时候流量的精细化运营就显得尤为重要，流量精细化运营的目的是提高转化率和赢得人心，最终实现业绩增长。木兰姐的《打爆口碑：0 到 150 亿的品牌方法论》总结了自己的经验和大家熟悉的公司背后的营销逻辑，案例丰富，值得阅读并实践。

——转化率特种兵、《超级转化率》作者　陈勇

凭借在营销领域实效且务实的创新，木兰姐获得了"2019ECI 年度最具创新力营销人物奖"。在《打爆口碑：0 到 150 亿的品牌方法论》一书中，木兰姐系统地阐述了以产品为中心的现代品牌方法论，这也是现代营销发展与革命的必然。在数字经济时代，对于品牌营销从业人员来说，本书非常值得一读。

——ECI Awards 国际数字创新奖执行主席　贾博士

木兰姐深度洞察渠道和营销变革，陪伴名创优品在产品、渠道、营销变革过程中一路成长壮大，具有深度的理论认知和对产业的深度理解，能够将理论与复杂的产业变革相结合，探寻新消费企业的高速增长之路。本书将理论和现实进行了很好的结合，值得反复阅读。

——国泰君安研究所所长助理、消费组组长　訾猛

名创优品作为零售新秀，这几年异军突起，势必有其非凡的营销打法。木兰姐从前台做到了名创优品 CMO，正是实践这套打法的操盘手。木兰姐在书中对名创优品的品牌营销进行了细致的分析，用词通俗易懂，是不可多得的实战秘籍。他山之石，可以攻玉，相信本书会对正在路上的品牌人和即将

走上品牌之路的人有所启发。

——IAI 传鉴国际广告奖执行主席　刘广飞

唯有深入洞察，才有如此秒懂。用新生代的语言解读名创优品的品牌塑造经典，用科学的品牌方法论解读五彩斑斓的网红现象，用充满人文关怀的文字解读品牌人的共生之路。这是一本值得细读、深读、反复读的有趣著作。

——《华为管理之道》《华为成长之路》作者、

华为原中国区规划咨询总监　邓斌

木兰姐将自己整整 10 多年把名创优品这个品牌从 0 做到 1，又从 1 做到 100 的品牌运作宝贵经验和深度思考集结成书，倾囊相授，这是一部诚意满满的作品，值得每一位营销人深读。

——畅销书《超级话题》作者、独立营销战略顾问　肖大侠

看一家企业不要看它现在站得多高，而要看它从 0 到 1、从 1 到 100 真正做了什么。

2019 年有幸和木兰姐合作。她作为 2019 产品运营大会·广州站的特邀主讲人，带领我们横穿名创优品品牌发展历程始末。这本书更是木兰姐分享的升华版，以名创优品这个新零售物种作为主线，向我们展示了新一代消费品牌经营的逻辑。本书提炼的现代品牌方法论（产品—海量用户—口碑—品牌），我认为值得每个品牌及市场营销从业者借鉴和思考。

——人人都是产品经理创始人 &CEO、起点学院院长　老曹

木兰姐拥有多年品牌实战经验，对新消费浪潮下的新客群、新场景、新商品、新渠道、新营销都有独到的见解。本书的理论通俗易懂，案例丰富，详细、透彻地提炼出了一套以产品为中心的现代品牌方法论，具有极高的可读性与极强的可借鉴性。

——首席品牌官创办人　赵翔宇

市面上大多数品牌传播的书籍充斥着概念和理论，却没有落地的方法，因为作者没有操盘经验。而木兰姐这本新书的独特价值就在于，书中的理论和方法都是她在实践中总结出来，而且被市场证明是成功的，因此是真实可信的。

——智慧云创始合伙人　陈雪频

终于等到木兰姐的这本书，迫不及待地认真读完，感觉很过瘾，语言朴实，案例精彩。书中内容绝不是纸上谈兵，都是她亲自操盘的方法论，对新品牌、新营销的发展有很强的指导意义。名创优品打造了一个现象级的品牌，从 0 到 150 亿元，究竟做对了什么？遵循了怎样的商业逻辑？你都可以从这本书中找到答案。

——CMO 训练营创始人、CEO　班丽婵

《打爆口碑：0 到 150 亿的品牌方法论》这本书系统总结了在当今新消费浪潮下如何高效打造品牌。名创优品的发展历程，不仅仅是零售模式的成功，更是品牌创新方法论的成功。木兰姐领导的品牌团队在资源有限的条件下，抓住历史机遇，帮助名创优品获得了商业上的成功。这样的独家秘籍，值得有志于品牌全球化的中国企业家们"抄作业"！

——IAI 传鉴品牌研学院执行院长、武当山文创发起人　沈阳

成金兰老师经历了哎呀呀和名创优品从 0 到 1 的全过程，有 10 多年的零售行业营销管理经验。在新零售领域，名创优品绝对是非常值得研究的案例。

2019 年，我们还一起在日本做消费升级考察，探访了日本东京名创优品的涩谷店，这是非常珍贵的回忆。在营创实验室的几次分享中，成金兰老师深受同行喜欢，我个人也从名创优品的案例中受益良多。

她的分享不讲高深的理论，都是接地气的实战之术，很有参考价值。本书的内容是其个人从业经验精华的提炼，强烈推荐阅读。

——营创实验室创始人　漩涡（李洋Leon）

本书作者金兰结合自身丰富的品牌操盘经验，将当下的品牌热点问题一一进行拆解。通过案例带观点、关键词提炼等方式，为读者展开一幅生动的品牌推广画卷。

无论你是营销新手，还是身经百战的营销专家，本书都提供了一个新的阅读角度，从名创优品的品牌诞生和蜕变，看营销理论的实际应用和落地，这对启发营销从业者的深度思考有很大借鉴意义。

更为难得的是，金兰亦在书中分享了自己成长的心路历程，对品牌营销和团队打造的思考，以及宝贵的个人职场经验，相信读者一定能受益匪浅。

——知名咨询公司营销咨询总监、跨国消费品品牌公司前营销总监　兰达

与木兰姐认识多年，在2019服饰电商供应链大会上，木兰姐来主持我们的服饰电商品牌发展圆桌对话，她细致、认真地对每一位对话嘉宾和所属品牌都做足了功课，让圆桌对话成为千人服饰大会的亮点。木兰姐对品牌的前瞻性认知来自于其10多年实战经验的沉淀，其对当前品牌前沿玩法的体系化总结来自于其对品牌领域专注而执着的研究。本书是目前国内品牌营销领域的最新力作，值得细读！

——服饰汇Club创始人　黄群力

名创优品是我心中新零售和消费升级的最佳样本，它不仅享誉全国，而且还为国争光，打进了全球零售市场。名创优品的成功，除了老叶的高瞻远瞩，更少不了金兰老师这位中国知名品牌人的努力。金兰老师这本新书不仅深刻剖析了名创优品从零到伟大的品牌运营实操，更用自己总结的方法论贯穿始终。本书是工作的提炼，更是理论的实践，每个品牌人都该买一本放在书桌上。

——熊猫传媒集团创始人　申晨

新媒体时代，企业即媒体。名创优品将自己的微信公众号打造为估值4.8亿元的自媒体大号，甚至创下一年1000万元的收入。这背后是操盘手对于新

媒体时代企业营销的深刻洞察。本书深刻剖析了名创优品品牌营销上的"道"与"术"，具有一定的可复制性，值得借鉴。

——《第三只眼看零售》创始人　赵向阳

金兰是圈中的颜值担当，同时也是输出担当，我是她的自媒体的忠实粉丝。金兰在书中系统阐述了打造百亿级品牌过程中的实操方法和商业洞见，值得所有人学习。

——增长研习社发起人　李云龙

成立七年就在纽交所敲锣上市，门店遍布 80 多个国家和地区，名创优品的爆发式成长背后有着什么样的品牌心法？

作为从 0 到 N 的亲历者，名创优品前品牌总监金兰在本书中和盘托出，读后令人受益匪浅。

——财经作家　杜博奇

传统意义的品牌策略与常规化的线上线下推广已经无法适应并满足当今新消费浪潮下的新产品、新客群、新渠道等聚集而形成的新场景。在书中木兰姐将她实操名创优品从 0 到 150 亿元的品牌案例倾情托出，同时集结了她 10 多年的品牌实战经验，融合多个不同层级的新消费品牌的案例策略拆解。新方法论＋干货落地！值得大家借鉴细品！

——长城会副董事长、科复时代集团创始人　郝毅

随着技术的发展、产业上下游供应链的成熟，中国企业正步入一个白热化竞争的时代。要脱颖而出，必须要构建系统化的品牌表达工程，实现品效合一。木兰姐亲自参与了名创优品打造 5000 万社交媒体矩阵的过程，从中提炼出真知灼见：内容模型、PTM 爆款打法以及金字塔投放策略、热点营销"轻、快、爆"技巧等。如果你正苦于找一本紧跟时代步伐的品牌营销实战书籍，本书你可千万别错过了。

——红餐网创始人　陈洪波

木兰姐是少见的既有实战操盘经验，又有理论基础的品牌营销领域的老师。混沌大学广州分社的品牌营销团队在木兰姐及其团队的指导下，团队整体能力有了质的提升，为公司带来了飞速的增长。品牌即是战略，是企业破局之道。

——混沌大学广州分社执行社长　吕宁宁

这是一本重新定义品牌的书，使品牌不再自我孤立，而是打通了品牌、产品、商业模式和营销；这是一本紧跟潮流的书，它将当代最新的品牌打法融合在一起，不乏真知灼见；这是一本很实战的书，众多品牌人和广告人可以从中收获创新的方法论和案例。

——知名战略营销专家、财经作家、《大国品牌》顾问　段传敏

当前，新消费主义浪潮正席卷而来，品牌应该是一部年轻人每天都要追着看的连续剧。名创优品如何能成为传奇？品牌如何能在消费者内心引发共鸣，激起惊爆的声浪？木兰姐的书无疑是一本活教材。学以致用，下一个传奇就是你。

——《第三次零售革命》作者、盛景合伙人、山丘联康董事长　颜艳春

不同于常规的空谈方法论，木兰姐以内窥的方式解析品牌运作的实战历程；木兰姐既是名创优品飞速发展的见证者，又是践行者。正如书中所讲，产品是品牌的 1，然后才有运营、营销等无数个 0；真正解决用户需求的好产品才是一个品牌立足于市场的重要因子。

田园主义在全新的市场和消费需求环境下，也切入了新产品和新营销的赛道，从而迈出品牌发展的第一步。有幸和木兰姐合作，导入更实战的品牌方法论，加快了田园主义的发展速度。特别是对于创业品牌来说，此书更具借鉴和学习意义。

——田园主义创始人　朱江涛

对于品牌运营，我们常说要做到"一米宽，十米深"，而不是反之，因

此，对于实操类知识的学习和借鉴，我个人比较推崇企业实战出身，经历了相关品牌由从 0 到 10（甚至更多）操盘，同时又能对理论和实践融会贯通的作者的书。我认识的成金兰就是这样的作者。成金兰在名创优品从初创员工一路做到 CMO，经历并操盘了企业由初创到 150 亿元品牌运营的全过程，因此她的观察和洞见是非常鲜活、实战且一语中的的。

比如，她的"私域流量的本质是人""新社群营销：给到用户不删你的理由"这样的结论，在我和同行进行交流时，大家都表示出一致的认同；而她谈到的"品牌是长期坚持做难而正确的事"这样的观点，也是非常务实且充满洞见的……书中关于她对品牌理论的思考和实战的复盘总结还有很多亮点，就不一一介绍了，相信你读到对应处，会有相应的收获和共鸣。

——【PR 人】创始人、CEO　江山

在流量越来越难获得的当下，大量创业公司重新看到了品牌的价值。成金兰老师的品牌课程已经帮助了大量的市场营销人，精炼成书的内容相信一定能给大家带来更多思考，尤其是名创优品的品牌思路值得很多连锁经营尤其是计划出海的品牌思考和参照。

——造物者咨询创始人、《产品运营新物种》作者　王静秋

和木兰姐认识已经好几年了，一直保持着联络，也常在不同的场合见见面，聊一些行业的话题。在一个阳光舒适的午后，木兰姐来到我的办公室喝茶交流，告诉我说她马上要出一本书《打造口碑：0 到 150 亿的品牌方法论》，我对此是非常支持和赞同的。木兰姐是我认识的集理论研究与实战经验于一身的品牌营销策划专家，她把过往打造百亿级品牌的心得和对消费品行业的深度研究进行了总结和提炼。相信这本书会是国内消费品行业不可多得的、非常具有价值的著作，会给予很多新消费品类的创始人、品牌操盘手、经营管理者提供学习参考和启发，非常值得期待。

——时尚家 – 中国时尚品牌创孵平台创始合伙人、CEO　柳刚

从内容营销到产品营销、娱乐营销、IP 营销，金兰提出了一套以产品为中心的现代品牌方法论。金兰十多年来在一线战场不断实践中总结出来品牌的道与术堪称经典，诚挚推荐给每一家公司的 CEO 和管理层团队，学习付出的代价最小，但是收获最大！赋能团队，打胜仗！

——共同体赋能商学院创始人　李佳

本书案例丰富，易读、易懂、易用，生动、系统地阐述了现代品牌方法论，给出了品牌建设的路径，在新的消费浪潮下，使企业品牌建设的思路更加清晰。

——广州卓远虚拟现实科技有限公司董事长　阳序运

木兰姐可谓品牌创新营销的传奇，也是新零售领域的成功实践者。本书非常直观地阐述了现代企业如何掌握品牌发展的新思维和新方法论，可以说是木兰姐手把手教你如何在不同的市场环境背景下制定适合自身的品牌运营策略。她的商业实践充分印证了什么是真正的"品牌战略"（品牌和消费者之间的关系定位），从本书中你还可以找到"流量"和"转化"之间的本质关系。《打爆口碑：0 到 150 亿的品牌方法论》这本书是企业家尤其是创业者的品牌加速器。

——win©Brand Group 首席品牌官 Joey 杨翌可

从实战到跨领域营销专家的华丽转身，也是木兰姐从实践到认知和理论的进阶之路。本书干货满满，详细剖析了她在名创优品教科书般的操作案例，并系统总结出了网络营销时代品牌营销的方法论。

——华耐家居首席战略官　文军

推荐序一

像做实业一样做新媒体

名创优品上市了，上市首日总市值一度超过 70 亿美元。

名创优品能够高速发展，很多人功不可没，其中一个就是木兰姐。

木兰姐原来是名创优品的一名普通员工，曾离职加盟了哎呀呀（名创优品前身），后又被招回来做老叶（叶国富）的助理，因为做事干练，被提升为名创优品品牌总监，负责名创优品的品牌和营销工作。

木兰姐是我的老朋友，我私底下喜欢叫她阿兰，在我们平常的交流中，我从她身上看到了阿甘精神：长期主义和矢志不渝的对品牌工作的热爱，并持续观察、持续输出、持续实践……

本书带我们一起横穿名创优品从 0 到 1，再从 1 到 100 的品牌历史，从新的营销方式、工具和理论的"道"到品牌建设效果的"术"，深入浅出，为我们展示了新一代生活方式品牌的营销逻辑。

对于阿兰在营销领域的建树，让我印象最深刻的就是她竟然硬生生把一家企业（名创优品）的微信公众号做到了几千万的粉丝，而且前期团队竟然只有一个人！

这让太多所谓的专家和新媒体大 V 汗颜了，名创优品微信公众号头条文章的阅读量几乎篇篇都是 10 万 + 。据我所知，在全国的品牌中，做新媒体做得好的，也就是新氧和名创优品了。

于是，几年前我就去请教阿兰是怎么做到的。

而阿兰的经验也特别简单，不像很多大 V 搞了那么多理论方法，听完后你还是一头雾水，她给我最大的触动是：

你要看你的粉丝画像是谁，和他们分享他们感兴趣的内容，而非你的企业的广告、促销甚至企业老板的专访。做企业官方微信公众号最忌讳自恋。

大道至简。很多企业的微信公众号少则几人多则几十人的团队，还配备了选题策划、制图、设计等专业人士，但文章打开率和阅读量都不高，就是因为没有用户思维，完全是企业思维。

最近对"知道是一回事，做到是另外一码事"有越来越深的感悟，讲起来头头是道的人，未必能做得到，因为"做到"其实比的不是创意而是执行，坚定的执行，日复一日坚定而枯燥的执行。

现在的人太喜欢"挑战"了，总以为看懂了、知道了就能做到了，所以干脆对"没有技术含量"的事不屑一顾。

阿兰在新书的一个章节中讲述了自己如何带着团队将一个企业的微信公众号做到 3000 万粉丝的，没有任何惊人的言论，都是大道至简的常识和操作细节。

在我看来，在新媒体如此浮躁的时代，能够脚踏实地地像做实业一样做自媒体，非常难能可贵。

比如，他们的"扫码关注微信公众号"这个动作，看似简单，实则充满技术含量：

（1）收银台前面的电子显示屏会提醒消费者，扫码关注微信公众号即可减免购买购物袋的 0.5 元（立即优惠，直接省钱）。

（2）下次买单时出示自己已关注微信公众号的信息，依然可以免费领取一个购物袋（长期权益，持续优惠）。

别小看这个简单的操作，很多企业都做不到。很多餐饮企业人流巨大，但因为没有涨粉意识，或者操作太复杂，导致微信公众号涨粉情况并不理想。名创优品的微信公众号当时日涨粉数 3 万甚至 6 万，非常快，就是因为操作够简单，省钱看得见。

我曾经写了一本关于名创优品的书，想通过名创优品企业微信公众号来售卖，直接被拒绝了，理由是"这不是粉丝想看的内容"。说实话我当时很生气，觉得阿兰太不给面子了。可当我知道，连名创优品自己的公关稿甚至老叶的专访都被他们拒绝的时候,我就释然了。

我认为他们做得很对,有标准和制度,谁也不例外,完全按照做实业的方法在做新媒体,而非像很多媒体人一样很感性。

阿兰的这本书中讲的都是具体的方法或者说是操作步骤,我认为,任何企业的品牌负责人都值得看一遍,而且照做就可以,效果会很好。

我投资的味捷餐饮每天有几万个外卖包装袋和包装盒能被白领们看到、接触到,但哪怕贴上二维码说可以领取 5 元现金,扫码关注的效果都有限;我自己的十英尺包子铺每天那么多订单,但涨粉依然很慢,我觉得这两家企业的品牌人员都应该看看这本书。

你以为名创优品的微信公众号只是涨粉厉害,那就大错特错了,其实人家盈利和变现也很厉害。

据阿兰讲,他们负责新媒体的也就几个人,且名创优品允许"接广告"变现,每年广告收入有 1000 多万元,当微信公众号的推文突破一定的阅读量时公司会给予编辑奖励,每个月的广告收入也会拿出一定的比例作为奖励,你说编辑能没有动力吗?

再看看很多企业的微信公众号,完全是"投入"部门,花钱的部门,每年推广等各种费用加起来,至少都有上百万元。

如果一家企业的新媒体矩阵粉丝数有几千万,除了动不动 10 万 + 的各种品牌曝光价值外,每年还能帮企业赚上千万元,这样的方法你要不要学?

很感谢阿兰让我先睹为快。

他山之石,可以攻玉。不管你是企业管理者、品牌人、市场运营人员还是职场新人,相信本书都可以给你带来启发。

一个卖包子的投资人 张桓

2020 年 12 月 25 日

推荐序二

多快好省做品牌

品牌是企业经营中永不过时的话题，更是每一个创业者和企业家的梦想。

品牌可以让商品从"网红"到"长红"，从"畅销"到"长销"，它是企业的护城河，也是企业的免疫力。

"品牌"这个词最初的含义是人们为了区分私产，以烧红的烙铁在自己的牲畜身上烙下的"烙印"，引申含义则是在消费者心中留下的独一无二、非你莫属的"心智烙印"。

木兰姐就曾给我和同事们留下过这样深刻的烙印。

第一次听木兰姐的品牌课程是在 2017 年，当时我已经做了十多年营销和品牌工作，并且创业三年多，一直在帮助企业做电商、营销和品牌工作，业余时间也会在北京大学、清华大学以及一些知名培训机构讲课，因此会很留意国内其他老师的相关课程和书。为了提升团队的综合能力，我们经常组织读品牌、营销类新书，也会找一些有含金量的课程去学习。

多年的创业学习和课程打磨经历，让我对大多数书籍和课程都比较挑剔，我通常不会对一门课程感受到太大触动，但是那天我们把木兰姐的课听完，却好像经历了一场系统性的"降维攻击"。于是，课程刚一结束，我就像粉丝催要明星纪念品一样，心急如焚地跟主办方要来课程的完整 PPT，和团队一起反复学习。

印象最深的是，她的课程是站在全局和实战的角度讲品牌营销和操盘案例，并总结了自己的系统化方法论，这跟盲人摸象式的单点突破类图书和课程形成了鲜明的对比。

最近几年市场环境和用户都发生了巨大变化，成功打造品牌的，都是顺应趋势、把握形势、建立优势的企业，他们通过系统化排兵布阵并快速借势借力，通过实践摸索出自己的模式和方法，在更短的时间内用更少的投入成功建立了品牌。

这显然对 CEO、CMO 和营销团队提出了更高的要求，企业不再可能通过"一招鲜"来"吃遍天"，只有把用户、产品、管理、营销等所有工作都做好的团队，才能更好地建立和打造品牌。而木兰姐的书，正是从整体上满足企业和营销人员这一全面需求的解决方案。

得知木兰姐即将出版《打爆口碑：0 到 150 亿的品牌方法论》这本书的消息，我就迫不及待地要求看了样书。一口气读完样书，我发现这本书是我做市场营销和营销管理咨询工作十多年来，一直喜欢的高含金量型图书，不但教人"是什么""怎么做"，更能让人明白"为什么"，帮助读者站在更高的角度，全面规划和落地品牌营销工作，实现快速增长、建立品牌的目标。

作为名创优品从 0 到 150 亿元的品牌操盘手，木兰姐在书中分享了自己的操盘经验和系统方法论，在当前新趋势、新技术、新客群、新场景、新渠道、新营销构成的全新环境下，相信一定可以帮助更多初创品牌和成熟品牌，用更多的工具、更快的节奏、更好的方法、更低的投入打造品牌形象，通过系统化的排兵布阵，驱动企业走上品牌成长之路。

相信这本书也会在你心里留下同样深刻的烙印，希望更多的企业可以通过学习、思考、实践、创造，通过"拿来主义＋因地制宜"，总结出适合自己企业的模式和方法，在未来三五年中，成功打造自己的品牌，实现"长红""长销"，持续增长，生生不息。

云树营销咨询、全线商学院创始人　寇飞

2020 年 12 月 14 日

推荐序三

跟随品牌的搭建者去看品牌

近年来，不少品牌研究者和咨询公司专业人士都通过著书立说，或演讲分享等形式，将各自在数字化时代的品牌洞察传递给世界，让以往只能在"鸿儒"间流传的内容，日趋大众化、扁平化，这对于想要打造品牌的个人和企业来说，是极好的机遇。

相对于外部视角，由品牌深度参与者带来的一套品牌方法论，更像是庖丁解牛，由内向外深度解析品牌生根、破土、发芽的"生长过程"，其中既有操盘者盘点过往的上帝视角，也有总结形成的枝干机理，形成了一张缜密的网络。更有不可替代性的是品牌搭建者操盘过程中流露出来的真情实感和案例背后的思考。

这样的内容，便不再只是关注营销中"烟花时刻"的绚烂。

这是我推荐名创优品从 0 到 1，从 1 到 10，再到 100 的品牌操盘手——木兰姐这本书的原因和初心。

认识木兰姐是在成都，在 Hello 再会营销大学 2019 年年初的一期公开课上。当时正巧赶上星巴克进入中国 20 周年，而我们的课堂正设在星巴克太古里旗舰店。150 多位品牌创始人和负责人济济一堂，她讲品牌传播的内容，却从产品视角开篇，与本书如出一辙。

后来我们多次合作，我发现她每一次都会反复强调产品思维。这得益于她操盘名创优品的经历。所以在本书的第一章，她着重介绍了如何从 0 到 1 打造新品牌：先要找到核心商业模式，打造优质的产品，建立以用户为核心的经营策略。这些内容往往被误认为与"打造品牌"无关，事实上，产品才是品牌的根基。这是想要创办品牌的个人和企业首先需要理清的思路。

10 多年深耕名创优品集团，木兰姐操盘了名创优品从 0 到 150 亿元的品牌打造过程，这些经验积累能够给予我们很大的启迪。

记得在一次课程中，木兰姐讲解了"搬空名创优品大作战"这个以小博大的事件营销案例。这一案例给了一位商业综合体的营销负责人很大的启发，回去后他立刻将其应用到自己家的商场中，取得了立竿见影的效果，后来成为商场的常规项目。

这就是品牌操盘者的真功夫。

本书提供了两个方面的价值：

第一，给出了完整的品牌营销链路。

第二，提炼出了基于真实案例的品牌营销的体系化全貌。

与此同时，同为品牌操盘者和基于实操讲解品牌的讲师，我深知操盘者要搭建体系化的教程，需要不断叩问内心，将经验、"手感"基于逻辑思维拆解成为每一个步骤，这种抽丝剥茧的过程极其耗费心力。

倘若本书能让读者在打造品牌的过程中少走一些弯路，避开一些坑，再能让这个世界多一些成功的品牌，那将是著书者极大的欣慰。

数字时代赋予我们普通人可以成功打造一个品牌更低的门槛和更好的机遇。

抓住它！

Hello 再会营销大学创始人　Happy

2020 年 12 月 13 日

前　言

2020 年以来，中国企业面临一个拐点：一边是商业变革，导致迟迟未"触网"的传统企业陷入低迷，关门潮涌现；一边是在消费升级的大潮中，市场更青睐有价值、有品质、高性价比、有颜值的超级平价新消费品牌。

对于从电梯模式切换为攀岩模式的中国经济，徒手攀岩的过程不是克服困难，而是习惯困难。市场变了，消费者变了，面对新消费浪潮下的新客群、新场景、新商品、新渠道、新营销，我深刻地感受到：中国品牌的时代，真的到来了！

作为一个品牌人，我在零售连锁行业深耕了 10 多年，这些年来也很荣幸在品牌营销领域取得了一些成绩。在担任名创优品从 0 到 150 亿元的品牌操盘手期间，我从以下几个维度推动了名创优品品牌的快速发展。

品牌规划：根据品牌发展战略和阶段性发展情况进行运营规划及推进，适时调整品牌推广方向及方式；整合品牌资源，提升品牌价值，使得名创优品成为新零售逆势崛起的经典案例，迅速为广大消费者和社会公众所熟知。

IP 打造：通过创始人言论、日常活动等打造正面形象，从而让消费者对企业产生认可，及时发布各类签约、获奖、品牌交流、公益活动等重要事件动态，增加品牌曝光量，保持消费者关注度。

创新营销：打造"零广告"的口碑营销，帮助品牌实现从传统实体零售向互联网＋实体新零售模式的转型，成为业内标杆企业。其中，带领团队打造的鹿晗运动季传播项目，突破了很多营销的玩法，热度话题阅读量超 85 亿，不用明星代言却做出明星代言的效果，销售额提升了 13％，并斩获金旗奖、金匠奖、传播创新奖三大奖项。

新媒体营销：开拓新媒体矩阵，不断制造新话题，实现爆发式增长。其中，名创优品微信公众号粉丝量突破 3000 万，总阅读量接近 2 亿，多年来成为实体零售第一号，并斩获了新榜年度新媒体传播企业奖。期间，我还大胆提出利用公司现有粉丝量优势，积极与外部公司置换资源，为公司每年带来 1000 多万元的收入。

海外拓展：通过深化娱乐营销，撬动海外 30 多个国家的市场，同时运营三大海外社交媒体，每年粉丝量呈几何级数增长，成功助力品牌成为海外时尚达人的新宠。

活动组织：带领团队策划多场签约会、投资会、地产会等重量级品牌活动，开启名创优品全球进化之路。

会员管理：搭建社会化客户关系管理体系（SCRM），全方位了解目标消费者的特征，细化客体标签，实现精准营销、数据变现，提升会员黏性。

2018 年以来，我创立木兰姐品牌，并前后担任 CCFA 特许经营会执委及特聘讲师、上海交通大学总裁班导师、混沌大学广州分社品牌顾问及导师、Hello 再会营销大学大咖课导师以及多家知名企业的品牌顾问等，致力于帮助零售、快消、连锁企业进行品牌战略、营销转型升级，制定基于趋势的战略定位与创新营销策略，并在"木兰姐"微信公众号等社交平台专注于持续生产有料、有态度的品牌营销、新媒体运营干货。

星星之火可以燎原。多年来，我持续地输出，做有洞察性的内容，做有用的内容，让更多的人因为"木兰姐"微信公众号而重新认识了我。在与读者交流的过程中，很多人（包括好几家出版社）对于我是怎样一年花费不到 3000 万元的广告费却做出超亿元品牌效果的营销方法论非常感兴趣，这也让我在做微信公众号内容输出的同时，想把一套更系统化的实战经验，毫无保留地整理出来，分享给大家。

这是本书诞生的背景，而让我把出书的计划照进现实的最重要一点是：因为爱，也因为热爱。

因为热爱品牌营销的工作，希望把更多的精力投放在自己喜欢的品牌领域，所以我选择在名创优品发展的巅峰期辞职，从一名职业经理人到创业者，开启了从 0 到 1 的创业状态，也逼自己进入了一段严苛的反人性之旅。

我很庆幸找到了一个最适合自己的赛道和方向，成为一名实战型的品牌导师和营销顾问，并为之付出 100 倍的努力，再加上不是 10 倍而是 10000 倍的热爱。

这些年来，我参加的大大小小的品牌营销活动、连锁行业峰会不下百场，从零售、快消到珠宝、汽车、服装、彩妆、母婴、食品等行业，也受邀担任了多个广告创意节的评委。

由于工作的关系，我见过很多把内功修炼得很好的企业，因为坚持深耕产品、服务、内容，在激烈的市场竞争厮杀中突围崛起，逐渐占据头部位置。同时，我也为一些企业感到惋惜：一种是底子很扎实，内功非常强，但是囿于思维固化，在品牌建设上迟钝、傲慢、脱离年轻人、充满安逸感……最终被时代所抛弃；还有一种是，在数字化媒体不断编织"效果可见"的神话的催眠下变得短视——追求短期可见的营销"成效"以及由此带来的 KPI 增长，使得企业正在失去对品牌核心价值的掌握。

可以说，这一路走来，我看过太多品牌给自己挖了很多坑却不自知，销售额做到几亿元、十几亿元、几十亿元，忽然就被"拍死"在沙滩上了，或是被市场逼得破坏品牌溢价力，提前消耗生命。

正如德鲁克所言："动荡时代最大的危险不是动荡本身，而是仍然用过去的逻辑做事。"

作为名创优品企业从传统商业模式到品牌商业模式升级过程的见证者和实践者，我相信我的感悟和触动会更加直观些，于是耗时大半年写了这本书。

本书从我 10 多年的品牌实战经验出发，以名创优品从 0 到 150 亿元品牌操盘案例为主线，并融合多个不同层级的新消费品牌的案例策略拆解，提炼出一套以产品为中心的现代品牌方法论。

我始终坚信，现在的读者不缺信息，缺的是有用的、深度的、可落地实操的内容。

所以，在本书中，我不会告诉读者怎样快速地去收割红利，而是从产品、品牌、营销角度切入，并辅以翔实的案例。书中罗列的一些工具、公式、模型，是我和团队在不断的操盘试错中总结出来的精髓，大多是可以给到一些没有项目经验的企业套用的。

希望本书的内容可以真正地帮助企业创始人、市场人、品牌人以及更多热爱品牌营销的人找到品牌背后的魂和肉，借助品牌营销的东风，少走一些弯路，让品牌不止步于流量，不盲从于跟风。

本书从萌芽到最终得以落地，要感谢我的前老板叶国富先生，感谢他的知遇之恩和多年来的提拔培养。这些年来，叶国富先生一直是我学习的榜样，他的格局、心态和对待工作一丝不苟的极致风格，一直潜移默化地影响着我。

也要感谢跟着我一路打拼同甘共苦过的品牌中心的小伙伴们，谢谢你们对我的认可与支持；还有一路给过我帮助的家人、客户、朋友们，谢谢你们总是给予我很多建议和包容；还要特别感谢我的助理"浅浅"，因为有你的默默付出与支持，才能让我在台前从容发挥。感恩身边的每一个人，那段充满鲜花与汗水的岁月，在接下来的日子里我将会妥善收藏、安放。

在此还要感谢：混沌大学广州分社、Hello 再会营销大学、36 氪、人人都是产品经理、量子大学、上海交通大学、TEDx 珠江新城、营创实验室、中国连锁经营协会等平台，让我能借三尺讲台赋能、链接更多喜欢品牌营销的人。

同时，还要感谢机械工业出版社的解文涛老师和于欢欢老师，感谢两位老师在书稿的内容策划和后期推广上给予的大力支持，让这本书最终得以呈现在大家面前。

最后，希望大家能在阅读此书时有所收获，也谨以此书作为一份特殊的生日礼物送给我的 36 岁，以兹纪念。

木兰姐

2020 年 12 月 14 日

目　录

Contents

第一章

名创优品如何从 0 到 1
打造新品牌

零售新变革，是从以渠道为王到以产品为王，再到现在的以用户为中心：好产品—海量用户—口碑营销—品牌。

——木兰姐

每个商业品牌从诞生到成长直至成功都是不可复制的，但又都是有迹可循的。

总体而言，一个成功的品牌商业模式离不开几个核心要素：创始人的商业理念、行业趋势、细分赛道、团队组建、市场需求、品牌定位、产品设计、供应链选择、渠道开发、市场营销、管理机制、资金管理。

品牌成功与否取决于这几个核心要素的设计能力与落地能力。

我国自 1979 年以后才有真正意义上的商业概念，2000 年后大多数人才认知到"品牌"这个商业符号的意义。

我国的品牌商业模式也和我国的经济一样，是在高速发展中的。

发展中的品牌商业模式也带来了时代商业红利：1990 年的保健品直销，2000 年的电子商务，2010 年的互联网 + 实体连锁，2014 年到现在的新媒体营销，之后呢？可能是大健康消费，也有可能是其他。

名创优品是由中国青年企业家叶国富先生和日本青年设计师三宅顺也先生于 2013 年创办的一个生活用品集合连锁品牌，一个顺应时代的成功商业品牌。

很荣幸，我是见证者也是实践者。

2018 年，在名创优品发展得如日中天时候，我辞去了名创优品集团 CMO（首席营销官）一职，创立了木兰姐品牌咨询公司，主要是用我在零售连锁行业深耕 10 多年的实战经验，帮助企业重新梳理品牌营销战略，助力中小企业减少一些试错风险。

因为工作的关系，很多企业经营者经常向我咨询如何打造品牌。

我在名创优品工作了 10 多年，从传统饰品行业领导品牌"哎呀呀"的初创级员工，到名创优品 0 到 150 亿元的品牌操盘手，可以说是完整见证并参与了企业从传统商业模式到品牌商业模式升级转型的过程。

基于以往在名创优品工作职能的变化——从前台、财务、公关经理、董事长助理，再到名创优品 CMO，我对品牌的认知和理解与很多人有所不同：品牌是专业集成的系统工程，需要经历，更需要实践经验！

品牌是什么？简单地说，品牌是在消费者与产品之间建立的认知与联想。所以在做品牌之前，要先提升产品的核心竞争力。今天的消费者很理性，可以对比的渠道很多，几乎没有什么品牌忠诚度可言，只有好的产品才能真正打动他们，促成价值转化甚至带来口碑。

当大家问我如何做好一个品牌的时候，我会先问问他们："你的核心竞争力是什么？是赛道优势、产品、营销、渠道，还是管理？"

事实上很多企业老板都会回答："我们的核心竞争力当然是产品。"

我会有接二连三的问题：

- 你的核心用户群体是谁？
- 你做出来的产品是否有意义？也就是说你做出来的产品能否满足用户需求，能否帮助用户解决某种实际问题？
- 真实存在该需求的人群，市场的存量和增量有多大？天花板在哪里？
- 你的产品势能差是什么？是否真正具备差异化优势？
- 如果用户不选择你的产品，针对同类需求还有其他哪些解决方案？
- 你的产品是否有良好的用户体验？使用起来是否方便、快捷、高效、无阻碍？
- 你的产品能否给用户带来惊喜感？是否具有利他性？

面对以上问题，多数老板沉默了。

在现实中，以销售和渠道为主的品牌依然占绝大多数。市面上很多做得还不错的公司，事实上是"产品 60 分，营销 90 分"，但其大多自以为是"产品 90 分，营销 60 分"。

我认为这种认知偏差是由于渠道和销售思维模式的固化导致的，且会导致比较严重的品牌战略问题。

以渠道和销售为王的时代已经成为过去式，之后是以产品为王，再到现在以用户为中心。如果跳过产品直接讲营销，那营销就变成了"空中楼阁"。很多企业会误以为只要有流量，品牌有足够的知名度就完全够了。在今天信息如此透明化的时代，流量的确很重要，但要知道流量是为转化服务的。

而转化靠的是什么？是品质足够好的产品。产品才是直接转化的核心价值，产品才是价值变现的根本。

产品即品牌，产品即媒介，产品即口碑，产品的 1 没做好，营销后面的 0 没有任何意义。

当下的时代，已经不是一个单纯靠营销、传播，就可以让品牌快速崛起的时代。

归根到底消费升级还是主流，所有人都在追求更好的、更有价值的产品和生活方式，这是人性也是趋势。

我们会发现，全世界做得好的品牌企业都是产品有不同层面的创新与优势，价格更是有绝对优势，美国的好市多，日本的无印良品、丰田，德国的奥迪，中国的名创优品，都是用产品主义实现品牌主义，没有第二选择。

所以，在本章中，我会以产品为切入点，从实操角度出发，和大家复盘名创优品是如何从 0 到 1 打造品牌的。

隐藏在冰川下的 96% 的商业模式

2020 年 10 月 15 日，名创优品带着全球 4200 家门店登陆纽交所，股票代码 MNSO，发行价为每股 20 美元，高于拟定发行区间（16.5 ~ 18.5 美元）的上限。截至 10 月 16 日美股收盘时，名创优品的股价上涨 11.02% 至 23.18 美元/股，总市值达到 70.46 亿美元。

作为名创优品曾经的一分子，我对这份亮眼的答卷与有荣焉。

与名创优品一路高歌，登顶全球第一自有品牌生活方式产品零售商，成为价值零售的一股新势力形成鲜明对比的是，无数线下零售企业依然还在遭受新冠肺炎疫情的冲击。

据企查查专业版数据显示，2020 年 1—7 月，全国共有 231 万家企业注销。

此次疫情对中小型实体零售业者的冲击最为明显，很多商圈已经出现了大面积的退店、关店现象，这其中很大一部分为中小型零售企业。

拥有大规模实体门店和大量一线员工的大型零售商也面临着不能承受之重：ZARA 的母公司宣布关店千余家；无印良品的美国子公司申请破产；达芙妮退出实体零售，6000 家门店全部关闭；优衣库的母公司迅销集团预计，2020 财年净利润将减少 38.5% 至 1000 亿日元，比预期减少 650 亿日元……

而与很多企业削减预算、准备过冬的策略不同，名创优品走了一条激进的"叛逆"之路，将 95% 的产品定价控制在 29 元以内，新开发产品的价格也下调 20%～30%，同时把 2020 年全球新开 600 家门店的目标，上调为 1200 家。

相似的情况其实早在多年前也曾出现过。2011 年，在"互联网思维"满天飞的环境下，零售行业排浪式关店风潮席卷各地。世界服装鞋帽网的数据显示：东方家园等家居卖场连续倒闭；2013 年 3 月，麦德龙的万得城黯然退出中国；2015 年，财大气粗的服装企业开始大幅削减门店数量，断臂求生：波司登撤销了 5053 个零售网点，李宁关闭了 1200 家门店，达芙妮关闭了 805 家门店，七匹狼关停了 519 家店铺。

还有一组数据，可以说是实体企业经营者心中切切实实的痛。据联商网统计，在 2014 年一年的时间内，国内主要零售企业（百货、超市）共计关闭 201 家门店，较 2013 年关闭的 35 家，同比增长 474.29%，创历年之最。

所以，很多人都会有疑问，在外部环境如此萧条的情况下，名创优品激进扩张，同时还作为"价值零售第一股"登陆美国纽交所，它的底气是什么？

在回答这个问题之前，让我们先把目光聚焦到名创优品成立之初的行业背景，当时的传统零售行业面临着来自"三座大山"的压力。

一、电商成熟

传统零售行业面临的第一座大山是来自于淘宝、京东等互联网公司的致命冲击。当时电商企业越来越成熟，服务越来越好，线上购物的体验也在升级。同质商品价格更低，相比传统企业低效的价值传递，互联网大大缩减了电商企业价值传递的环节，使整个商业运行变得更加直接，对比线下具有压倒性的效率优势。

二、物流加速

随着物流的加速，在北京、上海、广州和深圳这样的大城市，最快时消费者上午下单，下午就可以拿到货。尤其是京东研发出了云计算平台，利用大数据，通过打造以产地为核心、辐射全国的高效网络，实现从产地发货，下单后半日送达。在"双11"期间甚至可以做到下单后最快10分钟就可以把货送到消费者手里，比线下购物更便捷。

三、支付变迁

更要命的第三座大山是支付。过去很多人不通过电商买东西是因为消费习惯和支付的不便利。随着移动支付的崛起，消费路径极速缩短，即使是宅在家不出门，消费者从"种草"到"拔草"一件商品，也就是花几分钟的时间用一部手机下单的事。

然而，以上这三座大山只是让传统零售崩盘的冰山一角，真正的原因还有来自于大多数传统企业内部多年来埋藏着的短板和隐患。

一、效率低下

传统零售是被自己的低效率打败的，从运营效率到终端门店等都停留在同质化阶段，传统零售企业的市场定位、商品价格、促销手段、服务品质等都没有竞争优势，从业人员秉持的还是小生意思维。

大多数传统零售品牌的产品质量参差不齐，各种硬性设施投入少，服务差，顾客忠诚度低。同时，商品品类管理和库存管理水平低、物流配送效率低等导致运营效率低。

二、管理混乱

传统零售是加盟和代理模式，因为利益关系，加盟商很多时候不会跟总部站在同一立场，总部在管理上很难监督加盟商的经营模式，终端门店难以标准化。我看到最多的一个现象是，即使总部派区域经理下店也无法帮助加盟商解决经营上的问题，这样的结果往往是当门店无法形成持续性盈利的时候，就会陷入双方合作终止的拉锯战。

另外，门店整体规划千店千面，员工形象输出没有统一，大大降低了用户消费的体验感。

三、信息脱节

这是最关键也是最致命的一环。

首先，大多传统零售企业缺乏对大数据价值的认知，意识不到消费者的数据是非常重要的资产。这就导致企业数据管理技术非常薄弱，没有数据应用，缺乏对消费者个性化需求的解决方案。

其次，传统零售企业收集数据的方式也非常传统，大多数企业只看重交易数据，并且只有历史交易数据。他们知道消费者这次买了什么东西，但是不知道消费者一年来在门店还买了什么，或是不知道消费者还看了什么产品，在哪个货架旁停留的时间更长。

这种信息的不对称导致企业和用户脱节，也导致很多企业更多的是凭借经验去判断消费者的需求，无法和消费者产生双向互动并影响消费者的行为。

四、 思维僵化

在和传统零售企业的老板交流时，我发现他们在面对变革时，是裹足不前和畏手畏脚的，他们的心态甚至还处于"脱贫"阶段。一来他们不敢花钱、不舍得花钱去做一场转型的博弈；二来即使想花钱，也不知道如何花，所以在品牌打造上一直沿着旧地图走，找不到新大陆。

在这样的行业背景中，我的前老板叶国富先生：可以说是一位极具前瞻性的企业家。

和很多企业家在互联网的大潮中固守传统，要么随大流掘金电商，要么干脆退休不同的是，在零售行业深耕多年的叶国富先生深刻地意识到，传统的实体零售将面临生死考验，亟须转型。

从 2011 年开始，他频繁地在美国、日本、韩国等零售业比较发达的国家实地考察学习，亲身体验了在全球经济衰退的背景下，那些受国人追捧的平价产品是如何持续稳定地攻占市场的。

他观察到，在美国的宜家，一双质量很好的拖鞋售价仅为 1.9 美元。按照收入和汇率水平同比，中国消费者难以用同样的价格购进同等品质的商品。而在丹麦、韩国等国家，这种优质生活水准主导了市场消费趋势。

到了日本，叶国富先生发现那里有更多这样的零售商店，商品价格仅为 100 ~ 500 日元，但质量都非常好，并且绝大部分都是中国生产的。200 日元当时也就相当于人民币 12 元。

这时叶国富先生产生了这样一个疑问：为什么美国、日本等发达国家的实体零售店铺不害怕电商的冲击？或者说美国、日本难道没有像阿里巴巴和京东等这样庞大且成功的电商企业？

谜团随着深入调研被解开：在日本人的眼里根本没有线上线下明确分开的概念。道理很简单，日本实体店不仅为消费者提供性价比超高的产品，而且服务和环境都很好，比起网购下单等待，身边的实体店铺更加方便。所以在全球电商迅速发展之际，发达国家的实体零售企业依然占据市场主导地位，像亚马逊、乐天等电商只起到补充作用。

叶国富先生开始反思：

为什么中国的电商与实体店势如水火？

为什么中国制造已经达到了国际水准，中国品牌却仍然做不到"精品低价"？

为什么消费者在国内享受不到"精品低价"的产品呢？

纵观这些年的行业乱象，这些疑问的答案可以总结为以下两点：

一是品牌商对价格的贪婪控制。企业中传统商业的毒太深，一直用过去的思维做品牌，这毒即"相信一分钱一分货，相信且追求高暴利，赚快钱"，消费者被逼走了。

拿服装业来讲，一件生产成本仅有几十元的衬衫，售价几百元是正常现象，狠点的能卖到上千元。实体店的高价暴利把消费者都推到线上去了，线下实体零售的生意每况愈下，最终出现此起彼伏的排浪式倒闭。

二是渠道的陈旧与沉重，说白了就是产品从生产商到消费者手中，有诸多的中间商（各种代理商）赚差价，除了原材料成本、加工费、运营管理这些基本费用外，还有公关、营销、渠道等费用。

臃肿低效的生产关系严重制约了传统零售业的发展。产业链中间环节分食价值链，导致产品售价被大幅推高，以致严重背离产品价值。虚高的价格最终被转嫁到消费者头上，消费者花了高价钱，并不一定能够买到称心如意的商品，结果可想而知。

这也许是实体零售的死线，但叶国富先生看到了其中的生机：电商和实体零售竞争的要点也许真的不在线上或线下，而是工厂到店铺的距离。

既然旧路走不通，那么不如就用互联网手段来改造传统零售业——结合中国低成本的制造能力、日本高水平的设计能力，在全世界范围内寻找最好的资源，进行规模化配置，打造一个新零售体系，为消费者提供优质低价的产品。

机缘巧合，在 2013 年，叶国富先生在日本有幸通过朋友介绍，认识了日本的青年设计师三宅顺也先生。

三宅顺也先生是位服饰设计师，他对日本商品的优质低价有着深刻且独到的见解。他认为设计应该是简约、自然、朴实和不浮夸的，那么产品价格也不能浮夸，应面向大众。

　　两人在理念上一拍即合，多次促膝长谈后，最终他们达成了共识，开启了联合创业的征程，就这样，名创优品诞生了。

　　回到前面提到的问题，可以说，名创优品是借鉴了美国、日本等国家的"一美元店""百元店"等这些被称作"一价店"的经营策略。

　　名创优品引进国外的运营模式后，进行了消化吸收，针对中国市场进行了二次创新。或者确切地说，是打破传统破旧立新，破除陈旧的思维、陈旧的技术、陈旧的模式，走向了另一条路——逆向创新。

　　在这个过程中，名创优品进行了大刀阔斧的革新：

　　（1）商品直采：SKU控制在3000个左右，整合全球1000多家供应链企业（80%在中国）直接定制采购和买断，结算货款周期定为30天，产品的毛利控制在8%~10%，因此能够保证价格上的优势。这些企业多数为外销企业，80%在珠三角和长三角。

　　（2）设计管控：名创优品掌握了商品的设计核心力，除了极少数的食品外，其余都是自有品牌，由此掌握了商品的定价权。

　　（3）快速流转：一般百货店的商品流转时间为3~4个月，名创优品可以做到21天，并投入巨资开发了供应链管理体系，总部对商品的动销速度进行大数据管理，可以及时了解和调整商品的流转，保证现金流和门店的运营效率。

　　（4）带资加盟：实行投资加盟托管模式，投资加盟的客户只负责找门店与投资，公司统一运营管理（装修、招聘、培训等），实行标准的配货销售管理，投资人参与营业额的分成，由此大大提高了开店的速度和品牌形象的统一性。

　　（5）全球思维：产品设计源于日本、韩国、瑞典、丹麦、新加坡及中国等地，无缝对接全球采购战略，中国市场在售产品中有20%从国外采购，与此同时店铺布局也逐步走向国际化，从日本、新加坡等国家以及中国香港、迪拜等地开始辐射全球。

　　（6）粉丝运营：拥抱互联网+，通过在线下门店"扫描关注微信公众号即可免费赠送购物袋"的办法，快速积累粉丝。在短短2年多的时间里，名创优品微信订阅号的用户数超过 2500 万，成为实体零售第一企业大号，每年为企业带来 1000 多万元的收入，也为互动营销创造了更多的可能性。

（7）数据化管理：让所有连锁店实现"小前台大后台"的运作模式。名创优品通过研发一套数据中台 IT 资讯系统驱动大数据，比如统一商品管理与生命周期管理，实现品牌数据共享；实现仓库到门店自动补货，提高配货效率，加快库存周转，出错率控制到了千万分之三以内；通过订货网站 B2B 平台与 SAP 自动单据流结合，打通海外市场需求提报到商品收货信息化链路，提高供应链管理效率，助力国际化快速发展。

上述 7 个核心点，和很多互联网企业相比并没有什么惊人的创举，但是却一一切中了当时传统零售业的要害，形成了线上、线下相融合，更智能和让消费者体验更好的一种零售模式。

数据永远是最好的佐证。2013 年 11 月，名创优品第一家购物中心店在广州中华广场盛大开业；同年底，开店 27 家；2014 年，开店 373 家；2015 年，开店 1075 家。

名创优品的"蹿红"，归根结底是在一定程度上丰富了当时的零售市场，或者说，它是在零售市场不断发展完善的过程中应运而生的。市场永远有空间，名创优品只是当时把握住机会的那一个。

以产品为中心的现代品牌方法论

一个新物种诞生之后，怎么让它被更多人发现、熟知、喜爱、拥护呢？这是名创优品诞生初期面临的最大问题。

在过去的 5 年甚至 10 年前做个品牌很容易，推出一款新产品，只要有足够的预算和抓住黄金广告渠道，很容易打开市场。这个策略在中国早期市场是可行的，因为那时空白市场多，信息不透明，媒介话语权集中，消费者口碑无法串联。

　　以前，从 0 到 1 打造品牌，更多的是先打造品牌知名度，通过营销触达用户，再花工夫去打造产品，然后形成所谓的"品牌"。

　　然而在商品过剩的时代，由于信息扁平化、价格透明化、选择多样化、竞争白热化，消费者发生了很大的变化。

　　今天的消费，已经从原来的物质需求转变为体验需求，从原来的千篇一律转变为现在的个性化定制，不是品牌站在台上说产品很好，台下的人就认同。

　　消费者会去体验，这个产品是不是这样的，再用老套路去打造品牌无疑是行不通的。

　　我们正处在一个消费升级的时代，很多人认为消费升级就是产品越贵越好，但名创优品对消费升级的理解是：花更少的钱，买更好的东西。只要产品足够好，消费者就买，产品不好，什么品牌都没有意义。

　　我们坚定地认为，走到今天，现代品牌打造路径是倒过来走了，打造新品牌应该与消费路径息息相关。以渠道为王的上半场已经过去，下半场是以产品为王、以用户为王：好产品—海量用户—口碑营销—品牌（见图 1-1）。

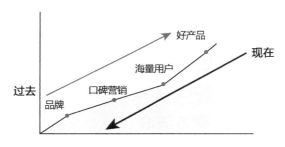

图 1-1　现代品牌方法论模型

　　即有了好产品之后，才会赢得消费者的肯定和推荐，为口碑营销添砖加瓦，最终形成整个品牌。

　　有了好的产品，好的口碑，再将品牌推向大众时，消费者接收到的就是 90 分的品牌，而不是没有任何口碑市场的空白品牌。

一、"三高""三低"增长法则

如何打造以产品为王的商业模式呢？

叶国富先生常说，做零售一定要学习两家企业：苹果和好市多。前者把一张桌子都摆不满的产品卖到全世界，成为全世界最赚钱的公司之一；后者用 8% 的毛利率、3000 个 SKU 做出了 1.3 万美元的坪效。

尤其是好市多的案例给了名创优品很大的启发，从好市多身上学到的，加上叶国富先生以前做实体零售的经验，名创优品总结出了一套自己的方法论："三高"与"三低"。

"三高"是指高品质、高效率、高科技。

"三低"是指低成本、低毛利、低价格。

"三高"理论如图 1-2 所示。

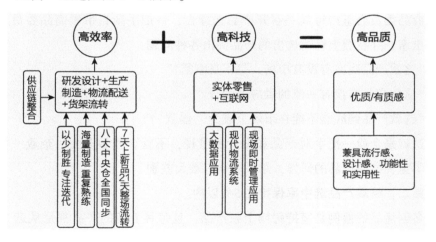

图 1-2　名创优品"三高"理论

1. 高品质——极致的产品

为了给消费者提供真正优质低价的产品，名创优品在产品打磨上主要坚持四个法则。

第一，一把手必须要深入产品研发中。

在为企业做咨询时，我经历过很多这样的事情，向企业的一把手询问他们的产品情况时，多数人都是一无所知，要问下面的人。他们会说，我不管产品，只管整体的方向。

但是，企业的方向一旦定下来还需要天天管吗？老板是方向盘的把握者，除了战略布局，产品研发也是最核心的一部分（特别是以产品为主导的零售公司）。

企业的方向、战略跟消费者没有关系，他们更多的是关心企业能否给他们提供满足需求的产品。

企业一把手在产品上下的工夫是否到位，决定了产品有没有竞争力；而产品有没有竞争力，决定了企业有没有竞争力。这是名创优品"产品即战略"关键的第一步。

因此，在品牌成立之初，名创优品就设立了商品委员会，委员会组长就是创始人，副组长是全球商品负责人，参与的成员包括品类经理、时尚买手、设计师、门店店长、大区经理、品牌部等。

商品委员会坚持每周一召开产品选样会，一把手亲自带领商品委员会的成员出席，并在会上针对选出的产品提出各种问题：

"这款产品到底有没有市场，是不是刚需？"

"这款产品有没有一流的供应链配合？"

"这款产品到底能不能在市场上成为'爆款'？"

这就是企业一把手对产品和设计的重视，不管企业做多大，企业一把手如果不重视推动产品的研发，结果就会有很大差别。

第二，终端产品选中率保持在5%以内。

名创优品的惯例是坚持每周上新产品，且每月上新的产品都是从近1000款产品中严苛挑选出来的，选中率在5%以内。在产品上架的背后，名创优品已经帮消费者做了无数次的选择，只为了给消费者选出更好的产品。

名创优品的这套选品原则，在很大程度上是受到了乔布斯打造极致产品的影响，遵循的是"聚焦、聚焦、再聚焦"。

在乔布斯的眼里，产品要么是极品，要么就是垃圾。

过去开发产品的思路是广（多），现在的开发产品的思路是一定要少（精），越少越好。

第三，1 亿元产品研发费 +1 亿元品质保障金。

名创优品在全球拥有 300 多名设计师，从 2017 年开始每年在产品研发上的投入就已经过亿元，这在行业内处于领先水平。

除了设计师团队，名创优品还在世界各地成立了国际买手团队，这些买手可以快速了解全世界的潮流元素，这也是消费者总能在国内门店看到世界潮流新品的原因。

比如和全球顶级 IP Kakao Friends、漫威合作推广周边产品、潮玩盲盒，还有之前火爆的粉红豹和裸熊 IP，都是我们背后的团队奔波在各地了解各个领域的前沿信息，并根据这些信息研发出来的产品。

除了研发费用，2020 年，在名创优品召开的"美好生活，平价质造"的品质战略发布会上，叶国富先生也宣布自掏腰包 1 亿元成立了"名创优品亿元品质保障金"，并推出 1 + 1 + 1 质量管控机制（自检、他检、国检）。

他想通过这个举措告诉所有名创优品人，要把"产品品质"放在日常工作的首要位置，要像重视生命一样重视品质。

这笔钱的作用是什么呢？一旦商品质量出现问题，立即用这笔钱对消费者进行"退一赔一"的先行赔付。

这个 1 亿元是"惩罚"，更是名创优品坚守品质的态度：把"品质战略"定为名创优品的"第一战略"。

第四，死磕设计，把产品做到极致。

2019 年，在名为"时间的朋友"的年终秀上，罗振宇分享了梁宁老师的一句话：品牌，就是你愿意和它自拍。

峰瑞资本的黄海也曾提出过一个概念，叫做成图率。"审美红利与成图率直接相关，后者是指每 100 个购买产品的用户中有多少个用户会自发地拍照分享，这个指标能够从侧面反映新人群的审美倾向。"

这背后反映的是当代中国人对高颜值的执着追求，在年轻人审美倾向性的主导下，伴随着颜值经济而来的是审美红利的洼地，"颜值即正义"。

而与审美红利相对应的是什么？高颜值产品产生的品牌溢价效应。

这种溢价效应也传递出了颜值的重要性。现在的消费者接收到的信息是爆炸性的，品牌要么先让消费者欣赏到你的才华（产品），要么先让他被你的颜值吸引，然后再考虑要不要继续了解你、喜欢你、信任你（购买）。而喜欢是始于颜值的，消费者愿意购买能够满足自身审美需求的"高颜值"产品。

我们现在看到的喜茶、茶颜悦色、三顿半咖啡、钟薛高、汉口二厂、完美日记等新锐品牌，无不是在产品颜值上下足了功夫。

比如喜茶在介绍自己的产品和各家门店时，用到了"美学"二字。简单来说，现在消费者买的不只是一杯奶茶或者一支雪糕，还愿意为它背后的"颜值经济"付钱。

但是高颜值是怎么来的？是设计出来的。好的产品一定是重视设计的。

我认为，每位企业家都应该是半个设计师和半个艺术家，要懂得美学，要在设计上舍得花钱，缺乏这种心态做不好企业。

关于名创优品的设计，我总结了下面两点心得。

一是不盲目做加法或减法，而是追求恰到好处。

恰到好处是用户刚好需要。我们做任何产品都不要想着去满足所有用户，只要能满足我们的核心用户的需求就已经很厉害了。

同时，用户的需求不仅仅只有一种，最好的方法就是锁定用户的一个痛点，全力突破。

2018 年，名创优品上线了爆款产品———一款售价仅为 29.9 元的洁面仪，当年卖了 100 多万台。相比市面上动辄售价过千元的洁面仪，这个价格让人"尖叫"。

而这正是做减法的结果，让产品回归本质：洁面仪的功能就是通过震动把脸洗干净，那我们就保留产品的核心功能，简化一切不必要的包装，缩短商品到达消费者手中的路径，节约一切不必要的费用。

二是差异化，有足够的差异化才是赢得竞争的王道。

市场上同质化的产品非常多，想靠打价格战抢占市场，你永远都比不过别人，还会陷入恶性循环。市场不是靠降价赢得的，而是靠有竞争力的产品赢得的。

产品如何才能有竞争力？

差异化是企业参与市场竞争的重要手段。企业要想做大，产品一定要有足够的差异化。

2012 年，阿里巴巴启动无线战略，做了一个社交产品"来往"，当时没有做起来。从定位上看，来往与微信并无大的差别，由于当时微信已经是熟人社交市场的绝对老大，当一个人的大部分联系人都已经在微信上时，迁移的成本是很高的，用户也没有迁移的意愿，顶多作为一个补充，要知道改变用户的心智是非常难的，况且来往也没有其他优势。

经过多年迭代，阿里巴巴做了差异化，从社交领域转向移动办公的细分领域，这才有了今天的钉钉。

在钉钉之前，人们更多是用微信同时处理工作和生活，难免会分散注意力。所以钉钉就反向定位微信为生活社交 App，而钉钉为工作 App，用钉钉可以更加专注于工作。

可以说，钉钉巧妙采用了艾·里斯在《品牌的起源》中提出的打造品牌的方法之一：成为第二品牌，并把自己的品牌打造成领先品牌的对立面，与领先品牌进行正面较量。

打造产品时，在设计上永远不要做"差不多"的事情，一出手就必须做到极致。把一个点做到极致，消费者才会记住你。

再跟大家分享一个名创冰泉（见图 1-3）的案例。

图 1-3　名创冰泉

研发名创冰泉的时候，为了在外形上取胜，一下子抓住顾客的眼球，公司做的第一步是确定一款与众不同的瓶形。

为了这瓶冰泉水的瓶形，名创优品在设计和研发上花了近 3 年时间，来回打磨了不下 500 次。为了让呈现出来的产品更加有立体感，保证瓶形的美感，名创优品选择了锥形瓶，在材料上采用了无加强筋的 PET，在细节上做到 360 度无缝连接，在死角处做到极致（市面上大多数瓶子连接的线条非常明显，影响美感）。

由于瓶身的制作工艺复杂，名创优品的开发人员前后共找了 50 多家供应商不断地打磨，在此过程中大部分供应商都认为难度太大，要求修改设计。因为对设计极高的要求，名创优品没有妥协，最后终于找到了一家能按设计要求打磨瓶子的供应商。

当时这个供应商还开玩笑说，这个瓶子不用申请专利，因为没有人能生产出来，如果有人能生产出来，那一定是他们的模具被盗了。

正因为名创优品坚持做别人不愿意做的事，所以把这瓶水打磨成功了。

对设计的不妥协，让这款名创冰泉在市场端得到了良好的回报。目前在国内的名创优品门店 3000 个 SKU 中，名创冰泉的销量一直排在前十名。

因为瓶形的设计立体感很强、颜值高、简约，我们从社交平台的舆论监测中，发现很多消费者喝完了后，会用这个瓶子来种绿植。

设计提高了产品的附加值。

"死磕"是名创优品一直以来贯彻的设计理念，只有让消费者感觉到产品的价值远远超越了产品的价格，他们才会买单。只谈价格，品牌只有死路一条；在产品美感、品质的基础上再谈价格，品牌才有竞争力。

2. 高效率——"产品快速创新"和"持续迭代"

很多老板谈创新，都是纸上谈兵，说"一定要加大创新力度"，但没有标准。

名创优品的产品快速创新战略叫"711 战略"，即每 7 天上 100 款新品。每个星期，我们都要从 1 万款产品里挑出 1000 款作为初选，然后从 1000 款初选产品里挑出 100 款单品上市。

这样一年就是 5000 多款新品，名创优品产品的更新速度非常快。

为了保持高效，名创优品要求供应商将货交于各区域物流仓储，由总部数百名数据分析师根据各区各店的销售情况统筹调配。

为此，名创优品在全球各地都建立了标准的物流仓储，店里不留库存，全部由总部来控制，根据每个区域每天的销售情况来调配货。

3. 高科技——"实体零售 + 互联网"

名创优品在成立之初就花费几千万元打造了一套 IT 资讯系统，通过大数据分析所有终端门店数据，就为了避免凭感觉给门店配货，要做到标准化。

这套系统对所有商品的动销速度进行大数据管理，实现 21 天的商品流转周期，并将物流配货出错率控制在千万分之三之内。

"三低"理论如图 1 - 4 所示。

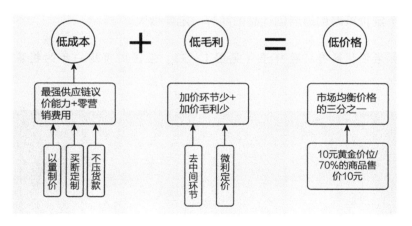

图 1 - 4　名创优品"三低"理论

1. 低成本——找到工厂直接大规模低成本供货

名创优品实行独特的供应商合作模式：**以量制价 + 买断定制 + 不压货款**。

以量制价：一是厂家直采，不通过第三方进货，名创优品的产品是从工厂中直接订制采购的，去除了所有的中间环节，节省了一大笔渠道费用；二是规模采购，每天的店铺购买人次高达 100 万，能够支撑大规模采购。根据预估的市场需求规模化采购，通过提高采购议价能力来降低采购成本。

买断定制：名创优品一改传统零售"代销制"的做法，实行产品买断，不论卖得好与不好都自行承担，不像其他企业，产品卖不出去就退还给供应商。这样就避免了供货商染指终端定价的可能。

不压货款：快速结算。从名创优品成立之初，就坚持"两个一"：不拖欠一分钟，不拖欠一分钱。规模采购加快速结算，这两点在业内都是开创性的，所以供应商都非常愿意和名创优品合作，甚至吸引到很多高端品牌的供应商长期合作。

2. 低毛利——大幅低于同行业企业

传统零售企业的毛利一般在 35% 以上，而名创优品的毛利则只有 8%，同时严格控制零售加价 30% 的上限，这样终端价格就很低了，这是革命性的变化。

这个定价策略倒逼名创优品的品牌一定要做大。

比如名创优品有一款杯子（见图 1-5），在国内市场一年的销售量超过 1000 万个。

图 1-5　名创优品水立方系列杯子

其他企业采购这款杯子的价格是 10 元，中间加上品牌商的利润和各级代理商的利润后，到消费者手中的零售价格可能是 30 元甚至更高，但名创优品的采购价可以控制在 5 元（见图 1-6）。

采购10元 → 品牌商利润（研发费用设计费用营销费用）→ 一级代理商利润 → 二级代理商利润 →
经销商利润 → 消费者购买价格29元

采购价~~10元~~5元(海量订单、买断制供货) → 品牌利润（研发费用、设计费用、营销费用）→
~~一级代理商利润~~ → ~~二级代理商利润~~ → ~~经销商利润~~ → 消费者购买价格~~29元~~10元

图 1-6 名创优品采购价格关系图

为什么名创优品的采购价格可以做到这么低？这里面有一个故事。

为了找到这款杯子在保证品质的基础上还可以降低成本的方法，名创优品的商品团队直接到工厂了解生产环境和流水线环节。

商品团队经过观察发现，人工流水线的环节太慢了，要是选择用机器代替人工流水线，就可以大幅降低供应商环节的成本，还提高了运营效率。

找到了这个突破口后，我们最后把这个杯子的采购成本做到了 5 元，零售价 10 元。

3. 低价格——没有中间商且成本和毛利都很低，使售价极低

在业界，名创优品有一个 10 元黄金价位，这使得很多品牌很难生存下去。

到名创优品店里买东西的顾客有一种"幸福感"，非常轻松愉快，商品一件 10 元，两件 20 元，三件 30 元，没有什么购物压力，我们内部称它是"一剑封喉"。

看到这里也许有人会疑惑，根据我们根深蒂固的"一分钱一分货"的消费理念，名创优品的产品为什么可以卖得这么便宜，质量还这么好？这也是我这些年被外界问到关于名创优品最多的问题。

因为名创优品的背后是一流的供应商和爆款战略。

二、找对供应商，开发好产品，顾客愿意买单

我一直强调，做不好供应链就不要轻易做实体零售，当然，对于现在的互联网企业也一样，供应链直接关系着产品的质量。

名创优品对供应商的要求非常高，在每一个领域中都挑选全球数一数二的供应商合作，第三名都不要。

这些供应商大都是来自广交会的外贸供应商，因为它们长期和欧美、日本等地的大客户合作，执行的是欧美、日本的标准，所以制造标准往往高于内销工厂。

和它们合作，名创优品享受到的就是外贸制造水平的红利，这也使得名创优品的产品品质媲美国际大牌。

名创优品有款西餐刀叉（见图 1-7），售价为 15 元 2 件。只是在中国，这款刀叉一天就可以卖出 20 多万件。

图 1-7　名创优品 15 元 2 件的刀叉

为什么销量这么高呢？因为这款刀叉的制造商是双立人的品牌制造商，同时也是 G20 峰会和"一带一路"峰会的供应商，其在中国的第一个客户是钓鱼台国宾馆，第二个客户就是名创优品。

别看价格便宜，这款餐具在工序上一点不差，共有 60 道工序，采用的是高标准的流水线。为保证产品质量没有任何瑕疵，在制作过程中，如果任何一个环节出了问题，名创优品都会要求把这个产品重新做一遍。

除了和双立人的品牌制造商合作，名创优品在彩妆领域的合作供应商也是顶级的——国际彩妆市场霸主之一的莹特丽。雅诗兰黛在中国市场 80% 的彩妆都是莹特丽供应的，但比起雅诗兰黛几百元甚至上千元的定价，名创优品开发出来的彩妆品类产品售价只有 15 ~ 39.9 元。

还有香水。名创优品的团队在调研中发现，市场上的香水，要么就是国际大牌，售价为 700 ~ 1000 多元，要么就是没有品牌的产品，市场存在空白区。

同时，与太阳镜一样，香水也是超级暴利行业，毛利高达 50 倍以上。即使今天在中国也不是每个人都能买得起这么贵的香水，更何况香水是快消品，使用频率极高。

发现这个痛点后，名创优品找来国际一流的香料供应商奇华顿。

奇华顿拥有 200 多年的历史，在全球有 11 家工厂，迪奥、香奈儿等大品牌的产品都是奇华顿供应的。名创优品和奇华顿合作研发出了"花漾青春系列"香水（见图 1-8），并把它定义为消费者人生的第一支香水。

图 1-8　名创优品"花漾青春系列"香水

就像消费者的第一部车、第一套房一样，名创优品的香水是他们的入门级产品，并延续优质低价的风格，只卖 15 元、29 元、49 元这样的价位，让他们轻松拥有。

人生的第一支香水这个概念，加上物超所值的价格，"花漾青春系列"香水一上市就成了爆品。

三、爆款战略＋刚需产品＋高频消费品＝消费者对品牌信赖

在打造爆品的过程中，很多企业容易陷入一个误区，就是为了满足用户的需求，他们花了很多心思去开发一大堆产品，最后发现没有一款产品是做到极致的，有时还会适得其反，导致用户流失。

面对这种现象，我经常建议品牌创始人在打造爆品之前，要问自己三个问题：

为什么用户要在你这里买产品？

你自定义的爆品都是用户想要的吗？

这是目标用户群体中 60% 的人想要的吗？

断、舍、离是家居收纳的关键理念，实际上，它同样是产品聚焦的核心。所以我的理念是，做 1000 款还不错的产品，不如做一款性价比极高的产品。

因为聚焦做一款极致产品的时候，品牌会花费很多的精力、时间、成本，在这个过程中已经帮用户做了无数次淘汰，解决了用户的选择困难症，节约了用户的时间成本，同时提高了门店的效率等。

所以，聚焦做产品的同时，还要求品牌要学会找到用户的"痛点"，要做"刚需"产品，还要重视高频消费。无法匹配用户需求的产品创新都是毫无意义的创新。

名创优品有一款售价为 10 元的眼线笔，之所以研发这款产品，是因为当时我们观察到市面上的很多眼线笔有一个很大的缺陷，就是容易晕妆，特别是夏天的时候，这对于很多女生来说简直就是灾难。

名创优品的研发人员当时找到了迪奥、香奈儿、美宝莲等品牌的制造商来研发，打造了一支 0.01mm 的极细的眼线笔（见图 1-9）。

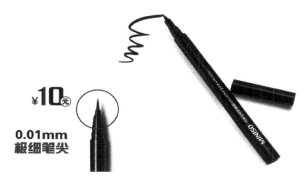

图 1-9　名创优品 10 元眼线笔

这款眼线笔最大的卖点是，即使是化妆新手也很容易上手，而且可以快速卸妆，很好地解决了用户不容易上妆、晕妆、不容易卸妆的痛点。

目前这支眼线笔在全球累计销售超过 5 亿支，被各大社交平台的博主推荐，是爆款中的爆款。

我自己多年来也一直在使用，同时还推荐身边的很多朋友使用，大家都赞不绝口。

这里再和大家分享一个我合作的轻食代餐品牌——田园主义的案例。

田园主义于 2019 年 9 月开始上线天猫店，以一款爆品"真全麦面包"切入代餐领域，不到一年的时间便拿下了天猫全麦面包类目销量第一的傲人成绩。目前田园主义单月营收已经超过 2000 万元，2020 年"双 11"全网营收近 3000 万元，仅仅是一款全麦面包就贡献了 70% 的销售额。

田园主义是怎么做到的呢？

作为一个互联网品牌，没有赶上互联网红利起步的跳板无疑是失去了发展先机。但也正是这样，才要求品牌必须一步一个脚印向前走，在产品上下大功夫。

随着健康风潮的来袭，许多购买全麦面包的消费者都冲着"饱腹感""无油无糖""减脂""健康"等概念而来，但很多人不知道真正的全麦面包是没有小麦粉的，必须是 100% 全麦的。

而目前国内全麦面包市场的产品大致可分为两类：一种是打着"全麦面包"的名义，配料表里却是以小麦粉为主的"假全麦面包"；一种是货真价实的真全麦面包，但是口感粗糙酸涩，难以被年轻人喜欢。

凭借产品研发和生产技术的创新，田园主义推出了一系列符合年轻人个性化口味的真全麦面包（见图 1-10），性价比比市面上很多全麦面包要高，且解决了传统全麦面包口感粗糙酸涩的问题，打破了市场既有全麦面包的常规口味，在美味与低热量之间实现了平衡，重新定义了全麦面包。

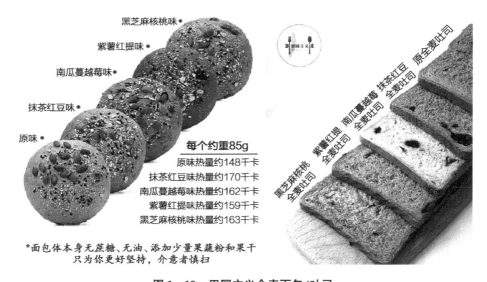

黑芝麻核桃味●
紫薯红提味●
南瓜蔓越莓味●
抹茶红豆味●
原味●

每个约重85g
原味热量约148千卡
抹茶红豆味热量约170千卡
南瓜蔓越莓味热量约162千卡
紫薯红提味热量约159千卡
黑芝麻核桃味热量约163千卡

黑芝麻核桃全麦吐司　紫薯红提全麦吐司　南瓜蔓越莓全麦吐司　抹茶红豆全麦吐司　原全麦吐司

*面包体本身无蔗糖、无油、添加少量果蔬粉和果干
只为你更好坚持，介意者慎扫

图 1-10　田园主义全麦面包/吐司

好产品是能够让消费者感知到并且对品牌产生信任或是有复购冲动的，目前在各大社交平台上，消费者自发推荐田园主义全麦面包的口碑好评不计其数。

凭借全麦面包这款核心拳头产品快速撬开市场之后，田园主义又做了产品的纵向口味延伸以及横向的品类扩展，研发了全麦杂粮饼干、全麦面等一系列产品。

　　田园主义的成功，正是通过在品类、产品等方面的多层次创新，重新定义了消费者对全麦面包的认知和想象，把"好看、好吃、健康、管饱"带给了更多消费者。

　　通过上面两个案例我们可以看出，品牌要想研发出爆品，务必关注三个关键性要素：**爆款战略 + 刚需产品 + 高频消费品。**

　　围绕用户需求去开发好的产品，通过一流的供应链打造产品品质，最后形成前端很好的消费体验，使用户对你的品牌产生更大的依赖。

　　很多人都说互联网已经改变了大众消费习惯，实体店零售没有出路了。但回过头想想，互联网是怎样打垮线下的？就是靠低价。

　　互联网省去了很多中间环节，用户用脚投票，你价格高，用户自然离你而去，但如果线下能做到和线上同价，用户就会重新回归线下。

　　这些年我看到太多的企业确实很有创新精神，产品领先、技术领先，但企业本身经营状况并不好，为什么？因为其价格不具备竞争力，使用的人比较少，很容易就被后来者超越。

　　今天的市场不缺好的产品，缺的是有竞争力的产品，企业要把创新优势转化为高性价比优势，才能获得持续的竞争优势。

以用户为中心的经营策略：产品好、环境好、服务好

　　名创优品的主流消费人群是新生消费主力"85 后""90"后和"00 后"，他们是互联网原住民，也是敢于打破常规的一群人。

　　这是一个与众不同的群体，他们没有经历过物资短缺之苦，享有更高的教育水平，拥有更开阔的眼界。他们更自我也更悦己，在消费上比上一辈人更精明，懂价值，重体验，在和品牌的沟通上也更加注重价值传递、情感共鸣。

　　如何更好地连接我们的目标群体？我们摸索出了一套打法：**线下做极致体验，线上做流量承接。**

先来说线下。

心理学中有个说法叫"峰终定律"，大致意思是：人的大脑在经历过某个事件之后，能记住的只有"峰"（高潮）和"终"（结束）时的体验。套用到营销上来说，就是用户能记住的只有最好的体验和最后的体验。

名创优品打造让用户难忘的峰值瞬间的心法是：围绕"三好"体验，制造惊喜，给用户超乎寻常的感受。

一、产品好，满足消费者的情感需求

我们团队在做舆情监测时发现一个有趣的现象，不少网络上的评论在提及名创优品的同时也会提到无印良品，我们认真分析比对了一番这些评论：

"无印良品的化妆品专用包放不下这些东西，就去名创优品买了这个""无印良品和名创优品的收纳盒太好用了，无印良品小贵了点""睫毛夹我已经从无印良品换到屈臣氏最后换到了名创优品""强烈推荐名创优品的颈枕，竟然和无印良品的感觉差不多"……

这表明，在不少消费者眼中，名创优品和无印良品存在很强的可比性。甚至，从消费者的情绪偏向来看，名创优品的性价比与无印良品比起来，反而更胜一筹。

深究背后的原因，我们认为消费者对于商品价值与价格的判断力在增强，这和名创优品"解放一代年轻人购物压力，提升幸福感"的理念是不谋而合的。

同时，我们跟踪了很多名创优品的热门品类。一方面，高频、刚需、极致性价比的产品拥有众多拥趸；另一方面，在品类偏好上，后台数据也告诉我们，消费者逐渐从购买枕头、围巾等家居用品转向购买化妆品、彩妆等，像我们的 10 元化妆棉、20 元三用眉笔、29 元眼影盘等产品一度在门店卖到脱销。

总结起来，代表面子的符号价值和代表里子的优质低价，成为打动年轻消费者的最大要素，前者代表生活所需的情感和仪式感，后者代表脚踏实地

的物质生活。

针对这一洞察，除了确保前文中提到的极致性价比和极高品质，名创优品团队也在花费 90% 的时间和精力做市场调研，在线上、线下热销的产品当中敲定品类，反复论证如何设计、包装、用材及功能细节等。

在产品研发上，捕捉全球好产品。名创优品在产品研发上坚持三个原则：女性、刚需、快消。

名创优品现有 3000 多个单品，都是从各个细分领域挑选出来的卖得最好的，并通过 1000 多个产品体验官深入挖掘用户需求印证过产品口碑的产品。

在产品规划上，主打高频消费、小而美的产品。主要是家居生活、美妆、零食等快消品，开拓出一个小而美的独特领域。

在产品颜值上，追求系列感、简约风、时尚感（见图 1-11）。

系列感：产品研发时统一风格，一看就知道系列产品。

简约风：产品种类极度少、极度简约，但是购买率极度高。

时尚感：简约到极致就是最高级、最大牌的时尚。

图 1-11 名创优品产品系列

二、环境好，打造极致场景体验

我一直坚定地认为，未来消费者对无形产品（体验）的消费会大大超越对有形产品的消费。

如果说天猫、淘宝等线上购物平台解决的是有形产品消费的丰富性问题，那么线下新零售解决的是消费过程的体验性问题。

名创优品有一个可标准化的"设店基准"，拥有千店如一店的装修风格（见图 1 - 12），并且都是从让顾客感受完美的沉浸式体验出发的。

图 1 - 12   名创优品线下门店

一个是"店"。门店的装修设计和氛围要让顾客喜欢，并在整个浏览和购买商品的过程中让顾客有便利、舒适和愉快的感觉。

另一个是"商"。商店最重要的还是贩卖产品，因此如何有效地展示产品，是我们一直在认真思考的问题。

基于"店"和"商"，名创优品建立了一系列的标准化制度，指导全球店铺的统一装修和陈列风格。

1. 装修的三大特征

名创优品 90% 以上的店铺都开在购物中心，不管是在大悦城、凯德广场还是在王府井，只要是购物中心一般都可以轻易找到名创优品的门店。

在门店的投入上名创优品也是花了心思的，一家 200 平方米的店铺仅装修费用大概就需要 40 万元。同时，为了统一门店形象，名创优品在货架供应商上也是优中选优，选择了 LV 的货架供应商，可保证十年不变形、不掉色。具体的细节体现在：

①所有门店都是白色基调、开阔空间和太空箱。

②平均每家店铺有 3000 个左右单品，货架高度 1.5 米，店铺层高 3 米左右。

③天花板以白色为主，靠墙的边场货架上通常设置二层到四层的白色背景，以及黑色图案的太空箱。

2. 陈列的八项原则

名创优品结合自身"以小产品为主、客流量大"等特点，打造了一系列陈列原则，统称"八项原则"⊖。

显而易见：所有商品的包装必须正面朝外，以便让顾客看得清楚。

丰富饱满：一是指商品品类丰富多样，二是指商品陈列整齐饱满。

易拿易取：商品与商品、商品与货架之间保持一定的空间，方便顾客拿取。

分类陈列：按照品类、性能、形状、颜色、价格等标准对商品进行分类组合。

先进先出：有保质期要求的商品按照生产日期的前后从外到里进行陈列。

关联陈列：按照季节、用途、消费者需求等关联因素对商品进行分类组合。

垂直陈列：对品牌较多的商品由上至下纵向陈列，以提升层次感和清晰度。

黄金位陈列：高利润商品、季节性商品、特价促销商品陈列在最显眼的位置。

⊖ 参考《名创优品没有秘密》，杜博奇，中信出版集团。

3. 克制营销

今天我们所处的商业环境里充斥着赚快钱的想法，没有多少人愿意沉下心来踏踏实实地站在用户的角度做好服务。

司空见惯的一个现象是，大多数品牌每逢促销活动，恨不得将宣传物料铺陈到门店的每一个角落。但名创优品不一样，我们在门店的营销活动宣传物料，从海报设计到音频、短视频等，几乎是到了严苛克制的地步。

集团所有下达到门店的海报物料、音频、视频都需向品牌中心下单，经品牌中心审核确认后，才能统一对门店输出，并且每次输出的物料、内容都遵循规定的周期，要定期更换。

门店 POP 以产品展示为主，门店口播和视频也是为门店做服务；营销优惠活动的宣传物料只集中在收银台的液晶屏滚动展示。

前者是为了更好地把控名创优品品牌形象的一致输出；后者是为了让消费者在门店只需要享受购物的乐趣就足够了，减少广告对他们的打扰。

三、服务好，无任何购物压力

在餐饮业，海底捞的服务是一个典范。在零售界，名创优品的服务也曾经被业内视为一朵奇葩。

奇葩主要体现在，名创优品首先提供的是极具性价比的产品，然后才是极简的"轻服务"，"轻"是一种非常微妙的情感连接，即当顾客需要的时候，店员才会出现。

所以名创优品有个"三无"指标：**无服务、无推销、无任何购物压力。**

无推销，门店只有彩妆品类的导购，店员的核心工作只有四个方面。

陈列：把商品按要求摆放整齐。

卫生：保持店面的整洁。

防盗：保证货品的安全。

收银：门店的收银工作。

这样做是为了给顾客提供更好的购物体验，只有体验好了，才能打动顾客。

这个"三无"指标一直指引着名创优品的服务准则：最好的服务绝不是一对一地跟在顾客身边，给顾客带来一种无形的压力，而是"我不需要你的时候最好没人出现，我需要的时候你刚好在我眼前"。

作为衡量顾客满意度的指标，名创优品还提出了一个理论："顾客表情指数理论"，即一名顾客从结完账到走出店门那五六步的面部表情，如果一边翻腾购物袋里的商品一边面露喜色，说明他买得很爽，用户体验很好；如果面无表情或者面露难色，说明他对这次购物产生怀疑。

根据这套"顾客表情指数理论"，我们会去总结和优化我们的服务体验，一次次做出迭代。

产品好、环境好、服务好，在这"三好"的熏陶中，名创优品的口碑逐渐建立了起来。慢慢地，越来越多的消费者选择走进名创优品。

最直观的结果是，前期名创优品的微信公众号在几乎没做精细化推广运营的情况下，靠着门店线下的客流吸引了 1000 万粉丝。

当线下海量的用户汇聚成线上的流量时，如何做好这波庞大流量的承接成了我们一个新的突破口。

四、不只是企业，还能是朋友

我常常将名创优品比喻成"生活的引导者"，即名创优品追求一种美好、幸福的生活方式。

所以，年轻人在哪里，名创优品就在哪里。他们喜欢什么，我们就用什么样的语言去和他们进行沟通。从外部的品牌调性出发，我们希望名创优品可以比较潮，比较酷，跟年轻人不存在代沟，能够融入年轻人的生活。

在这背后，我们做了很多的思考和动作，包括整个社交平台的布局规划，线上线下的联动，用与年轻人的语气口吻、情感态度来与他们对话，与用户"玩成一片"等。

在微信公众号方面，我们抓住了微信的红利期早早入场，并通过讲故事的形式，创作让粉丝觉得有用、有趣的内容，比如彩妆护肤干货、漫画或生活小技能，让用户产生情感共鸣，进而认可我们的品牌。

在微博、抖音、小红书、B 站上，我们通过有趣的内容＋活动＋互动来保持粉丝黏性，生成他们喜欢的内容，并运用他们的思维方式和语言习惯来与之对话，打造有个性、有"人设"的品牌。

为答谢粉丝一直以来对名创优品的喜爱与支持，我们也多次举办粉丝见面会活动，和粉丝玩到一块，塑造了实力宠粉的品牌形象。

比如 2014 年，湖南卫视推出《我是歌手》第二季，邓紫棋因摘得亚军而火爆娱乐圈。我们当时签下了邓紫棋广州演唱会的独家冠名权，以打造名创优品粉丝节的形式，结合门店终端促销，把演唱会的所有门票全部作为粉丝福利（见图 1－13）。

图 1－13　邓紫棋演唱会名创优品赠送门票活动

不止如此，《速度与激情 6》在中国火热上映的时候，主演保罗·沃克的意外去世让这部电影在前期一票难求。当时名创优品正在主推一款 MINISO 饮料，便选择与北京、广州的飞扬影城合作，用包场的形式，请粉丝看电影，并把 MINISO 的饮料组合成零食包送给粉丝体验。

为什么要花这么多精力做这些福利活动？因为名创优品的理念就是，没有无缘无故的爱，你爱用户多少，用户才会反哺品牌多少的爱。

如果要对名创优品的用户经营策略做个小总结，我把它概括为：**少即是多，多即是少**。

首先，从销售转化角度来看，名创优品走的是优质低价路线，扣除店铺预留毛利后只有 8% 左右的微利，就单个产品来讲这绝对是少。也正是这样，这绝对的少使得名创优品在价格上形成了强大的优势，轻松促成了海量用户的成交，这就是相对的多。积少成多，这也是名创优品每个店铺能保持高业绩的原因之一。

其次，从可持续发展的角度来看，名创优品从每个顾客身上赚取很少的钱，却提供超出顾客预期的商品价值和体验以求达到双赢。我们希望通过让顾客轻松消费、消费得起，让年轻消费者越来越喜欢我们，形成口碑传播，从而降低营销费用，最终聚集一大群忠诚的粉丝来养活企业，最终赢得时间上的多，做持续经营。

最后，从用户心智的角度来看，名创优品所有的品牌内容输出，都会考虑到品牌调性和用户的共通点，花最少的时间成本在两个次元的身份间构建连接。我们通过在消费者沟通上有更多文化层面的升级和扩展，创造更大的品牌附加值，稳步占领消费者的心智，最终撬动关注力的多。

当然，以上只是名创优品精细化运营用户的冰山一角，更详细的内容我会在接下来的章节中介绍。

口碑营销：让用户为品牌讲故事

当我们把内功修炼好，一个有产品、有调性、有共识、有用户流量的完整品牌就形成了。此时我们再去做大众化口碑营销传播，品牌力的影响才是爆炸性的。

一、从自己说到听用户说

消费环境和消费人群的变化，带来了媒体环境和传播方式的必然更迭。

在传播角度上，只有我们自己说名创优品如何好、名创优品的产品如何好是没用的；应该让用户说，从用户中来到用户中去。

怎么让名创优品和用户的关系从无关系到弱关系到泛关系再到强关系递进呢？我们开始思考怎样找到一个切入口。

二、产品体验官

凯文·凯利曾在他的《技术元素》一书中提出了一个有意思的理论，叫作"1000 个铁杆粉丝"理论。

名创优品做的第一步，就是找到这 1000 个可以为我们发声的用户。

当时，我们通过名创优品官方微信公众号和微博，公开招募了 1000 名"对产品有要求、对体验有感知、愿意表达自己"的用户（见图 1−14），成为"名创优品产品体验官"，把他们汇聚在一起，开启我们的社群营销之路。

图 1−14　名创优品产品体验官招募活动

"产品体验官"这个项目借鉴了小米的经验，我们在小米"为发烧而生"的基础上做了一些调整，借助新媒体平台和一些铁粉的支持完成。

一开始，我们的目的很单纯，因为用户是最理解用户需求的人。

　　每当有新品研发出来，我们会第一时间将产品快递给用户，他们通过新品试用、用户反馈等方式，将产品的体验报告发布到大众点评、贴吧和微博等舆论趋势比较开放的公域平台。

　　我们会鼓励他们在这些社交平台上晒出我们的产品，也不要求用户一定要说好话，只要用户认为这个东西有用，把自己内心的真实感受说出来就好。

　　同时，为增强用户黏性，我们会选取在门店端销量排名靠前的产品，固定每周三为福利日，在我们的产品体验官社群做限量 1 元/5 元/10 元的秒杀活动（见图 1－15）。

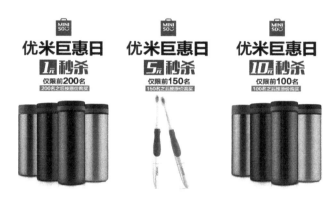

图 1－15　名创优品产品体验官社群秒杀活动

　　名创优品高度重视并投入精力、人力、物力去持续地和用户做连接，当他们为名创优品进行二次传播时，根据人际关系六度空间理论，就会有 6 倍于消费者的人被传播分享，可以说这 1000 名产品体验官在名创优品前期的口碑塑造中发挥了超强的作用，尤其是在彩妆产品方面，在这里分享两个名创优品彩妆口碑传播案例。

　　名创优品的彩妆，曾经是被所有人小看和不看好的品类系列。因为对比市面上的那些人气彩妆，比如 YSL、雅诗兰黛、阿玛尼等动辄几百元的客单价，名创优品彩妆的定价为 15～39.9 元，实在是太便宜了！

　　在消费者的潜意识里，便宜意味着什么？便宜意味着没好货，毕竟一分钱一分货。

所以在名创优品推出彩妆产品的时候，消费者都在惊呼：会不会过敏？质量会不会不合格？用了皮肤会不会出问题？这么便宜的彩妆真的能用吗？

这时我们深谙一个道理，我们的产品再好，我们自己说了没用，用户是需要被引导和教育的。于是我们就通过举办各种活动、短视频测评等，邀请这些产品体验官亲自参与体验，让用户试用，因为看见，所以才相信，我们要用户自己发声，来打破他们对我们的彩妆产品先入为主的刻板印象。

比如前文中提到的名创优品售价只有 10 元钱的眼线笔。

这款眼线笔质量好、价格便宜，怎样将这些信息精准地传达给名创优品的用户呢？

我们当时做了线上线下的联合推广，线上主要是在微信公众号上发布了一则教大家如何画眼线的鬼畜 H5，通过好玩、有趣的沉浸式体验，让用户对我们的产品产生兴趣并关注，参与活动免费领取眼线笔试用。当时这篇推文最终创下了 86 万的点击量，H5 参与人数高达 50 万。

在这些体验官中，不乏"极客型"达人，比如有一位学化工专业的粉丝，对眼线笔怎么用不晕妆特别有心得，给我们写了一份篇幅很长的体验报告。

在线下，我们邀请到国际时尚彩妆教主吉米老师，亲自试用我们的眼线笔并产出专业测评，站在彩妆师对产品要求严苛的角度，为我们的产品发声。

还有一个案例是名创优品的水光系列面膜。

当时为了打破消费者对名创优品面膜的安全信任壁垒，我们团队决定亲自操刀做一期短视频测评。

我们将市面上用户口碑比较好的面膜买回来，不仅包括国产的品牌还包括国外的品牌，从面膜的膜布、pH 值、锁水度、贴合度、是否含有荧光剂等多个维度进行横纵向对比。

在做测评的时候我们发现，我们的面膜无论是功效还是安全方面一点也不逊色于市面上的这些面膜，甚至有些体验还更胜一筹，关键是其他品牌面膜的售价均为 10 元左右一片，我们的面膜 15 元两片，性价比遥遥领先。

短视频测评的形式比较直观，所以效果很好，我们再顺势推出面膜体验官，把面膜寄送给他们，让他们亲自体验。对于产出真实体验报告的用户，我们再追加赠送他们能用上一年的面膜。

同时我们也在社交平台上继续输出内容，让更多人相信便宜也有好货，只买对的不买贵的。

产品好，体验好，所以活动效果超出预期。于是，一开始的质疑声、不确定慢慢地消失了。很多用户体验后发现产品确实不错，陆续有了一个两个甚至更多的用户在线上自动为我们的彩妆产品发声，形成了一波又一波的口碑营销。

在一个平台探索出经验后，我们又以相同的方式把产品体验官项目复制到另一个平台。

随着小红书的崛起，买东西前上小红书浏览"种草笔记"开始成为当下很多年轻人的购物习惯，于是我们又启动了小红书上的产品体验官的布局（见图 1－16），这时内容的侧重点，主要是引导和鼓励用户将测评产品的体验发布到小红书上。

图 1－16　名创优品小红书产品体验官招募

截至今天，在小红书和 B 站上搜索"名创优品"，能搜出来的种草笔记达 13 万多条。

所以，一定要重视我们的深度用户，他们是一个群体，他们是最普通的消费者，他们的声音就是产品真正的声音。

三、KOL/KOC 流量效应

随着 KOL 和 KOC 在用户端的话语权的增大，品牌通过传统媒体引领舆论导向的时代已经一去不复返，品牌的信任链正从"品牌—媒体—用户"转向"品牌—用户（KOL/KOC）—用户"。

我们的产品体验官策略根据这一趋势做了调整，把目光从普通人转向了有一定粉丝体量的 KOC 和垂直领域的小众 KOL，把他们拓展为我们的产品体验官人群。

当时我们的团队每天都会在微博上做舆论监测，比如我们发现知名 KOL 深夜徐老师是名创优品的忠实粉丝，她在自己的微信公众号和微博大号上多次发布了关于名创优品的好物测评（见图 1 – 17）。

图 1 – 17　深夜徐老师在微博推荐名创优品产品

头部博主的带货效应立竿见影，经徐老师推荐的一款七龙珠按摩器直接卖断货，粉丝纷纷跑到我们官方账号下留言要求补货。

这给我们传递了一个非常好的信号，那段时间，我们发现微博和 B 站上出现了大量的名创优品产品自来水测评。

我们快速分析原因，一是随着名创优品知名度的打开，很多人开始关注我们；二是名创优品的产品具有极高的性价比，让博主打造的 10 元好物推荐系列可以快速吸引流量。

于是我们开始让团队收集各个领域里发布过名创优品产品体验的博主，比如美食圈、手账圈、彩妆圈等，形成一个 KOL 库，然后逐个去私信联系博主，把产品寄给这部分人，让他们去试用和体验，如果体验好了，我们还可以寄送更多免费的产品作为博主发给粉丝的福利。

这些博主的粉丝量可能只有几万，但因为他们在圈子里的影响力，所以他们的粉丝是实打实的真实粉丝；因为没有商业化过，所以他们的粉丝的黏性都比较强。

我们也不要求博主收到产品后一定要发文，但大多数博主在收到产品后，都会很用心地为我们写一条优质测评博文。从数据和反馈上来看，这些博主的带货效果是显而易见的，让我们的产品得到最真实的口碑传播。

同时，随着明星机场街拍在饭圈的火爆，我们发现越来越多的明星手上出现了名创优品的产品，从帽子、玩偶到风扇等小物品，有些是明星本人购买的，有些是粉丝接机送的礼物。

在吃到博主带货的红利之后，我们敏锐地捕捉到明星背后的粉丝经济效应。

以前追星，粉丝们只是单纯充当着观众/听众角色，为偶像的作品捧场；在当下，他们不单看演唱会、看影视剧，还包场偶像的电影、买周边产品、接机、追行程、扒偶像同款……

这一趋势导致的结果是，经过明星带货的产品，经常被粉丝抢售一空，于是有越来越多的粉丝在微博上@名创优品官微博，或者跑到官方微博下面留言，求门店补货同款产品。

粉丝经济的马太效应凸显，我们没有错过这波流量，在微博上通过花式互动和饭圈女孩们玩成一片。在这里要说明的是，因为涉及明星肖像权的问题，我们并没有通过官方渠道去和明星做捆绑，而是有意识地借助粉丝的发声，通过转发粉丝扒明星同款的博文和互动的形式撬动饭圈影响力，和明星形象做捆绑。

当然，这些明星带货效应更多是偶发性的，在这里我还想和大家分享的是，还有另外一种和明星做捆绑的取巧方式，叫 PR seeding。[⊖]

就是把产品给到明星或者他们的经纪人，然后让明星在社交平台日常发自己的生活照或者出席活动的时候顺带植入产品，不带任何商业引导性质的信息。

由于明星的效应，粉丝会留意到软性植入的产品，比如明星在微博上发了张自己拿着名创优品产品的自拍照，说不定立刻就会有被粉丝扒出名创优品同款的留言，这时候我们只要稍加引导，就可以趁机做一波借势营销。

比如我曾经给杜淳的经纪人送了名创优品的充电宝，没想到在杜淳的微博上看到他推荐了我们的产品，这对品牌来说就是一波免费的宣传。

同时，我们会把明星用名创优品产品的素材整理出来，通过第三方 KOL 渠道分发形成二次传播，营造明星都在用我们的产品的氛围。

所以，在打造口碑时，品牌要顺势也要懂得借势，更要有敏锐的嗅觉，懂得最大化地整合资源。

四、新媒体时代下的口碑营销

让我们再来看看宣传和传播。

作为新物种，在渠道选择上，名创优品放弃了传统的电视、平面媒体等媒体广告的投放，塑造口碑的阵地主要集中在微信公众号、微博、小红书、抖音、B 站等平台，更擅长利用口碑、事件、公关等方式制造热点和话题，以小投入换取大声量。

一是我们的微信公众号、微博、小红书、抖音等账号累积了大量优质内容，通过新鲜有趣的内容营销来和消费者互动，极大地节省了传播成本。

⊖　时尚及美妆品牌会向 KOL 赠送产品，以换取产品在社交媒体上的曝光，这在业内被称为 "seeding"。

二是我们聚焦在财经领域，在微信公众号上输出大量内容有深度的稿件，将名创优品背后的强大供应链、商业模式、创始人的故事进行深度延伸创作，向公众娓娓道来。

三是通过定制化 IP 产品击中消费者的痒点，引爆市场话题，实现低成本、跨平台流量迁移，比如牵手粉红豹、裸熊、Hello Kitty、漫威等全球性知名 IP 打造周边产品等，在社交媒体上都能产出海量的 UGC，引发强大的自来水传播。

四是跨界"搞事情"，比如联名故宫、可口可乐、纽约时装周等塑造事件营销，突破行业边界，拥抱国潮，打造国货之光，实现跨圈层口碑传播。

回归到品牌文化的基因中，名创优品无非是找到了能吸引目标消费者的口号、故事、语言，将其转化为符合各新媒体平台调性的内容，让品牌内外圈人群流动起来。用句时髦的话说，是把公域流量转化为私域流量。

这部分的内容我会在接下来的章节中给大家详细展开。

最后，针对名创优品的口碑营销做个小结，打造品牌口碑，优质低价的产品是前提，精准的渠道是护航，只有产品好到让用户尖叫，才能让用户愿意为你传播，才能利用最大化资源（KOC/KOL/明星效应）在社交平台上引爆声量，形成 UGC，为品牌进行口碑印证。

打造品牌就是长期坚持做难而有价值的事情

今天，当我们谈到品牌的时候，你能想到的是什么？

你会发现绝大多数企业都在卖产品，品牌的意识还是不强。

很重要的一个原因是近些年新媒体大行其道，流量的红利让很多企业创始人红了眼，很多人陷入只要能做出抢占用户眼球的产品，就能快速获得高流量、强曝光、高转化的美梦中。

但是网红品牌一夜成名，带来的是流量，不是品牌。

一个品牌之所以能成为品牌，是因为其拥有了持续赢得消费者信任的能力，拥有了消费者的偏爱，拥有了消费者的信任，让消费者闭着眼睛买都不会出错。

对于生活家居消费品市场而言，名创优品的火爆带动了更多新品牌的入局。这些年，模仿名创优品的品牌不下 50 个。但是这些模仿者的做法大都流于表面，或者模仿 Logo，或者模仿商品品类、门头、装修风格等，可是其产品质量和设计却和名创优品有很大差距。

怎么让这些模仿者与名创优品的距离越来越远呢？扩大市场规模，通过门店爆炸式增长快速抢占市场，对它们进行强势压制。

曾经有段时间，名创优品以平均每月开店 80～100 家的速度横扫一二线城市的各大商圈和人流量密集的商业步行街。

事实证明，绝大多数模仿名创优品的品牌没能持续很长时间，最后都以破产告终，原因是对方并没有想要做一门长久的生意，而是想要投机赚快钱，他们能复制的只有外表的形，但骨子里的魂他们不知道如何复制，也无法超越。

名创优品采取的是长跑，而不是赚快钱的模式。如果没有背后的超强供应链，没有对产品的极致打磨，没有对用户体验的极致追求，没有对贪婪之心的克制等，那在这个过程中，一定会倒下去。

名创优品以产品作为切入点，培养用户忠诚度，再通过用户体验辐射拉动口碑形成品牌美誉度，最后扩大品牌知名度。这也是为什么名创优品仅用了短短几年时间就走向国际化市场，因为市场需要这样的品牌，反过来也会驱动品牌不停地往前走。

截至 2020 年 9 月，名创优品已在全球开设 4200 多家门店（其中海外门店就有 1700 家），遍布美国、加拿大、俄罗斯、新加坡、韩国等 80 多个国家，年客流量近 10 亿，消费人次达 3 亿。可以说，在今天实体零售企业用这么短时间走向全球化，曾一度被屈臣氏和无印良品列为全球最可怕的竞争对手的，目前只有名创优品。

不只是名创优品，我们再回归当下的新消费市场，看下我们的世界发生了什么样的变化。

21 世纪的今天，在全球 DTC（Direct To Costomer，直面消费者）品牌浪潮中，新锐起飞，国货崛起，国际大牌与跨境小众品牌齐飞，中国消费品领域可以说是迎来了新物种的集中大爆发。

一面是新消费市场被完全打开，国货新锐品牌如群星般崛起，逐渐占据头部位置。新国货市场这片热土培育出了名创优品、喜茶、完美日记、钟薛高、熊猫不走蛋糕等一大批有互联网基因的新玩家们。

一面是面对市场倒逼，国产老品牌正在行动。

波司登与世界级设计师合作，以专注羽绒服、立足高端的战略定位，成功在高端羽绒服市场站稳脚跟；李宁重塑产品线推高品牌形象，和国际球星签约，走上时装周，向世界喊出"中国李宁"，成为大批年轻人心中的战靴……

为什么这些品牌突围了？对于多数企业的成功，我们都只看到了水面上的 4%，隐藏在水面下的 96% 是学不来的。

比如他们开创了一种新的商业模式，或者颠覆性地打造了一种新的产品，凭借着全新的商业模式或者全新的产品，在你勤勤恳恳"搬砖"的时候，以黑马之姿逆势崛起。

其中，火爆市场的彩妆品牌完美日记，其母公司逸仙电商于 2020 年 11 月 19 日在美国纽交所挂牌上市，成为国内首个在美股上市的美妆集团。这个诞生不到 5 年，就能够赶超老牌经典，反超国外大牌，还荣登天猫"双 11"国货彩妆第一名的新锐国货品牌，在成为大众爆款之前，已经凭借 12 色动物眼影、琉璃时光唇釉等几款高性价比产品成为小红书上的爆款品牌了。

还有喜茶，是凭借着皇茶 ROYALTEA（喜茶前身）在区域市场沉淀了足够长的时间，从而收集反馈、打磨产品，逐渐凭借不断创新的高质量饮品，从江门发展到珠三角大中小城市，最终才进入大众视野，成为全国性品牌的。

我一直认为，每个行业都有自身的优势，但优势的背后是对产品极致的打磨。

特别是在经历新冠肺炎疫情后我们发现，品牌在关键时候是可以救企业的命的，是可以决定企业生死的护城河，品牌力就是企业真正的免疫力。

所以回到本章开头，新冠肺炎疫情期间名创优品仍积极扩张的底气何在？叶国富先生在名创优品上市仪式现场给出了答案：

"名创优品的核心竞争力是极致的性价比和高频上新，极致的性价比和高频上新说起来很容易，要做到很难。我们就要做难而有价值的事情，这就是名创优品存在的意义。"

在接下来的几章中，围绕名创优品如何从0到150亿元打造品牌，我将与你交流以下几个方面的话题：

- 在内容营销层面，名创优品5000万粉丝的社交媒体矩阵是怎样炼成的？
- 从爆品推广、明星营销到IP跨界营销，名创优品如何做到1年广告费不到3000万元却做出超亿元的品牌效果？
- 名创优品如何从0到3000万打造私域流量，做到精准、高传播率、高转化率的？
- 一个优秀的CMO该如何布局，带领团队打好品牌营销这场胜仗？

第二章

内容营销：拥有 5000 万粉丝的 社交媒体矩阵是怎样炼成的

不只谈产品，还要懂用户；不只想自己，还要
会倾听；不只有看点，还要有共鸣；不只是企业，
还能是朋友。

——木兰姐

当前，很明显的一个趋势是，移动互联网在解构与重组各个行业，尤其是媒体行业。

过去，企业想要发声，不管是通过软传播还是硬传播，都得去找媒体。但互联网"推土机"很明显的一个趋势是，推掉传统媒体，有越来越多的传播工具进化出来，企业也从过去过度依赖外部"内容资源"进化到高度依赖企业自身的"内容资产"，进入自传播时代。

流量即市场。这些年来社交平台伴随着移动互联网的快速发展百花齐放，从微博、微信公众号到抖音、快手、小红书再到 B 站，几乎每家企业都想从这些巨大的流量池中分一杯羹。

在增量时代，谁"快"谁大；在存量时代，谁"好"谁大。虽然每家企业都非常注重在各大社交平台上的深耕运营，但这不代表每家企业都有精细化运营思维，能够将流量有效、合理地转化。

从 2016 年开始，我就坚定地要做一件事：成立内容运营团队，专门生产优质内容。

纵观名创优品这些年的发展历程，尽管没有巨额的广告投入，却依然有收割流量、打造品牌的野心和底气，归根结底就在于我们有着创造内容、激活内容和利用内容进行变现的能力。

名创优品的品牌构成要素主要包括两大部分：产品的硬实力，也就是产品的实际功能，比如优质低价、颜值高、体验好；产品的软实力，也就是产品的内容基因，比如价值观、话题性、趣味性等。

这就意味着，名创优品已经把内容提到和产品一样高的地位，通过内容的生产、分发、应用来驱动用户，与用户建立有情感、有温度的连接，从而构建起品牌的护城河。

内容是企业的战略投资品

名创优品为什么要把内容作为品牌的战略投资？以下是我在这些年的摸索中得出来的几点结论。

一、内容让产品和品牌价值可感知

在信息爆炸的年代，我们深刻地认识到，消费者想看的并不是企业漫天宣传的产品信息，也不是一条有惊天大创意的广告，他们想看的是内容。

首先，品牌呈现出来的文案（产品卖点、知识点）是不是与消费者真正的痛点相结合，能不能解决他们的实际问题？能不能在众多同类产品中脱颖而出，引爆产品价值，让消费者产生信任和购买的欲望？能不能让他们有转发二次传播的动力？

其次，现在的消费者更在意品牌能不能为他们带来形象和身份的认同，另一种说法就是"价值观输出"。

如果把企业的产品比喻成人，那呈现在消费者面前时，他是什么样子的？他是幽默的还是沉稳的？他有精彩的故事吗？他的思想跟我在同一个频道上吗？等等。

一切传播转化始于消费者是否能记住你是谁，然后才是熟悉—信任—购买。

而内容就是名创优品在和消费者沟通时的放大镜，通过捕捉细节来回归产品本质，从小事和细节中提取信息，然后放大成消费者都能明白的语言，用契合品牌或产品的文字和特定的消费者进行精准沟通，让我们的产品和品牌价值可视化、可感知。

所以名创优品所有内容输出的初衷都是以一颗对待消费者如初恋的心，洞察消费者。

我们推广到消费者面前的每款产品，都是团队自身先试用体验，代入消费者的角色，感同身受地去提炼消费者真正的诉求是什么，消费者的关注点和兴趣路径是如何演进的，再通过内容把每一个场景、每一种体验传达给消费者。

二、内容是新的营销流量增长入口

罗振宇有一个观点：未来的交易入口，不是流量，是社交，是人格。这句话我深以为然。

在洞察年轻一代消费者的特征后，我们发现生成他们喜欢的内容，并运用他们的思维方式和语言习惯来与之对话，打造有个性、有"人设"的品牌，更能够圈粉。

所以，名创优品的新媒体团队以消费者为中心，持续聚焦深耕，打造了以微信公众号＋微博＋抖音＋小红书为矩阵的社交平台，用不到 3 年的时间就建立了拥有 5000 万粉丝的新媒体矩阵。

微信公众号是品牌对外沟通的第一窗口，我们做内容、沉淀用户、加强关系、深度种草转化；微博用户多、声量大，特别适合塑造口碑，我们会在微博上做互动；小红书是深度种草平台，我们主要是发布产品内容，打造产品口碑；抖音娱乐属性强，更多的是做创意性内容和互动。

其中，名创优品微信公众号的粉丝量突破 3000 万，成为实体零售企业第一大号，服务号单条阅读量 200 万＋，订阅号单条阅读量 30 万＋，并长期占据新榜企业榜第一名。

在精细化管理的运作下，名创优品的微信公众号每年为公司赚取 1000 多万元的广告费，为名创优品集团子品牌创收达 5.8 亿元。

在微博红利逐渐消失之际，我们把名创优品的官方微博从 0 做到 200 万粉丝，并摸索出了一套适合自己的玩法。

在短视频一跃成为互联网流量的爆发点时，我们抓住当下的流量洼地——抖音，持续深耕，打造了名创优品祖玛珑香水在线下被一抢而空的现象级事件。

所以，内容营销是一种没有天花板的流量入口，它有着极其重要的引流作用，每一次触达都是对用户的及时唤醒与连接。而品牌只要有能力向消费者输出优质内容，就有机会打破流量封锁。

三、内容是品牌的隐性竞争壁垒

能持续产出优质内容本身就是一种很强的竞争壁垒。

这些年，我们也在社交平台上输出了不少 100 万 + 阅读量的"刷屏级"爆款内容。

这些内容能在社交媒体上被消费者主动打开传播的阀门，就源于戳中了消费者的心坎，表达了他们的喜怒哀乐，甚至是点燃了消费者，让他们嗨，帮助他们嗨，给他们制造了能嗨的社交货币。

投射到品牌层面：

短期，可以通过内容带来的情感共鸣和场景驱动等影响消费行为，从而促成转化和销售；

长期，可以潜移默化地提高消费者对品牌的好感度和满意度，让消费者成为对品牌具有高度黏性的"超级用户"，甚至自发成为品牌的"宣传大使"，沉淀为宝贵的用户资产。

一旦我们把内容视为企业的战略投资，那就意味着这是一场需要品牌重持续、重深耕、重投资的持久战，这其中涵盖了企业内部的时间成本、创意成本、人力成本以及投资消费者的心智成本，缺一不可。

那名创优品在内容上是如何做的呢？

微信公众号估值从 0 到 4.8 亿元，我们做对了 9 件事

什么都想要，其实就是一种变相的投机主义。

每家企业面对的情况不尽相同，因此在做社会化内容传播的时候，没有

必要在全部渠道都均衡投入，可以根据产品和品牌特性，选择专注于某一个领域，在这个领域不断精耕，成为这个领域的头部品牌。

图 2-1 是名创优品的新媒体矩阵，其中，微信公众号是名创优品持续深耕的主阵地，微博、抖音、小红书为宣传阵地，知乎、豆瓣、B 站为扩大品牌影响力的平台。

运营平台	定位	投入时间占比
微博	话题、互动	20%
微信	互动、品牌	40%
抖音	话题、互动	15%
小红书	种草、口碑	15%
bilibili	测评、口碑	5%
豆瓣 知乎	品牌、影响力	5%

图 2-1　名创优品新媒体矩阵

接下来，围绕如何做好内容，以名创优品 3000 万粉丝的微信公众号为例，我从以下几个角度为大家进行解读：

我们是如何找到名创优品流量洼地的？

我们是如何通过打造极致内容，让粉丝求着我们打广告的？

我们是如何用微信公众号 1 年为企业创收 1000 万元的？

一、借门店东风，打造千万粉丝流量池

在开始讲名创优品 3000 万粉丝微信公众号是如何炼成的之前，我先来回答大家的一个疑问：

随着直播带货的崛起，小红书种草的火爆，抖音、快手等短视频平台的全民化，以及 B 站强势出圈，现在企业还有必要做微信公众号吗？

我们先来看数据：

2020 第一季度，微信月活用户数突破 12 亿，微博月活用户数 5.16 亿，

抖音月活用户数 5 亿，B 站月活用户数不到 1.5 亿。

我们可以很直观地看到，微信公众号的背后是 12 亿用户的微信私域流量池，是不可撼动的超级 App 地位，是连接熟人关系的社交圈，是行走的移动支付钱包，是打开即用的小程序……

可以说，依托于微信生态的微信公众号是个天然的流量蓄水池，作为一个高频次的社交通信工具，品牌和消费者可以直接联系，通过反复触达和一系列的营销方式连接到用户，就像一个自建的官方 App 一样，而且这全都是免费的，无须开发，且这些流量是企业自己的。

还有重要的一点，微信公众号具有超强的连接能力，可以连接一切资源，如商城、小程序、第三方服务等，至今没有其他平台能做到这点。

对于企业来说，可以用微信公众号来做内容、沉淀用户、加强关系、深度种草转化；用社群来做用户管理，促进互动；小程序则可以用来嫁接商城产品，承载用户裂变。

如果一家企业不做微信公众号的话，那就意味着放弃了整个朋友圈的战场。

这也是名创优品当初坚持要把微信公众号作为新媒体主赛道的原因。

现在回归正题，流量的背后是人，人从哪里来？

2013 年，电商爆发，百度推广、搜索类网站是企业争夺流量的强有力武器，中国的线上流量被 BAT（百度、阿里巴巴、腾讯）拿走了，流量巨头强势地垄断了互联网流量的半壁江山。

而当所有人都把目光专注于线上流量厮杀时，殊不知线下流量早已成了"洼地"，储存着数倍于线上的流量。

那么，线下流量在哪里？就在名创优品 2000 多家门店的手里。

名创优品 90% 以上的门店都开在一流商圈的一流位置，形象好、人流旺，曝光率很高，还是很好的广告位。我们做了一个统计，当时国内名创优品门店一天进店人次接近 100 万，路过者更是不计其数。

如何利用好这庞大的线下流量？我们把目光投向了当时方兴未艾的微信公众号。

　　我们的起步很简单，就是利用线下的上千家门店。我们在每个收银台的液晶屏上放置了一张扫码送购物袋的海报，消费者在购物买单时关注名创优品的微信公众号就可免费获得一个购物袋，否则就要额外支付5毛钱来购买。

　　这个购物袋就是一个诱饵设计。为什么是购物袋不是其他小礼品呢？

　　首先，免费的购物袋在推广成本上是可控的，每个才几毛钱，而且大家提着购物袋走在街上还可以增加品牌的曝光度。

　　其次，我们充分考虑到了引流场景。一方面，因为大多数消费者在结账时都是需要购物袋的，而现在只要扫码关注就可以免费领取，不需要再支付5毛钱，而且关注后，以后再来名创优品门店消费，只要出示关注微信公众号的页面依然可以享受免费赠送购物袋的福利；另一方面，本来消费者就在排队结账，这一步的操作对他们来说只是动动手指的事，不会占用他们太多的时间。

　　就这样，依托于线下门店积累的流量，名创优品的微信公众号在工作日日均增粉3万人左右，在周末则有6万人左右。很快，不到1年的时间，我们迅速积累了1000万粉丝。

　　看到这里很多读者可能会说，名创优品的线下流量这么大，所以快速吸粉相对容易，但对于没有线下门店的中小品牌而言，这种方法就不灵了。

　　并非如此。

　　下面分享一个我合作过的熊猫不走蛋糕的案例。

　　熊猫不走蛋糕成立于2017年，当时无论是传统蛋糕品牌还是新兴的互联网品牌，服务一般都在交付环节终止，大部分品牌的重心在于产品的研发，很少关注用户的消费场景，特别是生日聚会这个场景，还没有品牌去思考如何把快乐带给消费者。

　　熊猫不走蛋糕看到了这个空白的市场机会，以"线上下单，配送上门"的模式，用"熊猫人跳舞"给用户带来差异化的生日服务体验。在不到3年的时间里，进驻全国15座城市。

　　目前，熊猫不走蛋糕月营收近亿元，在全网拥有粉丝近2000万，其中微信公众号粉丝超过800万，并做到了不用花钱就可以让用户为品牌做二次传播。

熊猫不走蛋糕是怎样在这么短的时间内取得上述成绩的呢？

强大的线下吸粉能力，再加上同样强大的线上粉丝沉淀和转化能力，最终让熊猫不走蛋糕形成了高速成长的闭环。

首先，熊猫不走蛋糕结合用户的画像，精准匹配到25~35岁的女性白领以及有小孩的家庭的常去场景——商超、小区、写字楼等，这些地方的人流量是非常大的。

根据这个场景分析，熊猫不走蛋糕开始集中在商超、小区、写字楼等地方，重点对用户进行宣传分享（见图2-2），宣传方式有蛋糕试吃和小礼品的派发等。通过这种简单可复制的模型，一个市场督导甚至可以同时管10个场地。

图2-2 熊猫不走蛋糕地推活动

其次，熊猫不走蛋糕还以蛋糕产品来置换场地资源。例如，提供直径10米的周年庆典蛋糕，置换大量的宣传资源和场地资源，降低微信公众号的宣传和吸粉成本。

熊猫不走蛋糕将这种总部规范、各地域分公司监管的吸粉打法快速复制到全国，实现微信公众号粉丝月新增200万，净留存超过100万，获取单个粉丝的成本仅为0.7元。

最后，在新顾客关注微信公号之后，再用买一送一、1元购蛋糕、充值送大礼包等方式进行维护和拉新。就这样，熊猫不走蛋糕把线下推广、分享和裂变做成了一个完整的闭环。

二、叫板老板停止门店扫码，粉丝流失600万

在增量时代，谁"快"谁大；在存量时代，谁"好"谁大，而"好"的背后是创造极致内容的能力。

但纵观大多数品牌微信公众号的内容输出，90%都存在着以下问题：内容不够吸引人、品牌故事太单一、产品内容同质化严重……

比如，推一款口红，就是生硬地把产品卖点复述一遍，诸如颜色多好看、不易沾杯、价格很便宜等，只注重单项输出，没有和用户形成情感连接。

最初，和很多企业一样，名创优品的微信公众号运营走了不少弯路。我们的内容以生活百科为主，运营形式单一，但因为有着庞大的流量基数优势，我们随便发布的一篇头条文章的阅读量就可以达到50万以上。

有一次《财经郎眼》的主持人王牧笛问我，你们的微信公众号有多少人在运营？我说只有一个人，而且除了微信公众号，这位同事还要同时负责其他媒体的传播内容。

王牧笛就说，你们太不把新媒体当回事了。

确实，当时我也开始意识到我们只是把人圈进来了，但是大多数是关注后就把微信公众号打入冷宫再也不看一眼的"僵尸粉"和拿完袋子就取关的"薅羊毛粉"，空有数据但没有产生有价值的流量转化，于是求变成了我们当时的重中之重。

2015年，我在战略上做了一次调整，开始了名创优品微信公众号为期一年的外包之路，尝试将我们的微信公众号外包给第三方运营公司负责。

但在合作一段时间之后，我发现第三方运营公司虽然在运作上相对专业成熟，但是由于信息沟通不畅，且对方不熟悉名创优品整体的调性，因此并没有改善我们的微信公众号的运营情况，无趣、无效仍然是微信公众号存在的最大问题。

看着每个月支付出的一大笔运营费用，还有日益成为一潭死水的微信公众号，我深刻地意识到这样下去对品牌是一种内耗，我不能让别人可望不可求的流量优势变成我们的一场"自嗨"，对微信公众号的精细化运营刻不容缓。

我当时采取的第一个动作是：停掉门店扫码送袋子活动。

为了免费获得购物袋而关注我们的微信公众号，也就意味着粉丝是出于利益目的而关注的，粉丝黏性就会很低，所以我要停掉扫码送袋子的活动，依靠优质内容吸粉。

另一个动作是：重新搭建团队。

由之前的一个人运营微信公众号，增加到了五个人，以团队的形式开始系统化运营。

没有了线下的流量支持，理所当然地，我们的粉丝数呈断崖式下跌，仅一年的时间就流失了 600 多万。

但我们还是坚持短期不求回报，只想了解用户，和用户做朋友。

在内容的打造上，我们围绕一个中心、两个原则、三个底线、四个执行（见图 2-3），开始重新打造名创优品微信公众号的内容。

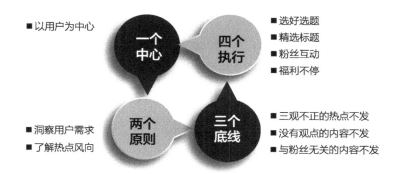

图 2-3 名创优品公众号内容模型

三、找准定位

大多数企业把微信公众号当成黑板报、第二官网，将其看成企业单向发布信息的平台，内容可能是业绩公布，可能是对老板的采访，可能是公司产品优惠活动的介绍，可能是企业形象的宣传，总之是希望微信公众号承载起公司网站的所有功能。

最后发现，耗时耗力耗钱去运营一个微信公众号，但是投入产出却不成正比，或是涨了那么多粉，但运营起来却还是一潭死水，用户活跃度很低。

在经历了掉粉的情况后，我们团队重新明确了目标：企业微信公众号应该是为"品牌、传播、服务"赋能的。只有将微信公众号与企业的品牌调性和用户需求相结合，才能最大化地发挥其价值。

为了打破这种固化思维，我们第一步解决的是企业的微信公众号到底要给谁看的问题。换言之，就是企业运营的微信公众号对用户而言有什么价值，即可以帮"哪些用户"在"什么场景"解决"什么问题"。

我们通过后台的用户画像发现，名创优品的粉丝群体 80% 以上是年轻女性，她们的特质是爱美、走在时尚前端、喜欢新鲜好玩的东西。

根据用户群体的这一核心特征，我们紧紧结合名创优品的品牌理念"健康、休闲、优质、创意"，将名创优品的微信公众号定位为"生活的引导者"：

不只谈产品，还要懂用户；

不只想自己，还要会倾听；

不只有看点，还要有共鸣；

不只是企业，还能是朋友。

我们要做的是从用户的角度出发，发他们喜欢看的内容，来证明名创优品这个品牌是有价值、有温度的，名创优品的产品是能让他们的生活变得更美好的。

四、塑造人格化品牌

曾经有人给品牌设定了一个公式：

$$品牌 = 产品 \times 人品$$

套在微信公众号的运营上，就是：

$$有温度的品牌 = 硬核产品 \times 有趣的人品$$

所以，我们当时的策略是：**企业运营社交媒体，就是要和用户做朋友。**

品牌要像人一样，要有情感，要有个性，要去彰显自己，而不是活生生的品牌冷冰冰地站在那里。我们要让用户在看内容的时候觉得是"人与人之间的互动"，而不是单向的"机器输出"。

第一，造人设。

名创优品通过塑造不同的人格维度，打造整个微信公众号的新媒体天团，给人的印象也是多种多样的：可帅气可软萌的小 M、小仙女 M 小美、吃货宅女 M 小宅。

第二，创作漫画。

我们赋予了新媒体天团漫画的角色（见图 2-4），进一步拉近和粉丝的距离。

图 2-4　名创优品新媒体天团漫画

小 M 是妥妥的 C 位，作为主打人格，出镜率最高，他是一个性别模糊的"女性之友"的形象，是超级治愈暖萌的门面担当。

M 小美是时尚达人，是主流的年轻女性的形象，喜欢美美美和买买买，始终走在潮流的最前端。

M 小宅则是二次元里的小吃货形象，要影响的是喜欢漫画、喜欢宅在家里和有社交恐惧症的一批人。

在我们打造的"人格家族矩阵"中，每个人都有鲜明的性格特点，代表着不同的用户群体。另外，这三个深入用户心中的人格化形象，有助于提高广告打开率，由于用户非常熟悉三个编辑的 IP 形象和人物特色，感觉非常自然，所以点击率很高。

第三，创造表情包。

我们还根据编辑的形象创造出属于每个人的表情包（见图 2-5），表情包可以给文章加分。

图2-5 名创优品编辑表情包

当一篇文章全部都是字时，你的情绪很难通过文字，高还原度地传递给粉丝，因为粉丝看不到你的脸，也没有办法读到你脸上的表情。

但是代表编辑漫画的表情包则更加直观地向粉丝传递了创作者的情绪，让你和你的粉丝之间有种面对面聊天的感觉。

就这样，通过卖萌、犯贱、高冷等风格的快速转换，我们实现了微信公众号的人格化，让关注的粉丝把企业当做人，拉近了企业与粉丝的距离，降低了交流成本。

五、像打磨产品一样打造口碑内容

磨刀不误砍柴工，先产生价值，才能留住用户。所以我对团队的要求是，生产内容不要投机，一定要将60%的精力放在选题和内容的打造上。

言必有干货，写必有共鸣，让用户有所收获，不做垃圾信息的生产者。

1. 做好日常选题

很多企业都忽视了选题的计划性，拿来主义、盲目跟风、没有计划的运营，都是在内耗。

所以做新媒体一定要思考以下的问题：

自己怎么建"游乐场"，才能让粉丝玩得开心？

怎么和用户在这个"游乐场"一起玩得很开心？

从这个角度出发，我们制定了一个好选题的标准——只从粉丝的情感需求出发，结合品牌调性，打造用户感兴趣和对用户有价值的内容。

而选题从哪里来？我们 80% 的选题都采取了以下几个方法。

（1）关键词排列组合。

为了做好日常选题，我们会根据目标用户挖掘内容、定位关键词，有了关键词，并对关键词进行排列组合，就可以衍生出很多选题。

比如图 2-6 中的发型、护肤、收纳、少女感、时尚、脸型、矮个子、拍照、显瘦、减肥、美白、好物、直男等就是我们根据名创优品的核心用户群提炼出来的内容关键词，然后挖掘选题背后和品牌产品相契合的点，作为话题切入点去输出文章。

图 2-6　名创优品图文关键词提炼

对于用户来说，我们的每篇新品推介文章都仿佛是一个"有品位的小姐姐"在给你讲故事，她推荐的每一款产品都能直击你的心，同时让你倍感亲切。

这种"干货型的分享"能近距离为用户传达品牌价值，而非简单粗暴地卖货。

（2）内视外窥。

简单地说，"内视"就是去分析自身账号之前表现好的内容及用户的真正需求；而"外窥"就是去分析同类账号的内容选题方向。

关于"内视",我们会分析账号的历史发文数据,分析所有的爆款文章,提炼可以复制的经验。

我们会把爆款文章做一个系统化的梳理(见图 2-7),找出这些文章的共性,比如标题、选题等,总结经验,下次迭代时作为参考。

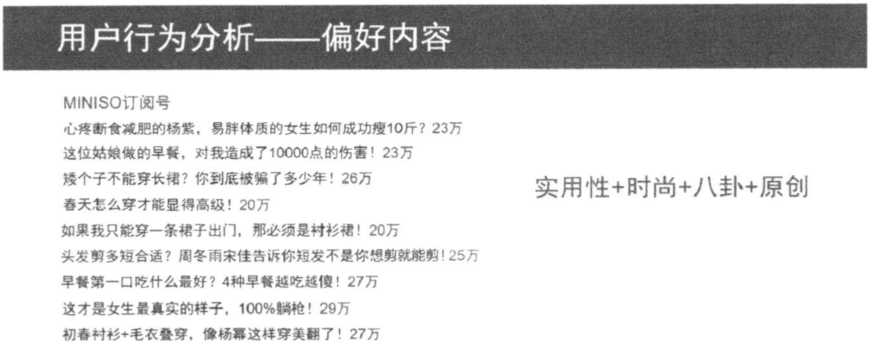

用户行为分析——偏好内容

MINISO订阅号

心疼断食减肥的杨紫,易胖体质的女生如何成功瘦10斤?23万
这位姑娘做的早餐,对我造成了10000点的伤害!23万
矮个子不能穿长裙?你到底被骗了多少年!26万
春天怎么穿才能显得高级!20万
如果我只能穿一条裙子出门,那必须是衬衫裙!20万
头发剪多短合适?周冬雨宋佳告诉你短发不是你想剪就能剪!25万
早餐第一口吃什么最好?4种早餐越吃越傻!27万
这才是女生最真实的样子,100%躺枪!29万
初春衬衫+毛衣叠穿,像杨幂这样穿美翻了!27万

实用性+时尚+八卦+原创

图 2-7　名创优品复盘分析

举个最简单的例子,我们发现凡是与女生变美相关的痛点需求类文章点击率和互动率都很高,那么我们会根据这个方向衍生出不一样的话题。

比如,针对发型的选题:

你的脸型适合什么样的发型?

什么样的发型会让你显瘦显年轻?

雷区警告!这 4 款发型千万别剪!

关于"外窥",则是借助新榜、微指数等第三方平台,找到相关行业的爆文,然后找到目标账号,或者直接锁定榜单。

有了一批目标账号后,要做的就是对这些目标账号进行分析,并长期观察这些账号都在发什么内容,将有用的文章收藏起来形成素材库,找到与自身微信公众号相契合的结合点,然后进行创作。

(3) 紧跟热点。

时刻关注热点,从热点话题中去挖掘和提炼网友的兴趣点。

下面分享一个案例。

　　当时名创优品有一款被称为"10 元祖玛珑"的香体喷雾在抖音上被带火了，一度在门店被卖断货。很多网友在名创优品的官方微博下面催我们门店补货，同时，社会人"小猪佩奇"公仔、"双层翻转果盘滤水篮"等产品也被网友推上了热搜。

　　借着这个热度，我们团队很快就策划了题为《抖音断货网红款，还有那些内部人才知道的隐藏好物，我都给你们扒出来了!》的推文（见图 2-8），以抖音网红款种草清单的形式，为粉丝推荐了一批名创优品在各大社交平台上口碑很好的产品。

　　这篇文章发布之后，很多粉丝自发地在评论区分享自己购买过的名创优品好物（见图 2-9），顺势也为我们免费做了一波口碑推广。

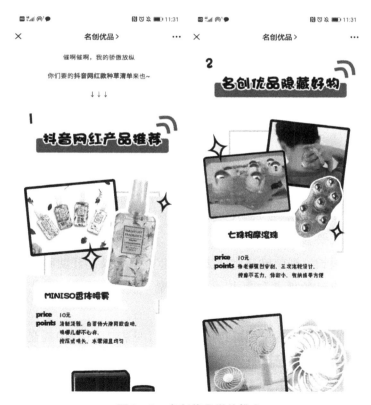

图 2-8　名创优品微信推文

图2-9 名创优品微信推文中的粉丝评论

（4）选题会。

选题会到底要怎么开？

时间不用很长，提前确定大体方向，会前每个人都开动脑筋去思考，开会的时候说出自己的思考和观点，互相碰撞，激发灵感，这样比一个人闭门造车效率高很多。

我们会提前一周让各位编辑在一份表格（见表2-1）中提交选题，每位编辑可能会提交几十甚至上百个选题。

开选题会时，大家一起来看选题清单，从中挑选出自己喜欢和不喜欢的选题，并且说明原因。弄清楚了为什么大家都不喜欢之后，编辑下次再提选题时就会避免这个类型。

表2-1　名创优品选题素材库

日期	选题	选题方向	亮点	选题来源	选题素材/地址
2017.3	恕我直言，我真的不觉得网袜好看！希望不是我一个人这么认为	文中把当下时尚的潮流元素，网袜，袜子外穿，以一种逆乱穿等时尚现象，引起共鸣向思维发布	以时尚的选题出发，吐槽的形式发文，最后引起用户的共鸣，刺激转发；标题风格式可参考	微信公众号	略
	当年你取过的QQ名和头像	话题互动类	文章可以摘笑幽默，能刺激用户，引起共鸣	—	—
	这50句评论"杀"死了所有文案	文章将网易云的乐评做了汇总以及评价	乐评代表着年轻男女的心灵鸡汤，可以通过乐评＋评论的形式引发用户共鸣	微信公众号	略
	昨天，网易云音乐的乐泪文案刷屏了杭州地铁			微信公众号	略
	当年老爸老妈对你的神吐槽	话题互动类	文章可以摘笑幽默，能刺激用户，引起共鸣	—	—
2017.3	学会了这些穿高跟鞋的小窍门，走上一年都不累脚！妹纸们快收好	—	从用户需求角度出发，帮助女性用户解决难题	微信公众号	略
	远离伪暖男	从伪暖男的角度出发评述当代两性关系现象级的内容	打破暖男定律，结合现象级的两性关系，能获得女性认可		

然后制定出下一周的选题内容，遇到热点话题时再随时进行调整。

做选题是内容运营的核心技能，它可以大概率决定阅读量的走向，做好了可以收到事半功倍的效果。

2. 10万+内容生产方法论

万变不离其宗，企业微信公众号运营的根本是内容运营。

自2016年以来，名创优品订阅号头条文章的阅读量基本都在30万以上，服务号头条文章的阅读量都在100万以上，年阅读量过亿，常年占据实体零售第一大号的位置。

那么什么样的内容才是好的内容呢？我参考了一个"四有法则"[⊖]（见图2-10）：有品、有情、有用、有趣。

四有法则：有品、有情、有用和有趣

❤	❤	❤	❤
【有品】	【有情】	【有用】	【有趣】
内容的品质、品位 企业的品德：美好、正能量 品牌理念/价值承诺	与用户平等对话 激发用户的情感共鸣	有价值、有收获 能解决问题	让用户有参与感 让用户觉得有趣 让用户感到快乐和放松
基础要求	**运营前提**	**内容核心**	**内容导向**

图2-10　四有法则

有品：内容要有品质、有品位，可以彰显企业的品德。

有情：与用户平等对话，激发用户的情感共鸣。

有用：让用户觉得有价值、有收获。

有趣：让用户有参与感、让用户觉得有趣、让用户感到快乐和放松。

（1）有品。

对于内容，我的要求极其严苛，更是定下铁律：与粉丝无关的内容不要发，没有观点的内容也不要发。

我们对内容严苛到什么地步呢？

⊖　来源于网络。

有些企业的微信公众号完全沦为企业的新闻中心，成为企业动态、老板演讲、企业文化宣传活动的宣发阵地，但是在我这里：

老板出席活动的新闻稿能不能发？不可以！

老板朋友、合作伙伴的和名创优品调性不匹配的内容能不能发？不可以！

公司获奖的内容能不能发？不可以！

公司子品牌的不符合要求的内容能不能发？不可以！

另外，我们在推广产品时，一般是由产品中心提供几款产品，由我们根据粉丝的偏好去做选择，不会全部都推，老板发话也不行，一定是基于用户的喜好去推广。

不仅如此，我还会要求团队把市面上同类型的产品买回来，去试用测评并挖掘其背后的故事（比如产品的特征、产地、工艺、生产过程、使用场景、感官体验、差异化效果、产品经理开发产品的心路历程等），还要反复打磨文案，看其是不是真正戳中了粉丝的痛点。

对于每一篇爆款条漫，每一则口碑产品测评短视频，从精准的选题思路，到优秀的文案表达，再到舒适的画面表达，我们都会耗时半个月甚至一个月的时间去反复修改打磨，直至完全满意才会推送。

比如《测测你是女神、女汉子还是女神经》的条漫（见图 2-11），我们通过多个场景的转换，用极其生动的表达来让粉丝对号入座，再软植入名创优品的产品。

图 2-11　名创优品条漫

此外，对于非推广产品的文章，必须要有自己的核心观点，而不是简单地去陈述事实、提供信息，文章本身就应该成为价值观输出的载体。

所以，我们的每一篇文章都没有浮于表面、隔靴搔痒，而是直抒胸臆，输出自己的价值观。

我始终坚信，与粉丝无关的内容，无法引起粉丝情感共鸣的内容，对于粉丝体验是伤害，对于自己是消耗，得不偿失。

（2）有情。

有情是基于企业和用户相近的价值观，或者说对待某个事物有相似的看法和观点。只有这样的共鸣，才会和用户产生连接。

它可以是：

一部追过的偶像剧，

一档停播的综艺节目，

一个相似的童年记忆点，

一张充满年代感的照片，

一身时髦的复古穿搭，

一个大家都比较感兴趣的话题，

......

这种共鸣可以是给读者带去欢笑和回忆，可以是带去身份认同和尊重，也可以是带去情感上的共鸣。

以名创优品微信公众号发过的一篇推文《毁三观！原来何书桓和张无忌才是披着暖男外衣的渣男啊！》（见图 2 - 12）为例，这篇推文通过不同角度解读童年的电视剧情节，找出和现代主流价值观的冲突点，来重新审视我们对暖男的界定，和热点话题"男朋友叫你多喝水"相结合，并带出名创优品的保温杯产品。

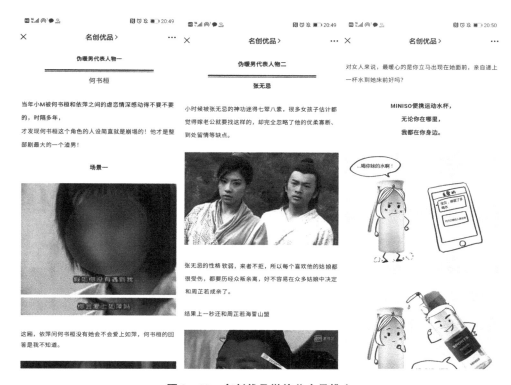

图 2-12 名创优品微信公众号推文

这样的选题通过"回忆杀"来引起粉丝对青春年华的情感共鸣，很容易激发起他们在留言区的热烈讨论并转发，轻易地达到二次传播的效果。当时这篇文章的阅读量超过了 100 万，分享转发 4 万多次，引发了热烈的讨论（见图 2-13）。

（3）有用。

实用本身就是一种刚需。任何一个行业、任何一类人群都需要技能指导、实用建议及干货类的内容。

并且，实用性越强的文章，被收藏的概率也会越高。当用户收藏得多了，就会对你的微信公众号产生实用的印象，下一次当他有了相似的需求时，就会再次想起你的微信公众号。

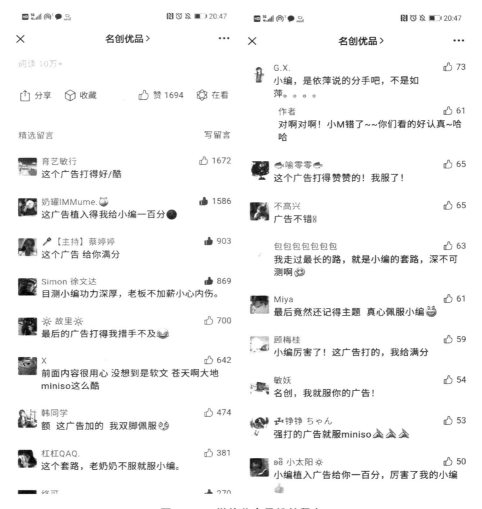

图 2 - 13　微信公众号粉丝留言

我们以名创优品的文章《一口气试了 30 多支口红，发现口红这样涂最显白！以前的口红白涂了!》（见图 2 - 14）为例进行说明。

图 2 - 14　名创优品口红测评推文

这篇阅读量超过 100 万的爆文的运作公式是：干货＋反差＝吸引用户。

抓住女性的痛点，再通过真人测评"涂口红"的干货技巧（见图 2-15）去帮助粉丝解决问题，粉丝自然乐于为你的内容买单。

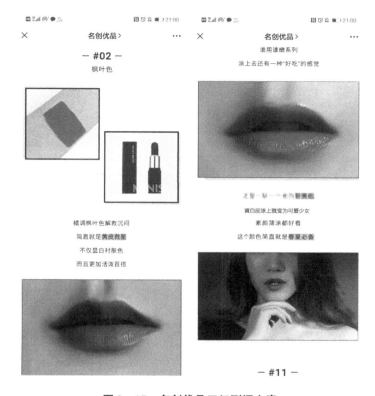

图 2-15　名创优品口红测评文章

（4）有趣。

现在是一个信息过载的社会，到处充斥着垃圾信息，大家的注意力被严重分散，用户能给我们的时间也非常有限。

而品牌制造爆款内容，就是要降低用户的时间成本，要让用户觉得好玩有趣甚至有用，有强烈的转发分享欲望，而不是"又浪费掉一段时间"。

所以我们除了推出以编辑日常生活为主题的原创漫画，还经常营造游戏化的阅读体验。

另外，我们的选题大都与日常生活相关，直击当代青年的情感痛处，或轻松搞笑，或直击人心。

讲一个真实案例。

2017 年，名创优品牵手"鹿晗愿望季"打造了一个项目，当时的推广主题是围绕关爱白领策划一篇推文（见图 2－16）来推广活动 H5。当时正值年底，各种 App 年度清单频出，我们另辟蹊径地通过盘点不同加班族人群的加班账单来作为切入点。

图 2－16　名创优品微信公众号图文

这篇文章分别从广告人、新媒体人、设计师、程序员等职业的角度，以调侃、好玩的点评形式去描述当代年轻人的加班现状，再带出我们的 H5 活动（见图 2－17）。推文一下子戳中了粉丝的痛点，瞬间引爆微信朋友圈，阅读量两天内暴涨 200 多万，H5 活动参与人数也激增到了 50 万人。

我们在做复盘的时候总结了这篇文章获得成功的几点原因：

①选题有趣、接地气，打破了用户对企业微信公众号的刻板认知。

②涵盖不同人群，聚焦加班话题，可以引发粉丝群体的共鸣。

③活动治愈走心，通过许愿的方式并生成专属定制海报，传递对加班族的关爱。

图2-17 名创优品鹿晗愿望季H5

六、死磕标题

80分的内容，如果有个100分的标题。用户会欣喜地打开，然后说，内容不错，标题也好。

80分的内容，如果有个50分的标题，不好意思，你的80分只能留给自己了，你的50分标题已经把用户点开图文的欲望扼杀掉了。

当然这里说的重视标题，并不是要做标题党，欺骗粉丝的信任，而是基于文章的内容，提炼出抓人眼球的亮点来，形成文章的标题，戳中用户的痒点。

好标题是利用各种技巧，吸引更多人点击，让标题效果最大化。我总结为以下几点：

制造悬念和疑问，与"我"相关，包含冲突，利用具体数字，描绘细节，追热点，知乎体，震惊体，运用对比，刺激痛点，提供解决方案，突出利益；

营造紧张气氛，强调稀缺性，标明地域，承诺价值，利用大 V 背书，盘点合集，前后添加修饰词，暗示危险，标题有指导建议，直接标明受益人，刺激情绪……

我给大家梳理了几个实际案例：

（1）句式宜简单直接，切忌出现复合式语句以及专业术语.

比如：再美的裙子这样穿也丑爆了，这些雷区千万别碰！

（2）多使用问号、感叹号，制造悬念和疑问。

比如：踢马云一脚，取代佟丽娅成为 28 亿元票房电影的女主角，90 后的她凭的是什么？

（3）能用数字体现的不要用文字，1000 亿和一千亿产生的效果完全不一样。

比如：5 天瘦 10 斤，节后排毒减肥这么做。

（4）一件简单的事夸张地说，不断刺激用户的好奇心。

比如"颖儿节食减肥"和"颖儿每天只吃水果减肥"带来的内心震撼完全不一样。

（5）制造反差勾起好奇心。

比如：不好意思，过季的衣服我还在穿，而且比你时髦 100 倍！

（6）提供干货和解决方案。

比如：用一盆水拍出时尚大片的感觉！抖音点赞超过 100 万的拍照神技能，最后一招绝了！

虽然说在新媒体时代，说标题决定了一篇文章的生死太过夸张，但是好的标题能够锦上添花，这是毋庸置疑的。不能在一秒内被看明白的标题，不适合传播，不是读者理解不了，而是读者只能给我们一秒钟。

给大家分享一下我们团队取标题的流程。

1. 投票

对于每篇文章，我们的编辑会至少取 3 个标题作为备选，然后发到群里让大家投票，票数高的会优先考虑，有时为了试水，也会考虑一些另辟蹊径的标题。

2. 建立标题库

我们的每位编辑都关注了几百个微信公众号，每次看到不错的标题，都会分享到群里，并建立标题素材库（见表2-2）。

表2-2　名创优品标题素材库

标题	标题内容	亮点
长期单身的女生都什么样?	来自十点读书	1. 利用问句引发用户好奇； 2. 标题简单，内容突出，重点明确； 3. "长期单身"指明现在都市女性普遍存在的现象，引发目标用户的强烈好奇； 4. "都什么样"加深围观群众对长期单身的女性的好奇
有人出价10万元，就为了她拍的一张"最丑证件照"，还有40多万粉丝每天都在等她更新	来自Insdaily	1. 用数据说话，提高说服力； 2. 花钱买丑照，看似不可思议，吸引用户点击； 3. 标题充满悬念，引发用户阅读兴趣
惠英红｜从要饭小妹到影后……她的故事拍成电影，票房能过10亿元	来自IF	1. 结合热点——金像奖最佳女主角； 2. 利用用户对公众人物的猎奇心态撰写文章； 3. 言简意赅，把惠英红人生最戏剧化的场面合并在同一空间，利用极端的关键词表达文章内容的戏剧冲突
这些食物一吃就胖，想瘦的人千万别碰!	来自卡妞微秀	1. 利用比较夸张的表现形式； 2. 标题没点名哪些食物，仅用"这些食物"不点名，引用用户的好奇心； 3. 抓住用户"想瘦"的需求对症下药； 4. "想瘦"是女性的普遍追求，选题目标导向明确

我们也会定期对自己的 10 万 + 爆文的标题进行分析，看看它们好在哪里，有什么规律可循。尤其是，新媒体文章标题的生命力是以月来计算的，上个月流行的标题，这个月可能就过时了，我们必须时刻学习。

七、像谈恋爱一样去撩粉

这世上没有无缘无故的爱，粉丝爱你多少，取决于你爱粉丝有多少。

微信公众号是社交网络，是需要发酵的。互动是你来我往，不是单方面的"自嗨"；传播是你把我打动，不是你给我大礼包。

粉丝不是上帝，粉丝是孩子，我们要给他们空间、乐趣和引导。

所以在谈一切技巧之前，品牌首先应该真的把粉丝当好朋友，做到好玩、玩精、一起玩。

如何做到好玩？你先要自己会玩。

比如我们的编辑从不露面，很有神秘感，所以很多粉丝一直在好奇他（她）的性别，是单身还是已婚，一直在猜测和互动。我们也一直在有意地打造这种神秘感，并进行各种互动。

什么是玩精？大家都能玩，你要和别人不一样。

既然是企业微信公众号，当然避免不了产品宣传和广告，与很多企业坚持靠硬广打天下不同的是，我们在不伤害用户阅读体验的基础上开创了一种"老司机急刹车打广告法。"

我们会用有趣、好玩的方式呈现产品，而不是强制性推销。

比如推一款零食，名创优品会从粉丝的情感需求出发，从瘦子的烦恼切入，反其道而行，描述瘦子在生活中遇到的一系列糟心事，希望把自己变胖，自然而然地就带出了要推广的零食。

而当粉丝以为有广告时，我们偏偏不打广告，当粉丝以为没广告时，我们的广告又突如其来，这种不按套路出牌的打广告方式，带来的结果是：粉丝在留言区求着我们打广告（见图 2 - 18）。

图 2-18　粉丝在留言区求打广告

和谁一起玩？带着粉丝一起玩。

我们非常注重与粉丝之间的交流沟通，也会通过一些技巧去调动粉丝和我们互动，提高粉丝的黏性和活跃度。

技巧一：通过留言区来增进与粉丝的关系。

鼓励粉丝留言分享，并及时做反馈回复。

因为粉丝是真的很喜欢你才给你留言的。所以，这样的粉丝一定要用心维护。

技巧二：打造粉丝惊喜福利。

我们会定期做一些线上的抽奖送礼活动（见图 2-19）或者线下活动，也会举办每周一次的秒杀活动、不定时推出团购活动等。这样不但可以打造宠粉形象，还可以增加粉丝的黏性。

图 2－19　微信公众号留言宠粉福利

比如名创优品会邀请粉丝一起去线下门店参与 10 秒免费抢产品活动，也曾邀请粉丝去日本旅游（见图 2－20），还会包场请粉丝一起看电影。

图 2－20　名创优品五周年和粉丝东京游

八、做好复盘

我们主要从两个维度进行复盘，分别是数据复盘和稿件复盘。数据会说话，这是基于理性层面的；稿件有温度，这是基于感性层面的。

1. 数据复盘

我们一般会根据阅读量、转发量、收藏量以及在看数，来评价某篇文章是不是爆文，是否受粉丝喜欢。

把数据复盘流程化后，我们发现数据好的文章确实是存在共性的，数据不太好的文章也是有共性的。

这样一来，我们就能摸清粉丝到底喜欢什么，不喜欢什么。

2. 稿件复盘

一篇文章的创作，我们可能从数据中找出一定的规律，大大降低我们的试错成本，但同时又不能完全回避感性的部分。

所以，我们有时会抛开数据来单独看稿件，比如有些推文质量很好，粉丝留言数和留言质量都很高，但是阅读量不高，我们就会总结这篇文章的亮点是什么，有哪些创意点是可以延续的，有哪些观点是需要规避的。

九、内容助力品牌掘金，1 年创收 1000 万元

在企业中，很多人习惯性地认为微信公众号只是承担着塑造品牌形象、服务用户甚至市场营销的功能，但在名创优品，我们依托于有 3000 万粉丝的微信公众号，"玩"出了多元化的商业模式。

2016 年微信公众号正处于流量爆发期，部分企业和个人抓住了微信公众号的红利，开始进行商业化运作，微信公众号投放呈现一片蓝海之势。

当时我们内部做了一个分析，认为持续、好看的内容等于流量，等于广告变现，我们完全有足够的优势把平台的优质流量赋能给其他品牌。

对内，我们开放第四条的版位给集团旗下的几个子品牌，借助平台的流量为他们引流。

对外，很多 B 端企业带着产品来找我们，说他们通过微信公众号阅读数据的调研，发现我们的内容很优质且不刷量，所以希望和我们合作，在我们的微信公众号投放广告。

当时，我们合作的品牌类型比较广泛，覆盖各行各业，包括食品、彩妆、时尚等行业的 30 多个品牌。

例如，我们和疯蜜联合推出的三人成团购买阳澄湖大闸蟹活动，两天的时间卖掉了 4 万只大闸蟹，1 分钟 10000 份优惠券被秒杀掉，转化率达到 20%。我们也和名膜壹号、HFP、完美日记这样的新国货彩妆护肤品牌签订年度合作协议。但合作的前提是，合作品牌在调性上要与我们目标用户的生活息息相关。

在商家和品牌推广的选择上，我们坚持只推荐自己买过、用过、真的认可的产品。对于一些好的产品或者品牌，如果之前我们团队没用过、没合作过，我们会先去了解、试用，然后和品牌方充分沟通，直至确认和我们的品牌调性相匹配且符合用户需求才会合作。

很多内容创业者遇到的发广告造成用户流失的问题，在我们这里是不存在的。因为在与品牌合作的过程中，我们坚持"三个不"原则：

头条不开放合作；无论是外部的 BD（广告投放）还是内部的子品牌内容，一周内发的内容不能超过两次；不接硬广，始终把读者体验放在第一位，不轻易透支读者的信任。

我们对合作内容的把控严苛到什么程度呢？在一次广告投放合作中，客户投放的内容经过几次的修改，依然无法达到我们的发文要求，我就直接要求团队把合作的费用退回给对方。

即使是集团的子品牌，内容如果不符合我们的要求，我们也会坚决拒绝发布。有一次某个子品牌的老总找到我们老板，说想在我们平台发一则新闻通稿，从我的角度来看，这是伤害粉丝阅读体验的原则性问题，即使是老板出面干涉也不能发。

正是基于这种对内容的死磕，对粉丝体验的把控，2017 年以来，名创优品的服务号每年累计阅读量超过 1 亿，多篇文章阅读量突破 200 万，长期在实体零售企业公众号中排名第一（见图 2 - 21），并斩获新榜大会的"年度新媒体传播企业奖"（见图 2 - 22），估值 4.8 亿元。

06月25日-01日 ∨	统计数据截至7月2日12时		样本数量：616726		
#	公众号	发布①	总阅读数	头条	平均
①	MINISO名创… minisohome	7/22	114万+	69万+	52050
②	吉利汽车 geely-auto	7/20	103万+	49万+	51689
③	电网头条 sgcctop	7/13	96万+	70万+	74139

图 2 - 21　名创优品在新榜中的排名

图 2 - 22　名创优品荣获 2018 新榜"年度新媒体传播企业奖"

　　我们的广告刊例价高于当时风头正盛的一条、冯站长之家等大 V，做到了 1 年广告费收入 1000 万元；仅 2018 年就为集团一个子品牌带来 5.8 亿元投资，并为其带来 130 万新用户；2018 年，为刚起步的电商平台名创优选带来 70 万新用户，创造了 3700 多万元的收益。

优化内容生产模式，打造 5000 万粉丝的新媒体矩阵

　　名创优品的新媒体运营策略是，在摸清平台逻辑和算法规则之前，我们不会轻易开拓新平台。开拓一个新平台相当于从零开始，因为每个社交平台

运营的逻辑都不完全一样。所以，我会让团队先在一个平台上找感觉，成功之后，再向其他平台进军。

但有一点不变的是：以用户为中心，打造有品、有情、有用、有趣的洞察性内容，不做垃圾内容生产者。

下面简单和大家分享一下名创优品是如何做好微博运营的。

情，是名创优品微博触动人的元素，增一分则显虚伪，减一分则显官腔。在日常的沟通中，我们营造出老朋友聊天的氛围。

在微博运营过程中，我们制定了以下几个策略。

一、放下品牌的架子，像运营微信朋友圈一样发布微博

在风格上，我们希望传递给大家的是可盐可甜、画风有趣、好玩的品牌形象。

在互动上，平时我们的编辑会发一些引导点赞的活动，有时话题看起来会很无厘头，比如点赞有好运（见图 2 - 23），但是粉丝就是很喜欢，每次都能激发很多粉丝的互动热情，屡试不爽。

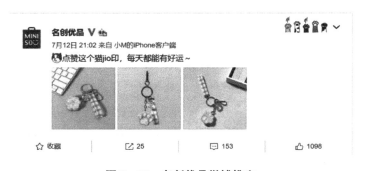

图 2 - 23　名创优品微博推文

二、每周至少组织一次小型福利宠粉活动，每月组织一次大型福利活动

和微信公众号一样，在内容之外，我们会通过大量的福利活动来强化粉丝的参与感，比如新品福利、置换电影票等，转化效果很好，一来有助于产品的推广造势，二来能调动粉丝转发、评论的积极性，且成本不会很高。

三、80%原创 +20%转发，内容注重时效性、知识性、互动性和趣味性

我们的微博内容不拘泥于品牌资讯，每天的发布条数控制在 5 条左右，涵盖了粉丝感兴趣的各种话题、热点、干货等，并用与他们相同的语气、情感态度来与他们对话，与用户"玩成一片"。

我们的常规动作，就是编辑每天都要在上午 9 点、下午 2 点、晚上 8 点在微博搜索端输入"名创优品"关键词做舆情监测，对于用户的优质好评要及时互动和转发，对于差评要及时跟进处理，并做好登记，同时反馈给相关部门的负责人。

和微信公众号、微博的运营机制一样，名创优品官方抖音的运营也是遵循了"用户先行"的策略，以有趣的人设 + 小剧场 + 产品软植入的形式，做到内容即广告、广告即内容，有梗、有料、有态度，形成了名创优品独有的风格。

所以，新媒体社交平台运营没有白走的路，每一步都是在向深度用户迈进，都是根据发展趋势和环境，在不同的阶段进行调整，不断地打磨优化，这样才有机会突围。

每一篇爆款文章、每一则爆款短视频都不是无缘无故出现的，要运营好企业的社交媒体平台，少不了用长远的眼光定位好在每个平台的发展，走对方向才能走得更远。

我一直坚信，尊重用户的企业自媒体必然会被用户尊重。目前，在各社交媒体上，名创优品的新媒体粉丝总数达到了 5000 万，微信公众号粉丝高达 3000 万，微博粉丝为 219 万，抖音粉丝为 27 万，小红书粉丝为 31 万。

打造创始人 IP：1%的新零售变局者

每一个品牌的基因都和其创始人密不可分，而打造创始人 IP 是低成本地为企业获得免费流量的传播手段。尤其是在品牌起步阶段，创始人作为品牌的发起者，他们的 IP 能量几乎是大于品牌能量的。

这时通过创始人把品牌打造起来，从创始人的初心、品牌到产品的底层价值观、商业模式的探索、品牌背后的文化和消费者的共情去共同推具有情感化的故事，是让初创品牌最快拿到行业入场券的路径。

对于名创优品全球联合创始人叶国富先生的 IP 包装，我们分为三个板块：

人格定位：创始人的内在人格定位。

传播组合：选择最适合的舞台，聚焦和放大传播效果。

事件营销：用有限的时间抢夺话语权和关注度。

一、人格定位：价格屠夫

人格定位，简单来说，就是创始人在公众眼中建立的立体的、丰满的形象。对标几位互联网企业创始人的 IP，结合叶国富先生自身的特性，我们提炼了以下几个标签：

雷军：低调，腼腆，呆萌，雷布斯。

马云：颠覆者，励志导师。

董明珠：铁娘子，执着，不服输。

任正非：自律，铁腕，狼性文化。

叶国富：价格屠夫，敢于冒险，奋斗者。

为什么是"价格屠夫"？

这里面有个小插曲。

在互联网时代，出现一个新生业态后，总会有一些旧的商业既得利益者误导外部的部分媒体，断章取义甚至歪曲事实，意图扼杀新事物。

就如优衣库成立之初，囿于根深蒂固的"一分价钱一分货"的观念，很多人并不看好其发展，媒体上充斥着"便宜无好货"的攻击声和质疑声；在"让天下没有难做的生意"的阿里巴巴成立之初的两年间，没人看得懂马云的愿景，没人相信他的商业模式能够成功。

站在风口浪尖的名创优品，当时的遭遇和以上两家企业如出一辙。因为大多数人看不懂名创优品的商业模式，更看不懂名创优品背后优质低价的底层逻辑，所以不断有相关报道出来抹黑品牌。

2015 年，在以微信公众号为主阵地的社交媒体平台上，关于名创优品山寨日本品牌、血统不纯正以及靠低价销售产品的负面报道铺天盖地。那时甚至浙江卫视的新闻节目中还播放了一分钟以上的负面视频报道，与此同时部分商家联名拒绝名创优品进入购物中心，这场危机可以说是来势汹汹。

我相信面对这样的事情，很多企业都会第一时间召开新闻发布会或是发布声明。可能是因为名创优品从出生起就注定会和别的企业不一样，自然不会用传统的方法去应对这样的事情。当然，更重要的原因是这些负面消息本身就是无中生有的事情。

针对这些负面消息，我们对全网进行了 24 小时舆情监测，发现所有外部的争议都不是聚焦在产品问题上，而是集中在名创优品日本商标比中国商标注册晚了半年这件事上。各个渠道的落脚点都聚焦于山寨日本品牌、日本品牌血液不正统、抄袭等方面，报道的都是换汤不换药的新闻。

为什么会有名创优品山寨日本品牌的争议？我们内部的分析结论是，无非是抢了别人的饭碗而已。

名创优品撕掉了零售终端价格虚高的最后一层纸，革新了渠道，打破了品牌商对价格的贪婪控制。这种商业模式动了很多旧商业体系高价暴利的大奶酪。

随后我们又发现一件很有意思的事情，虽然那段时间网上关于名创优品的负面消息很多，但从后台数据看，我们的业绩反而上升得很快。

我们集团内部马上针对这个现象做了一番深入调研，发现这些争议使名创优品在全国的知名度一下子提高了，很多一开始不知道名创优品是做什么的消费者带着好奇心走进了名创优品的门店。

当他们发现在同样品质的情况下，市面上很多传统品牌用 1:10 的倍率定价的时候，名创优品可以做到 1:3，甚至 1:2，并且产品颜值高，让人眼前一亮，自然而然用脚投票，帮我们快速提升了业绩和品牌的知名度。

当用实力证明了名创优品商业模式的核心竞争力后，我们认为，接下来需要乘胜追击，巩固品牌的知名度，是时候站出来和大家道出名创优品背后的故事了。

　　为此，我们策划了一系列的爆款文案，比如"对不起"体（见图2-24）和"我就2"体（见图2-25），向外界公布名创优品的真相，告诉消费者名创优品的产品为什么卖这么便宜。

图2-24　名创优品"对不起"体

图2-25　名创优品"我就2"体

　　对不起！我们只懂得为全球消费者提供优质低价的产品，却不懂媒体的潜规则。

　　对不起！请不用感谢我们，商品本身很便宜，只是别人卖贵了而已。

　　对不起！不是我们想成为某些商家的敌人，只是我们想做消费者真正的朋友。

我就 2！我愿意多花钱把店开在人气旺、租金贵的地方，因为我想要让更多的人买到优质低价的好产品。

我就 2！我就随便你们昧着良心乱黑，就是开到意大利佛罗伦萨也不会告诉你们，因为我忙着为消费者做优质低价的产品。

我就 2！同类产品同样的质量别人卖 98 元，我就卖 25 元，因为我走的是优质低价、不追求暴利的路线。

文字犀利，一针见血，徐徐告之：我们要做那些暴利商家的公敌，我们要做零售市场暴利的终结者，名创优品不惧竞争对手攻击，就站在消费者这边。

当时做这波宣传活动的时候，我们联系了很多家媒体，几乎没有一家媒体愿意接，他们说这个攻击性太强，担心会引起公愤。

为此我们选择了百度贴吧做首发，并把标题定为"不把名创优品的真相说出来我就太无耻了"。最终，这六句爆款文案不到三个小时点击量就突破了 10 万。

所以，"价格屠夫"定位的背后，是高认知打击低认知：叶国富先生要成为 1% 的新零售变局者，去影响余下的 99% 的人。

二、传播组合：让创始人在正确的渠道成为品牌代言人

创始人传播的关键部分，在于在品牌发展的不同阶段，向外输出观点和价值观，这些涉及创始人对行业的深刻洞察、对竞争的理解、对品牌未来的布局以及承担的社会责任等。

在名创优品发展初期，因为是新的零售业态，无论是行业还是消费者对我们的品牌商业模式的认识都是模糊的，所以我们要通过创始人的第一视角，在多个公开场合去讲述名创优品成立背后的故事、品牌基因、商业模式、产品研发、经营理念和价值观等。

当然，什么时间说，对谁说，在哪里说，说什么，创始人表达的舞台是要有规划的。

我们当时对合作的对象是经过仔细筛选的，主要面向四个渠道：

（1）主流商业媒体。比如《商界》《南方都市报》《北大商业评论》《金华日报》等，这些媒体影响力大，有利于提升名创优品的形象。

（2）**财经自媒体**。当时微信公众号是主流社交平台，我们选取了大量的优质财经大号合作，进行大范围的传播曝光。

（3）**财经大咖对话**。让他们从专业的角度来解读名创优品的商业模式，借助他们的影响力来给名创优品背书。

（4）**论坛峰会**。主要是参加企业家大会、高峰论坛、行业大会等，发表公开演讲，让行业中更多的人关注名创优品。

来看几个案例。

面对公众对名创优品的质疑，当时财经作家吴晓波老师因马桶盖一文爆火，于是我们就趁势策划了叶国富先生和吴晓波老师的一场大咖对话。主要是在其微信公众号"吴晓波频道"上，向公众"揭秘名创优品背后的真相"。

我们把吴晓波对话名创优品叶国富的文章进行拆解，分别投放在《南方航空》（见图2－26）《国际航空》、财经大号等知名媒体平台，迅速让大家了解名创优品的商业模式。

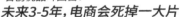

图2－26　《南方航空》2018年2月刊

同时，我们筛选部分之前报道过名创优品的负面信息的新媒体账号，从商业模式、供应链等方面进行深度剖析，通过二次传播的形式，让更多消费者了解名创优品优质低价背后的底层逻辑。

一石激起千层浪。尤其是在上海的"吴晓波年终秀"千人大会上，吴晓波老师将名创优品作为成功案例进行分享（见图2-27）之后，舆论的风向开始转变为名创优品是成功的新商业模式典范。

图2-27　吴晓波年终秀直播讲述名创优品案例

同时，我们还分别策划录制了王利芬与叶国富对话的视频，策划了陈春花教授和叶国富的对话，与全国收视率最高的经济类节目《财经郎眼》四次合作（见图2-28），通过和经济学家郎咸平以及著名财经主持人王牧笛对话，共同探讨名创优品为什么能做到物美价廉。

图2-28　名创优品与《财经郎眼》节目合作

当时，我们还把这些对话视频通过优酷、百度视频等主流视频网络平台进行播放，并在《商界》等商业财经杂志刊登通稿（见图2-29），借助大量知名自媒体进行二次传播，引起了广泛讨论。

图 2-29　《商界》2016 年 12 月刊

三、事件营销：要适度地"造浪"

在推广创始人 IP 时，需要的不仅是曝光，话题制造能力也很关键。所以要适度地"造浪"，制造一个个话题点，让传播的浪潮把品牌声势放大。

2016 年，我们策划了"广州阿富""给钱体""一年一个亿聘请董明珠做董事长"等多起悬疑营销事件，通过叫板马云、求贤董明珠等话题在社交平台上引发了大量讨论。

2016 年 10 月 13 日，在杭州云栖大会上，马云声称"电商"这个词已经过时了，并表示未来是线上线下结合的新零售时代，由此让人想起 2012 年 12 月在 CCTV 中国经济年度人物颁奖盛典上王健林与马云 的"亿元赌局"。马云这是认输了吗？

借此"亿元赌局"出现转折的契机，名创优品联手中国最具影响力的商业报纸《21 世纪经济报道》共同策划一则悬念广告事件：我们以神秘人士"广州阿富"的名义在《21 世纪经济报道》头版整版喊话"杭州老马"，要为四年前"杭州老马"与"北京老王"的"亿元约定"买单。

　　这个事件由 2016 年 10 月 24 日《21 世纪经济报道》的头版整版广告引爆，21 世纪经济报道 App、官方微博、官方微信、H5 互动游戏等多渠道多形式跟进，引发了从商界到全民参与的系列事件营销，并通过微博热搜进一步引爆（见图 2-30）。

图 2-30　《21 世纪经济报道》微博、App 图文、微博热搜

　　而没过多久，当时阿里巴巴策划的"双 11"活动的销售额突破 1200 亿元，引起轰动。我们再以"广州阿富"的名义在《广州日报》和《都市快报》头版整版发声（见图 2-31），称虽然"双 11"销售额突破 1200 亿元，但是电商已经到了拐点，代表线下的"北京老王"和代表线上的"杭州老马"，依然胜负难料。

　　这个事件其实缘起于 2012 年 12 月的 CCTV 中国经济年度人物颁奖盛典，王健林与马云双双出席。马云当时直言到 2020 年，电商在中国零售市场的份额将超过 50%。不甘示弱的王健林表示，如果事情真如马云所言，他愿意输给马云 1 亿元，反之，马云就输给他 1 亿元，这就是著名的"马王亿元对赌"。

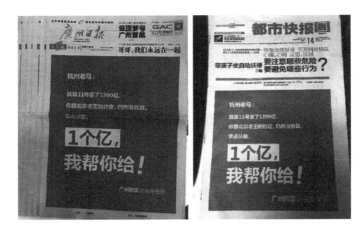

图2-31 名创优品广州阿富、给钱体事件

对于马云和王健林的赌约，叶国富先生一直非常关注。不管这"赌约"是不是个玩笑，在2020年没到之前，胜负就尚未定格，但"广州阿富"一直是王健林的坚定支持者，如果马云输了，他甘愿代付这1亿元。

接着，在得知董明珠卸任格力集团董事长一职后，我们再次策划包下《羊城晚报》头版整版（见图2-32）为董小姐鸣不平，并愿以天价请她加入名创优品："他们不要你，我要。董事长＋一个亿，我给。一起来，过千亿！"

图2-32 董小姐事件

这两次事件，通过上百家传统媒体和自媒体的大面积传播，最终创下了过千万的曝光量。

当然，创始人IP打造是一个长期的过程，在品牌发展不同的阶段，创始人发挥的作用也要随之变化。

在名创优品品牌发展初期，我们是在竞争对手林立的战场中厮杀，要抢占时间。所以我们的打法是创始人要发挥广告的作用，通过"高调"地在不同渠道输出独特观点和造势，为品牌带来关注度，降低流量成本。

像上面所讲述的营销策划事件，在名创优品的营销史上可以说是具有划时代的意义，因为从那以后，我们再也没有在广告投放上这么简单粗暴过。

当名创优品发展到上升期时，大众的关注点更多的是在我们的产品和全球化规模上，我们创始人的表达焦点则转移到产品口碑、用户体验和品牌未来布局上。在这个阶段，创始人承担的角色更多的是产品体验官和代言人，起到的是开拓市场的作用。

当名创优品发展到成熟期时，创始人就要功成身退，把聚光灯还给品牌。这时创始人的思考视角、表达焦点更多的是落到社会责任上。比如新冠肺炎疫情期间，名创优品将后续新开发的商品降价20%～30%，提出打造"全球超级平价品牌"的理念。

卖的不是产品，而是洞察人性的故事

名创优品内部有一个基本的产品认知，即产品是1，其余全部是0。

特别是实体零售店，门店装修、服务、运营、营销、资本等，这些只能算是0，只有产品才是1。如果没有一个符合预期或者超出预期的产品，那营销就是无源之水，无本之木。

这就是名创优品所强调的大产品观。

但是一个品牌的产品再好，用户也是需要被教育的。商业的本质就是用"故事"（产品）去抢占消费者心中的"注意力"（购买）。

我们当时采取了以下策略。

一、以专访供应商为抓手讲好故事

我们专门安排内容组的同事到工厂走访，挖掘供应商背后的产品生产流程、工艺打磨等，并且每周撰写至少两篇关于产品和采访供应商的文章，发布到门户网站和微信公众号上，向消费者传递名创优品为什么可以做到优质低价的信息，让背后顶级的品牌供应商来做背书。

同时，我们创办了《名创优品报》（见图2-3），在高峰论坛、新品发布会、供应商大会等多个场合进行派发，以创始人的角度，反复宣讲名创优品供应商背后的故事。

图 2-33　名创优品报

二、讲好产品故事

消费者在消费和使用产品的过程中，是跟品牌持续发生接触的。所以，产品本身就是企业最天然的一个广告流量池。

但随着消费主权的转移，消费者对广告显得越来越不耐烦，他们不想听品牌对自己的陈述，此时与其吹嘘产品，不如结合产品给用户讲一个好故事。

这也是我一直很推崇的内容营销方式：产品有故事，营销把它唱成一首歌。

故事开辟了产品与用户新的沟通方式，双方不再是买卖关系，而是讲述者与倾听者的关系，双方容易达到情感共鸣，故事是情感连接的绝佳方式。

那么品牌怎样去讲好产品故事呢？

1. 你的产品需要一个真实的好故事

品牌不要为了讲故事而讲故事，而是要基于事实，根据实际的发展、真实发生过的事情，用令人信服且生动却不夸张的方式来讲一个产品故事，并随着时间的推移也可以赋予它新的含义。

一个好的产品故事取决于品牌个性与品牌内涵，所以要根据品牌调性来设计一个动人的主题。

以在第一章我提到的名创冰泉为例。

品质、设计、创意，当抛开这些所有商业因素后，还有什么可能促使消费者为一瓶水买单？

名创优品的答案是：情怀是其一。

为此我们以名创优品全球联合创始人之一三宅顺也为主角，从设计师的角度，拍摄了一支名为《名创优品冰泉》的短片。

在这支短片里，我们没有对产品直白的赞美，更多的是通过镜头呈现出名创优品在打磨这瓶水时精雕细琢的历程，并用镜头向消费者还原一个可触及可感知的生态场景。

就是这样一个故事，短，但具有想象空间。这样，消费者在购买名创冰泉时，已不仅仅是因为其使用价值，更多的是该产品带来的精神或心理上的满足感，这些都是由品牌个性来体现的。

2. 谁的消费者最会讲故事，谁就拥有最强大的品牌

对于消费者来说，品牌售卖的产品，你说它是什么样的，其实根本不重要，重要的是你的消费者觉得你的产品是什么样的。

各个圈层的消费者都有内心情感，洞察他们的内心情感痛点，是打破圈层效应的突破口。

所以，名创优品的策略是：把光荣的旅程留给消费者，而把自己定位为一个为消费者提供成长必需的智慧、产品和服务的引路人。

这里再结合一个名创优品的彩妆案例跟大家分享一下，我是如何用讲好故事的方式，把名创优品的彩妆在社交平台上做出口碑的。

大家都知道做彩妆的市场推广是很难的，特别是名创优品的彩妆，曾经是被消费者低估和不看好的一个品类。

对比一下市场上的那些人气彩妆，像YSL、雅诗兰黛、阿玛尼等品牌动辄几百元的客单价，名创优品定价15~39.9元的口红和粉底液，实在是太便宜了！

在很多消费者的潜意识里，便宜没好货。

所以名创优品的彩妆推出来的时候，我们的消费者都在惊呼，这么便宜的彩妆能用吗？

怎么打破这个局面呢？

名创优品做的第一件事是，找到能和品牌一起玩的人。

她们是一群爱美爱玩的年轻姑娘，她们注重产品的性价比，会因为淘到一件优质低价的东西而产生幸福感。

她们为什么化妆？为了让自己变美。

市面上那些人气彩妆产品，都能让她们变美，但对于收入平平的她们来说美得有点累——

性价比低：可能需要省吃俭用好几天，才会狠下心购买一支小小的口红。

试错成本高：这个颜色可能买了后发现不适合，那就浪费了几百元。

于是名创优品做了第二件事：将产品定位为让大家美得很轻松。

我们通过输出一系列充满创意的海报（见图2-34），从姥姥、男朋友、朋友等多个视角切入，向消费者传达：化妆的初衷是让自己变美，这是一件简单的小事，也是一件惬意的小事。当通过轻松的方式就能变美时，为什么要很累地追逐不适合自己的产品，给化妆这个惬意的过程增加心理负担呢？

图2-34　小笔芯创意推广海报

再软性植入，名创优品用极高性价比的美妆产品，让美亲近可触达，要让消费者享受化妆这件小事，跟消费者娓娓道出产品背后的故事理念。

同时，针对消费者担心的产品质量问题，一方面，我们通过大量的软文输出和名创优品彩妆背后的故事，告诉消费者名创优品的供应商是和迪奥、YSL、香奈儿、雅诗兰黛、MAC等合作的世界顶级的品牌制造商。

另一方面，我们在小红书、抖音、微博上以金字塔投放的形式，邀请专业彩妆KOL和KOC以测评体验的方式为名创优品的彩妆产品背书，在社交平台上密集种草。

当线上的口碑热度造起来以后，我们趁势做了第三件事：在线下举办为期三天的路演活动。

我们在广州的时尚天河举办了为期三天的路演活动，选择这个地方一是因为人流量大，二是靠近名创优品的门店。

我们在现场设计了模特走秀、快闪舞蹈、背景创意打卡等一系列精彩活动，通过玩游戏闯关环节，引导消费者到门店去兑换礼品，形成到店转化。

名创优品做的第四件事是：举办一场只有粉丝参加的平民彩妆品鉴会，带着消费者讲故事。

我们将这场品鉴会定义为一场难忘的闺蜜彩妆聚会，因为闺蜜是年轻的女性消费者重要的社交对象，也是平时交流美妆资讯的重要对象。

所以我们推出了一个以闺蜜间的互动为创意灵感的 H5《真假闺蜜大考验》（见图 2 - 35），这个 H5 最终点击量高达 1198826，参与人数达 243753 人。我们从参与的粉丝中随机抽取了 50 位赠送派对入场券，为发布会营造仪式感。

图 2 - 35　《真假闺蜜大考验》H5 活动

很多品牌的品鉴会找明星和媒体嘉宾来站台，名创优品没有请任何媒体，请的都是名创优品的粉丝用户，让他们来亲自使用产品。

为了加深消费者对产品的认知，我们邀请了奇华顿的供应商在这次的品鉴会（见图 2 - 36）中为名创优品站台，通过供应商的背书来消除消费者对我们彩妆产品的安全疑虑。

同时，我们还请了很多专业化妆师，比如国际知名彩妆博主小 P 老师，帮助消费者化妆。在品鉴会的内外场，也有多位彩妆界的网红 KOL 现场做直播，跟消费者全程做互动，一起把品鉴会推向高潮。

图 2-36　名创优品彩妆品鉴会现场

活动结束后我们再送每个人一套名创优品的新产品，很多品牌送了消费者新品后，会要求消费者在线上发内容，但名创优品只是让她们来体验而已，不强制消费者做任何推广。

但让人惊喜的是，因为产品确实很优质，我们发现很多消费者在微博和小红书上自发地为名创优品的产品做口碑传播，就这样，不需要我们再去多做其他动作，就形成了一波口碑营销。

现在，在各大社交平台搜索名创优品彩妆，已很少看到消费者的质疑声，推荐的口碑评价居多。

在名创优品门店，彩妆系列也成了主推爆款，陈列在中庭最抢眼的位置。

讲好产品故事，就是让消费者不需要任何专业知识，就能感受到品牌的态度和温度。

所以品牌在输出内容时，不要吝啬去跟消费者讲故事，如果一个故事不能产生共鸣，那么请尝试讲另一个。

现象级图书效应：《名创优品没有秘密》

《名创优品没有秘密》一书是由我和团队亲自操刀，联合中信出版社和杭州蓝狮子策划团队，花费一年的时间打磨出来的。

自从名创优品成立之后，很多专家、学者、实体零售的从业者甚至电商行业的从业者都对它倍加关注。社会上对名创优品的热议从来没有间断过，纸媒、网媒、论坛、峰会……不论何时何地，只要是行业大咖聚集的时候，名创优品总会成为热门话题，尤其是不乏各种针对名创优品模式研究的报告、论文。

所以，我们决定策划出版《名创优品没有秘密》这本书（见图 2 - 37），也是首部解读名创优品的图书。

图 2 - 37　《名创优品没有秘密》图书

为了把这本书做到极致，作者杜博奇老师在创作前期走访了名创优品几乎所有的管理者，在细枝末节的专访中抽丝剥茧。从开始写作到提交到我这里来审核，一直在反复打磨修改，前前后后耗时一年的时间才最终定稿。

最终，透过现象看本质，这本书通过杜博奇老师老辣的文笔全面阐述了名创优品商业模式的探索和构建过程，以及这几年间的快速发展，从市场、品质、零售、物流、内部管理、外部合作等多个角度告诉大众：

为什么名创优品能够在实体零售遭受电商冲击、一片萧条之中逆势崛起，创造了实体零售的奇迹？为什么一个不被看好的实体零售连锁品牌最终开店速度快过互联网的更新速度？

《名创优品没有秘密》一书出版后，没有预热，没有宣传，一上市就依靠口碑传播迅速攀上各大平台的排行榜，引发巨大反响。

大众消费市场上从来不缺新的入局者，缺的只是有价值的产品和内容。

当有品牌能突破"红海"的限制，做出消费者需要的内容和产品的时候，红海，实际上只是一片被掩盖的蓝海。

所以，从营销本位而言，内容绝对是品牌力建设占据主导地位的重要一环。

当然，想生产优质内容，需要品牌用心投入时间、精力。它涵盖的不只是我上面所提到的官方内容输出，还应该渗透到产品研发、品牌推广、企业文化、KOL 和品牌共创内容、私域流量、社群运营、内容营销团队的搭建等层面，这些内容我将在接下来的章节中和大家探讨。

第三章

产品营销，升级传统广告

撩动年轻人的心，直击痒点，有热度的地方就有营销。

——木兰姐

　　2017 年 7 月出版的中文版《哈佛商业评论》在提到 CMO（首席营销官）这个角色时，使用了一个让人心凉的标题："陷入麻烦的 CMO 们"，文章中的小标题也是一针见血："为什么 CMO 都挺不到最后""请减少 CMO 的更换频率"。

　　随着可口可乐和联合利华、麦当劳相继不再设立 CMO，选择拥抱 CGO（首席增长官），虽然后来可口可乐又调整了，重新设立了 CMO 职位，但也让品牌营销人的焦虑如同点燃的火箭一般蹿升到了顶点。

　　当然，我不讨论 CMO 是否会被 CGO 或是其他什么角色取代，我的观点是，无论是 CMO 还是 CGO，名字绝非关键点，背后的本质是随着时代的发展，品牌和消费者之间的距离在不断缩短，大数据、人工智能、互联网完全改变了过去市场营销的面貌。

　　过去很长一段时间，囿于企业战略因素，多数传统品牌营销人并不对效果全面负责，导致绝大多数 CMO 所做的营销，变成了品牌传播和品牌公关，与战略彻底脱离，部分工作流于表面。

　　什么叫流于表面？

　　把所有能想到的资源都铺开，铺声量，更多的是看 CPM（千人成本），数字好看就能交差；或是发新闻稿、找投放渠道、打广告、做赞助植入、找网红直播带货，火爆一时但大部分都是昙花一现。

　　随着传播渠道的多元化，我们再也不能做一个广告赢天下的美梦了，中国品牌也迎来了爆发性的增长阶段，CMO 的营销功能出现了新需求：**品效合一**。

　　而在这种环境变迁下，大多数传统中小企业的品牌推广欠缺就显而易见了。其中，怠于思考是最为致命的。

比如，部分品牌人研究完微博研究微信公众号，今天布局抖音、快手，明天深耕小红书，后天铆足劲儿折腾短视频直播，接着再奔向后浪翻涌的 B 站……动不动就要讨论"私域流量"，一不小心就钻进直播间吆喝卖货。

至于为什么要做？因为老板说要做，或是大家都在做，我们也不能落于人后。

再比如，很多企业做营销时经常想靠一个事件引爆，拼创意、拼脑洞、拼曝光，热闹是自己的，用户什么都没有获取到。他们只"表达自己"，这种表达满足了用户的什么需求？需要用户采取什么行动？怎么行动？这些他们没有想明白。

品牌营销本质上是一门解决问题的艺术，解决的是如何让品牌被更多人所关注、所熟知、所喜爱、所信任的问题。

所以，每一个优秀品牌人的内心都应该有一盘棋。

从集团品牌战略的布局，到消费者心理、消费者行为、产品定价策略，再到媒介策略、视觉符号、文案创意等，以及最新的营销环境和实践探索，跨出已有的认知，保持空杯心态，这是对品牌人来说很重要的事情。

这也是从"是什么"到"怎么做"的变革。

如果数字时代的品牌人不能深度参与战略，不能倒推产品创新，不能影响品牌定位，不能整合数据营销和生态赋能，不能和用户产生连接，那就是散兵游勇。

所以，从本章到第七章，我会围绕产品营销、娱乐营销、IP 营销等方面重点讨论品牌营销落地的一些战术和打法。

产品营销方法论

这些年我在各种场合进行分享的次数不下 100 次，有很多人对我做出的 85 亿流量的品牌营销项目——"名创优品携手鹿晗运动季"的经历感兴趣，也经常有人问我名创优品每年的品牌推广费用是多少，是 1 亿元还是几亿元。

他们会产生这样的疑问，大多数原因是作为甲方，经常会碰到一种情况：找了很多广告公司做方案做推广，花了不少钱，但取得的效果并不明显。

实际上，2017 年名创优品的品牌推广费用不到 3000 万元，对于当时一家年拥有 120 亿元销售额体量的大企业来说 3000 万元可以说是九牛一毛。

名创优品是如何做到的呢？

我的答案是：**成功是需要契机的，而名创优品刚好站在了新媒体时代的风口上。**

传统品牌的营销方法论来自于 20 世纪 60 年代路易斯提出的 AIDAS[⊖]漏斗式营销模型（见图 3 - 1），即 Attention（注意）、Interest（兴趣）、Desire（欲望）、Action（行动）、Satisfaction（满意），宝洁、联合利华等品牌皆沿用这套打法做营销。

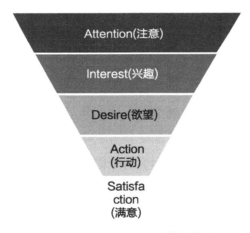

图 3 - 1　AIDAS 漏斗式营销模型

基于 AIDAS 漏斗式营销模型，品牌广告需要一个月内触达消费者 6 次以上才能改变消费者的心智，才有可能引发消费者的购买欲望，这个传统的方

⊖　AIDAS 是从美国人路易斯于 1898 年创立的 AIDA 法则派生出来的。

法论在今天是否还适用？

在回答这个问题前，让我们来看一下今天的品牌营销逻辑发生了什么样的变化。

一、从一款产品卖 100 亿元到十款产品卖 1 亿元的转变

中国 14 亿人口红利已经从数量红利进化成为结构红利，3 亿新中产市场、3.78 亿 Z 世代市场、5 亿小镇青年市场、2 亿多银发老人市场、3 亿母婴市场、1.5 亿宠物市场○；同时，因兴趣而形成的圈层经济也在野蛮生长，比如电竞圈、国风圈、汉服圈等。

我们可以看到，在这个以"细分人群"为横轴，以"细分场景"为纵轴的新赛场上，颗粒度正在变得越来越细。

对于品牌来说，面对如此割裂的市场，必须要通过不同的产品去满足不断分化的人群，比如关注新的用户人群（如 Z 世代、单身族、精致妈妈、二次元），关注新的使用场景（如养生、熬夜、一人食、健身），关注新的产品需求（如成分党），关注新的情感需求（如颜值主义、社交属性）等，把一款爆款产品卖给全国的消费者以此把企业做到百亿元规模的时代已经过去了。

二、影响用户决策的媒介发生了变化

在前互联网时代，"大投放"的营销策略往往是让品牌家喻户晓的捷径，谁能成为央视的标王，谁就能被观众牢牢记住。这个时候，媒体是集中的，所以出现了海飞丝、飘柔、立白等知名品牌。

时过境迁，随着微博、微信的流量出现井喷，再到现在的抖音、快手、B站等短视频平台林立，从购物前看小红书推荐到直播带货齐飞，新的媒介渠道在统治 3 亿以上年轻人的生活，社交和口碑的传播渐渐替代了昔日的流量分发，市场流量连接入口也从传统媒体移转到社交媒体。

○ 数据来源于埃森哲《2018 国内消费者洞察报告》。

从传播的角度来说，今天的品牌在营销上已经有了一套数字化、可量化的打法。从定位、策划到确定目标受众、做 A/B 测试，每一步都可以利用数字化的手段，让品牌做出更高效、更精准、转化更高的决策。

三、品牌信任链路向用户端下沉

目前，在消费者变得不那么相信传统媒体后，他们相信的是什么呢？

科特勒在《营销革命4.0》这本书中提到消费者相信的是 f-factor，包括朋友（friends）、家人（families）、粉丝（social platform fans），即朋友、家人和你关注的人最能影响你的观点和选择。

社会结构的典型特征在于大家都有自己的"小圈子"，由此产生对于熟人关系的强信任与强依赖的口碑传播。

所以，我们会发现品牌通过传统媒体引领舆论导向的时代已经一去不复返，品牌的信任链正从"品牌—媒体—用户"转向"品牌—KOL/KOC（关键意见领袖）—用户"。

这也是为什么现如今的产品营销大概离不开以下这几个渠道：熟人口碑、朋友圈、KOL/KOC、社群等。

四、产品、内容、媒介、渠道，界限越发模糊

今天从供应链到消费者的流程可谓是环环相扣，这个时候产品、内容、媒介以及渠道趋于无限统一。

- 比如江小白的酒瓶，它既是产品，也是内容，还是媒介。
- 比如在新世相丢书这个案例中，地铁这个媒体工具最后成了二次传播的内容。
- 比如小红书，如果你只是浏览，它就是媒体，如果你刷着刷着，把产品加进了购物车，那它就变为渠道。

从消费的底层逻辑来说，消费者的让渡价值并未有太大的改变，还是用户购买的全价成本。变的是信息传递、获取的方式以及购物的场景，也就是

新零售当中提出的"重构人、货、场"。

基于这种产品逻辑、流量逻辑、传播逻辑、人货场的变化，我们还套用AIDAS法则去做营销，就容易出现问题。

如今的消费者每天接收到的信息量太大，如果当下不能让其购买欲望变成购买行动，那么过一段时间后他就会淡忘、放弃或变得更理性，这个过程始于消费者对产品和服务的关注，终于购买行为和忠诚度的建立，是一个层层递减、层层流失的过程。

那么，如何建立持续打造爆品的机制呢？

图3-2是我总结出来的一套产品营销方法论，我把它称为PTM法则。

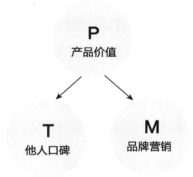

图3-2　产品营销PTM法则

一、产品价值（Product）：产品可感知价值

我一直坚定地认为产品是企业的第一战略，也是企业最核心的武器，所以在深度数字化的传播环境中，我最喜欢的营销方式是产品带品牌，因为消费者接触得最多的是产品，产品即品牌，产品的1没做好，营销后面的0没有任何意义。

围绕产品，我在传统营销4P法则的基础上，根据自己的经验，加入了自己的一些思考，见图3-3。

图 3 - 3　产品可感知价值

（1）产品（Product）：打造品牌势能差异化，通过看对手、看产品、看用户、看市场趋势四个维度找出产品的差异化与核心竞争力。

（2）价格（Price）：用价格区隔人群，区分粗放型消费与精细型消费，然后根据人群来定义消费者可以接受的价格门槛。

（3）渠道（Place）：满足用户体验，打造方便、快捷、高效、无阻碍的消费渠道与方式。

（4）促销（Promotion）：管理用户预期，以全新的、有惊喜感、好玩的活动去和消费者沟通，引发消费者共鸣，玩转产品，带动销量。

二、他人口碑（Topics）：口碑突破

任何新产品研发出来之后，品牌是如何快速而又精准地把产品推到消费者面前的呢？

最核心的事情是在特定人群中构建社交壁垒，就是消费者身边所有人都在用、都说好。一般来说，人都是从众的，因为人天然规避选择风险。

尤其是随着小红书、抖音、快手、淘宝直播、B 站等新媒体渠道的崛起，品牌可借助这些平台，通过社交场景的连接，把用户转化为产品的"推广人"，激发用户进行圈层式传播，把产品推荐给更多的用户，实现更有趣的用户互动，产生裂变式传播力，从而建立起品牌口碑。

那么如何把产品种进消费者的心里？我认为图 3 - 4 中的四个方面尤其重要。

图 3 - 4　口碑突破

（1）人群（Talkers）：找准产品的目标人群，市场不同，打法不同。

（2）工具（Tools）：精准投放目标用户所在的渠道，赋能社交媒体。

（3）话题（Topics）：创造社交货币，寻找能吸引用户的话题。

（4）参与感（Talking Part）：利用参与感创造口碑力量，引导用户制造话题，带来更多的口碑传播。

三、品牌营销（Marketing）：外围造势

正如知名品牌策略人杨不坏说的，好的传播，一定是精准的、高转化率的、高传播效率的。

面对多元化的消费者，生硬的文案和推送方式正在失效，场景化、个性化的创意、内容以及立体式、多维度的营销方式，更能获得消费者的注意力和参与，品牌需要跳脱传统营销思维。

图 3 - 5 提示了一些可遵循的规律。

图 3 - 5　外围造势

（1）社交媒体：创造舆论阵地，引导用户进行口碑传播

（2）企业公关：内容具备年轻化、趣味性和故事性三大特点，扩大口碑影响力。

（3）跨界合作：利用第三方背书获取新用户，并激活这些用户，让其留存下来，成为品牌资产。

爆品推广的四大核心要素

有一段时间，我特别怕人拿着产品来找我谈他们的爆品打造战略，因为一谈就谈很久，谈得天花乱坠。

很多企业老板都有着异于常人的思维方式和强大的自信，他们会滔滔不绝地描述一个百亿元级别的市场，好像一个庞大的商业帝国就要在他们的幻想中产生了！

这种自信从哪里来呢？产品。他们总是跟我说，自己的产品特别好！

但是过一段时间，被市场的真实销量打败后，他们转过头来又会问我："我的产品这么好，为什么用户不买账？"

为什么呢？

因为很多创始人容易有代入感，自己特别喜欢某个产品，就觉得消费者一定会喜欢，他们在大部分时间内都不做市场调研、模式论证等，只是活在自己的臆想中。

确实，有时我们的产品是很好，但是产品很好并不代表用户就会买账，因为同质化的产品太多了。

如何让消费者从众多同类产品之中选择你的产品？品牌需要打造"超级好"的价值感。如果我们做的是自己觉得很爽，但用户认为是可有可无的东西，那百分之百会失败。

在这里我跟大家分享爆品推广的四大核心要素（见图3-6）。

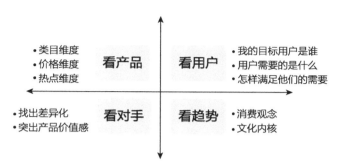

图3-6 爆品推广的四大核心要素

一、看产品

选品尤其关键。在名创优品，我们会从以下几个维度去评估一款产品是否适合进行推广。

1. 类目维度

有一次商品中心的同事拿着一款毛巾跟我说，想把它打造成门店的爆款产品，尽管这款毛巾无论是品质还是价格都很有优势，但是我还是拒绝了。

为什么？

因为这种随便在一家门店就可以购买到、毫无个性、没办法提炼卖点，甚至在功能上与竞品无明显差别的大众化产品，做再多的营销推广，也没有成为爆品的可能性。

所以不是所有产品都适合做推广，要成为爆品，PMF（Product Market Fit，产品和市场的契合点）是基础。

（1）有独特卖点、颜值高且是刚需的产品。

我们这里说的卖点必须是独特的卖点，而且这个卖点最好是稀缺的。

名创优品有一款天空系列枕头笔记本（见图3-7），云朵和彩虹的图案设计非常受女孩的喜欢，其最大的卖点是除了记笔记的用途之外，因为其充气气囊设计的封面，所以把笔记本合起来就是移动的枕头，同时也是办公室神器"鼠标腕托"，手感非常柔软，打破了大众对笔记本的印象，给人新奇、有趣的感觉。

图 3 - 7　名创优品天空系列枕头笔记本

所以在推广的时候，我们就捆绑多个场景，比如午休助眠神器、办公室神器、学生党好物，通过放大这个和其他普通的笔记本不同的卖点去做差异化推广，最后再经达人推广，很快就在社交平台引爆了。

所以，要围绕一个点，打到爆。这就是利用独特卖点来做产品营销的典型操作手法。

（2）可做微创新的产品。

在已有产品的基础上，再创造可满足用户痒点需求的"种草点"。

在这里，我建议大家要做微创新，而不要做颠覆式创新。因为颠覆式创新的产品容易造成消费者在产品接受度和认知度上的障碍，这必然会降低销量。

而微创新，则是在消费者的认知范围内，针对某一特定需求或亮点打造的"微创新产品"，比如：

①在产品包装上做创意设计。

②通过跨界、联名等形式打造衍生品。

③打造产品差异化使用场景。

④邀请明星或是 KOL 为产品背书，增加产品附加值。

⑤个性化定制。

这些方式在很大程度上会降低消费者的认知成本，快速促成转化购买。

名创优品有一款星座香水，对比市面上很多香水来说，其性价比做到了极致，只卖 10 元，但这款产品在门店的销量始终不是很理想。

为了解决这个问题，我们跟拥有千万粉丝的著名星座博主同道大叔联名（见图 3－8），并把它从原来的"一款普通的 12 星座香水"定义为"专为你定制的第一支星座香水"，从产品意义升级到消费意义。

图 3－8 名创优品×同道大叔联名星座香水

消费者不一定会忠于品牌，但一定会忠于自我社交信号的释放。消费者选择一个商品，抛开外观、功能等因素之外，选择的还是人在社会中的标签。

高明的品牌从来就不是单一地售卖产品，而是在售卖品牌的价值观，售卖标签，把产品与消费者所向往的美好生活方式挂钩，从而让消费者感觉购买了这个产品就可以过上美好的生活。

正是抓住了这一点，我们在设计上，对这款香水的包装进行了升级，从非常普通的玻璃瓶升级为消费者随意摆在房间的任何一个位置都看起来很显眼的形态，很快在门店引爆销量，这就是微创新带来的叠加效应。

（3）有科技加持、大牌供应链背书、权威认证或是获得行业奖项的产品。

比如对于曾被央视财经频道报道过的名创优品"水立方"系列水杯（见图 3-9），我们在推广的过程中会强调它们获得了 iF 奖，这在一定程度上增加了产品的附加值，拔高了产品的格调。

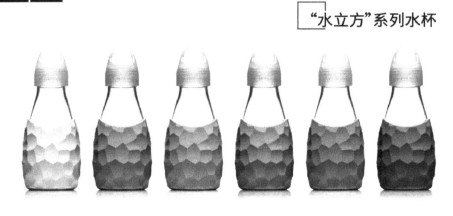

图 3-9　名创优品荣获 iF 奖的"水立方"系列水杯

2. 价格维度

价格有时在很大程度上会影响消费者的购买决策，所以要洞察消费者的付费门槛。

一般高性价比的产品，更容易引发消费者的冲动消费，相对而言转化率也会非常高。

另外，一些单价高但是有科技加持的产品也是很适合做推广的。

戴森的产品卖得非常贵，为什么还会深得消费者的青睐？

因为我自己也用戴森的产品，所以感触很深。戴森的产品究竟有多贵呢？与一般品牌相比，百元左右的吹风机戴森卖 3000 多元，几十元甚至 9.9 元包邮的台灯戴森卖 4500 元，几百元的卷发棒戴森却卖 4000 多元。

而关于售价高昂这个问题，有人曾问詹姆斯·戴森："同样的产品凭什么戴森能卖出市场价 10 倍的价格？"

他的回答是："一个让你欲罢不能的痛点值多少钱？"

这个问题可以延伸一下，就是有多少人会为解决这一个痛点而付出 10 倍的代价？从结果来看，市场上用脚投票的消费者不在少数，包括我。

所以做产品推广并不意味着卖更便宜的产品，而是从这个产品给社会及用户带来什么样的价值出发，找到消费者愿意支付的价格门槛。

3. 热点维度

热点维度指产品本身所带有的话题性以及产品是否能引起消费者话题性的讨论，我把它区分为以下两大法则。

一是有自然流量。

有自然流量，一种是指在品牌没有做推广营销的情况下，消费者依然有很大意愿购买的产品；还有一种是被很多 KOL 推荐过的产品。

这样的产品因为具备流量基础，会大大降低对于消费者的教育和推荐成本，推广起来更容易引爆。

比如名创优品的一款九宫格眼影，在微博、抖音、小红书等平台上非常火（见图 3－10），积累了很多消费者和博主的自来水推荐，我们在自有的推广渠道上再造一下势，发布了一篇名为《只有内部人才知道的隐藏好物清单》的文章，然后分发到不同的种草平台，导致这款眼影在门店很快就卖断货了。

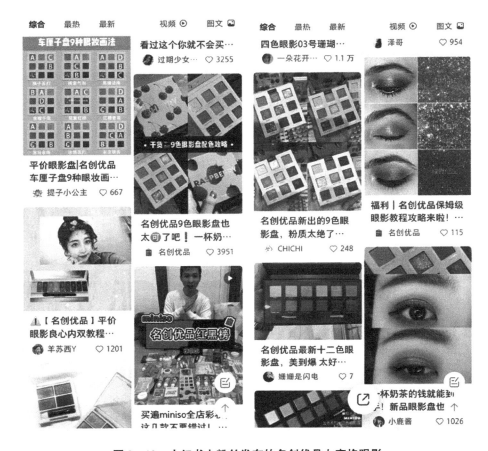

图 3 - 10　小红书上粉丝发布的名创优品九宫格眼影

二是有内容基因。

所谓"好的产品自己会说话"，当然不是产品自己能说话，而是在打造产品之时，就给产品注入"内容基因"，也就是"从产品研发起即注入营销"。

这包括：

产品可视（使用效果、包装颜值、跨界合作）。

产品可知（需求洞察、科技支撑、××同款）。

产品可感（符合承诺、用户五感、服务体验）。

产品可传（为你自拍、社交货币、情感需求）。

产品可演（开箱体验、测评种草、场景演绎）。

我把这些称为产品的内容化。我们想通过社交媒体营销告诉消费者产品有多好，首先得有产品故事，而拥有创新的产品力，才意味着产品有故事可挖，传播推广的时候也能找到输出的点，为消费者提供社交货币。

在互联网时代，消费者是活在网络中的，如果我们的产品不值得"晒"，就失去了二次曝光的机会。

所以产品要提供社交货币（谈资），让潜在用户甚至是陌生人，一看到这个产品就会主动为你拍照、发朋友圈。

花西子口红的出圈策略，就很好地运用了这个思路。

以中国传统雕刻艺术为灵感，花西子的口红开创式地将雕花、浮雕等国风元素融入产品之中，打造出了国货新秀雕花口红（见图3-11），东方美学设计让人耳目一新。

图3-11　花西子口红

在内容场景的定制上，花西子不断融合各类新元素，重新定义国风。他们最初推出的"粉系"主题国风产品，针对的是国风圈的少女受众，"粉系国风"听起来就是爆款产品的名字；"星穹口红"则在颜色之外，新增"闪光"这一独特的视觉感。

同时，花西子选择李佳琦做背书，杜鹃做代言，以此拔高产品的格调并增加消费者对产品的信任度。

在社交平台中，除了"美到爆炸""国货之光"之外，"平价彩妆""学生党必入"等也成为花西子口红的关键词。

最重要的一点是，花西子打造的超美礼盒装，颜色丰富，具有极高的性价比，从而自带内容基因，让消费者愿意为它拍照发朋友圈。

二、看用户

品牌营销工作的原点，是从用户出发，发现需求、创造价值和传播价值，而不是一上来就展示五花八门的创意。

你一定听说过：用户要的永远不是直径五毫米的钻头，而是直径五毫米的钻孔。

这是非常有意思的一句话，背后的隐喻是用户的表面伪需求和隐形的真实需求。

举个简单的例子。福特汽车的创始人曾说："如果你问消费者他们想要什么？他们会告诉你，我要一驾跑得更快的马车！"

而其实，消费者真正需要的不是马车，而是快、更快。因此，汽车应运而生，满足了他们的真实需求。

对于营销而言，就是搞清楚用户的真实需求，然后通过更有效的渠道，用更有说服力的方式去让消费者相信你能满足他的需求，解决他的痛点。

这句话看起来像老生常谈，但我要说的是，其实这句话让好产品和坏产品拉开了差距，大家都明白用户很重要，但真正把用户价值第一做到产品里面去的企业并不多。

所以，名创优品每次的产品推广立项后，我会要求团队走到前端，倾听消费者心里真实的诉求，成为一个洞察者和执行者。

有些新品上市推广之前会先在门店进行试销，听一下消费者的声音和市场的反馈，然后我们再进行改进。因为有的时候我们会忽略了事物的本质，就是消费者到底需要什么，所以我把需求洞察放在了产品推广中最重要的位置。

这里要提醒大家的是，我们在推广产品的时候要超越狭隘的产品视角，重新定义产品给用户带来的价值：

产品的目标消费者是谁？

消费者需要的是什么？

为什么他们会有这样的需求？

怎样满足他们的需求？

我的产品能为消费者创造什么价值？

大家一定要多思考，反复论证。

三、看对手

聚焦消费者某类需求的行业，都存在千千万万个同质化的产品，一定要优先考虑以下几个问题：

我这款产品的核心功能是什么？

市面上有没有同类型的产品？

我这款产品的功能与现有的同类型产品相比，有什么"微创新"之处？

做营销，就是让消费者在众多对手之中选择你。

那如何让产品从众多竞品和替代品中脱颖而出呢？

1. 找出差异化

比如在洗发水品类中，飘柔占据了"柔顺"特性，潘婷占据了"营养头发"特性，海飞丝占据了"去头屑"特性……

而提炼品牌在该产品品类中的差异化特征，则是为了帮助消费者在众多竞争品牌中做出有效选择，降低决策成本。

被誉为"后现代甜品"的杨枝甘露，虽是港式经典甜品，但在很多奶茶品牌中都能看到它的身影，并且衍生出了诸多创新版本：有在里面添加芒果冰淇淋的，也有用鲜奶油代替椰奶的，在摆盘上更是下足了功夫，但只有一个品牌在甜品杯装化上做出了差异化的改良，这个品牌就是7分甜。

7分甜的创始人谢焕城是一个洞察力非常强的人，他发现甜品店的甜品多为碗装，不能堂食，不能边走边吃，不够便捷是个痛点，而奶茶店杯装的形式可以弥补这一不足，所以他就想到将碗装甜品改良成更易携带的杯装甜品，制造了一个高度差异化的需求特征。

同时，7 分甜"可以喝的甜品"聚焦在"芒果饮品"这一细分品类，推出了超级单品杯装杨枝甘露，在消费者心目中占据独特位置，一提到芒果饮品就想到 7 分甜。

7 分甜创新了产品新特性，说起杨枝甘露，消费者自然而然会想到 7 分甜。这也让 7 分甜由此在喜茶、奈雪的茶等强势茶饮品牌中突围。

2. 突出产品"超级好"的价值感

每个产品都有其价值，这个价值并不是品牌口中的超级好，而是消费者可以感受到的价值。

所以要洞察消费者的消费心理，小到满足顾客的一些隐性需求：

①颜值消费（为好看的事物买单）。

②社交消费（拍照比吃饭更重要）。

③情感消费（通过产品来表达情绪）。

比如说一杯奶茶，别人卖的是一碗普通的珍珠奶茶，你卖的是口味、颜值、故事、心理满足。消费者买了前者可能觉得不值，可买了后者，有可能心满意足，深觉品牌懂我。

这就是"感"和"知"的关系，是用户体验中核心的部分。事实上，用户"感"的作用，要远远大于用户"知"的作用。

特别是在购买决策门槛较低的消费品行业，在功能上替代产品太多，而真正能获得消费者持续认可的产品，往往都是放大产品可感知价值、降低产品可感知购买成本的产品。

四、看趋势

在产品生命周期不断缩短的大背景下，如果能站在时代的前沿，挖掘契合消费者当下的生活方式和消费观念的产品，则更容易打造出爆品。

很典型的一个案例是猫王。

作为一个非刚需产品，猫王的成功崛起，很大程度上正是能够满足消费者在消费升级的时代对"设计"和"文化内核"的消费偏好。

通过大数据，猫王发现自己的用户 75% 都是女生，所以就想女生会喜欢什么。一般来说，小就会可爱，这实际上是很多人心中默认的观点，所以一般来说女生会喜欢这样的产品。

猫王的小王子 OTR 系列产品有一个单一要素最大化原则，就是把用户最关注的几个点做到最好。第一要好看，第二要品质好，第三要工艺好，做工精致，第四是要有礼品属性。

最终的结果如何呢？如我们所见，猫王的小王子 OTR 系列产品每个月售出五六万台，并很快成为年轻人非常喜欢用来显示格调的东西，形成了"标准姿势"——买了以后先拍照发朋友圈，发完再听。

茶颜悦色也是通过将自己的文化底蕴优势放大，拉近与消费者的距离。

现在消费者对茶颜悦色的记忆与定位已经远远超出了卖奶茶这一层面：它是一个品牌，一种文化，现在更是成了长沙的一个地标和符号。去到长沙要吃臭豆腐、小龙虾，还有就是一定要喝上一杯幽兰拿铁。

种草营销：赋能社会化口碑传播

把产品这块"草"的种子选好了是我们的第一步，将马儿（消费者）主动吸引过来才是我们的目的。所以，营销的关键还在于你是否具备"种草"的能力。

一、小众圈层：没有选择，就没有策略

选择小众圈层，就是不要尝试讨好所有人，中国人这么多，你只要满足了 0.5% 的人的需求就成功了。

我看到天猫把人群分成了八类：新锐白领、资深中产、精致妈妈、小镇

青年、Z世代、都市银发、小镇中老年和都市蓝领，我很认可这种划分方法，在做产品推广的时候要先把目标人群定位想清楚了，这是非常重要的一点。

分享一个我在Hello再会营销大学的一个学员的面包品牌案例。

这位学员的品牌叫HOOHOO SOUFFL，这家店被称为"舒芙蕾界的爱马仕"，也是当时大众点评成都人气排名第一的舒芙蕾品牌。

这位创始人曾经在课堂上针对他的面包店咨询爆款打造手法，他期望的是打破边界，为各类人群打造适合他们生活场景的不同面包产品。

我当时给出的建议是：任何产品都不可能做到大而全，所以一定要对目标人群进行细分，产品和品牌定位一定要清晰。这样才能进而寻找你的渠道，是在学校周边、物业小区周围还是写字楼附近的便利店。

在产品上，对应不同人群，就要满足不同人群的需求，比如低热量、低脂肪的面包就很难卖给学生，同样高热量的产品也无法卖给每天坐着却希望减肥的职场人。

这位学员很聪明，他在实践中摸索出了一套爆款产品打法，就是不再把面包的食用时间简单地定义为早餐时间或下午茶时间，而是什么时候都可以拿出来吃。所以，他选择与KOL合作，通过产品获得目标人群价值观的认同，进而引流裂变。

同样，我们也可以看到在细分人群的基础上，新的角逐已经开始。无论是新品牌还是老品牌，都在使出浑身解数来谋得新的立足之地。

很多新品牌如简爱酸奶（定位中高端收入、有孩子的高知家庭）、小仙炖（为爱美女性和孕妇群体提供仙炖方案）、元气森林（聚焦瘦身和关注健康一族）等，都是基于细分人群的深挖才得以突围的。

老品牌更是如此，以手机行业为例，华为、小米都在以增加子品牌来匹配新人群和新场景的方式来获取市场份额。

二、渠道是发动机：用户在哪儿，渠道就在哪儿

我在这里用一个公式（见图3-12）来解释就是：

$$F = M \times A$$

其中，F 为渠道传播效果，M 为媒体平台的质量，A 为传播速度。

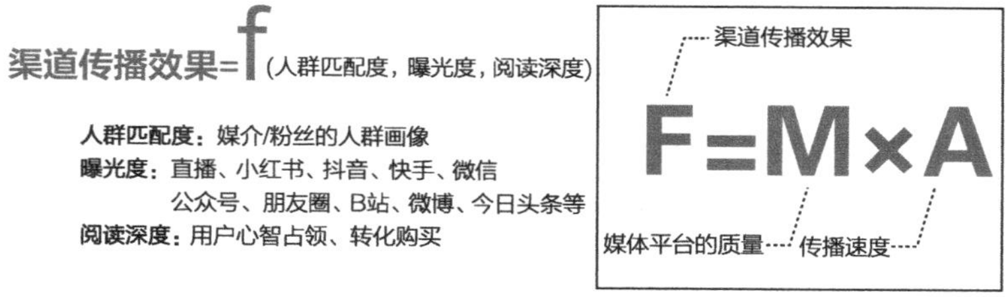

图 3 - 12 渠道公式

大致拆解一下这个公式：

M（媒体平台的质量）：指的是媒体平台契合度，包括平台的人群匹配度和内容输出的最终呈现是否能够打动用户。

A（传播速度）：指的是品牌曝光度，要从单一流量、单一渠道、单一推广方式到以点带面的立体流量，做深、做透。

F（渠道传播效果）：是由 M 和 A 决定的，只有最大化新媒体平台的价值，才能占领用户心智、产生购买，让用户愿意自主传播。

观察最近几年崛起的新锐品牌可以发现，每一次流量的变迁都带来了一次品牌的洗牌，新兴渠道流量成为新锐品牌的助攻催化剂。

例如，WIS 的红利流量是从新浪微博来的，HFP 的核心策略是微信公众号撒网式投放，完美日记在小红书上刷屏，半亩花田抓住了抖音的红利，花西子捆绑了李佳琦的电商直播……

对于每一个品牌，其实不用关心它现在站得有多高、体量有多大，而应该关注它从 0 到 1 做了什么，你会发现这些品牌的共同特点是，找到目标用户群体，聚焦一个平台做深做透，在一个平台探索出经验后，又以相同的方式复制到另一个平台。

和上面的品牌一样，名创优品在所有年轻人聚集的平台都做精细化运营和投放：从拥有 3000 万粉丝的微信公众号延伸到抖音、B 站、直播平台……

不同的平台有不同的特点，小红书适合 KOL 深度种草，抖音适合真人彩妆试色，B 站主攻测评、好物推荐，微博用户多、声量大，特别适合形象塑造。我们在微博上主要做活动、搞跨界合作等，在微信上则以微信公众号 +朋友圈广告 + 小程序 + 会员营销为主……以点带面，形成推广闭环。

需要注意的是，社交媒体平台的流量从头部持续下沉，用户越来越分散，比如原来靠头部的几个博主就能带动一些用户体量，现在可能需要几千个小博主才能带动。基于这种流量的变化，品牌就要懂得利用线上的一切资源，行动更为敏捷，打法小而精准。

在投放上，我更倾向于金字塔投放策略（见图 3 – 13）。

■ **头部背书，引爆话题流量**
顶级流量率先打造品牌声势，为品牌制造话题、引发关注，明星种草背书收割粉丝经济、促进转化

■ **击穿精准圈层促转化**
通过专业拆解等内容形式，加之口播、产品场景化展示等方式打消消费者的购买疑虑，营造氛围，扩大影响力

■ **树口碑、引共鸣、扩传播**
消费者视角晒单，分享产品体验，形成二次传播和声量叠加

图 3 – 13 金字塔投放策略

在 KOL 的筛选上，名创优品的每一次产品推广并没有执着于只投放头部 KOL，而是选择金字塔式的投放策略，渗透到大批中腰部 KOL，实现规模圈层效应。

我们在精选几个头部 KOL 的同时，也会筛选部分 5 万 ~ 30 万粉丝的 KOL 进行相关分享，以维持产品的讨论热度，同时也会筛选大量 1000 ~ 5000 粉丝的 KOL 输出产品反馈帖，用来塑造良好的口碑。

这种金字塔式的圈层传播囊括各种级别 KOL，让他们 "各司其职"，头部 KOL 承担起提升品牌形象、生产营销内容和 "带货" 三重任务，中腰部 KOL 输出真实体验，影响素人并带来 UGC 内容。

这种金字塔式的投放策略有一套逻辑：

首先，与头部 KOL 合作，主要目的是造势，拔高品牌知名度和为接下来的声量做铺垫。

其次，有头部流量背书，中腰部博主会跟风头部 KOL 与品牌合作，品牌可以借此击穿圈层，扩大影响力。

最后，自上而下营造出大家都在用我们产品的氛围，引导素人跟风晒出自己的使用体验，塑造口碑，引发共鸣，形成声量叠加。

从声量到口碑，多维度纵深推广，形成了不断高涨的传播节奏。

所以，要根据自身产品的属性、用户特征，结合不同媒体平台的调性，决定选择哪个平台进行推广，然后再匹配场景化的内容推送到用户面前。

关于 KOL 的投放推广我将在第六章中详细讲解。

三、内容是核心：撬动消费者心智的杠杆

如我在第二章中提到的，消费者每天接收的信息有很多，从短视频、微博、微信到户外广告，铺天盖地，但有几个品牌的信息是他们真正愿意去看完的？这就意味着品牌要有能力真正跟消费者建立关系，让消费者看完内容之后、会受到一些冲击或者发生改变，产生超越产品之外的共鸣。

该怎么做呢？以下三点大家可以参考一下。

1. 挖掘消费者利益与产品利益的关系，找到痛点以及痒点

什么是痛点？

痛点是消费者必须要解决的问题。所以要么告诉消费者，你的产品能够帮他解决什么问题；要么提醒消费者，你不买我的产品，生活中就会面临什么问题，给用户一个非买它不可的理由。

以 HFP 为例，我拆解了它曾经在名创优品微信公众号上投放的几篇文章：

《还嫌自己脸黄？推荐好用到逆天的国货精华，连我的祖传黄气都去掉了！》

《毛孔粗到尴尬？这瓶平价网红精华，能把毛孔里的垃圾全溶掉……》

《秋冬能救命的润唇膏，涂一次等于敷 10 次唇膜，连死皮都消失了！》

从中我们可以看到，他们的产品主要解决的用户痛点包括：

①总体痛点：如何让皮肤变白。

②具体问题：皮肤油、干、长痘、毛孔粗大。

③突出面部重点部位：脸部皮肤，包括唇部。

什么又是痒点？

痛点是消费者必须要解决的问题，而痒点不是消费者一定要解决的问题，痒点是创造并勾起消费者心中的"想要"，让他一看到一听说你这样的产品，就像戳中内心的燃点一样，特别有兴趣，特别向往。

所以说，痛点对应的就是解决消费者的问题，而痒点对应的就是满足消费者的欲望。

为什么我们说不痛不痒没感觉呢？

说的就是，如果你的产品不能解决消费者切实的问题，又不能满足他的欲望，所以，他就难以产生购买的想法。

就像著名营销专家尤金·舒瓦兹说的：

"营销无法创造购买商品的欲望，只能唤起原本就存在于百万人心中的希望、梦想、恐惧或者渴望，然后将这些'原本就存在的渴望'导向特定商品。"

而品牌要做的，不是创造大众的欲望，而是找出已存在的迫切欲望，引导消费者到想要去的地方。

当我们输出内容的时候，就需要考虑这一点：

你呈现出来的产品卖点是不是与用户真正的痛点和痒点相结合，是否具体到某个需求点。

要么能燃到爆，要么能"痛"到共鸣。总之，会撩拨情绪，你才是赢家。

2. 创造社交货币

需要说明的一点是，这里提到的社交货币与上文提到的产品社交货币要区分开来，产品社交货币是基于产品内因（卖点、颜值、包装独特性等），这里提到的社交货币更多的是内容外延，可以是一个能引起消费者共鸣的话题、事件或者场景等。

比如网易云音乐把点赞数最高的5000条优质乐评印满了杭州某个地铁站。这些用户原创的乐评文案句句戳心，引发了很多网友的共鸣，于是迅速在朋友圈疯狂刷屏。

比如新世相的"逃离北上广"，通过人们长期关注的逃离点，策划了刷屏级的传播事件，激发用户的情感共鸣。

3. 好懂：把卖点转化为消费者语言，并融入场景

很多品牌的产品推广文案经常让我感到很窒息，感觉就是把官方的信息整理一下就呈现在消费者眼前了，就是一则冷冰冰的硬广告。

当消费者被各种各样的硬广告"炮轰"之后，就会逐渐麻木，比起填鸭式地灌输产品有多好，消费者会更愿意看到在广告之外，更有趣、有料的内容。

我们输出的内容本质上是在与消费者沟通，而消费者需要的是人与人之间对话式的沟通，而不是打"官腔"。

以名创优品的化妆棉为例，触感柔软、释水性超强是产品的卖点，但不一定是消费者能够理解或者在意的买点，这就需要结合我们在供应链研发以及生产实力、品牌背书等方面的优势，把它转化成各种各样的场景化语言。

比如当我们面向一位女性消费者时，就需要针对她的皮肤状况、年龄、职业、生活习惯、遇到的问题，在什么场景下使用产品、怎么用、效果如何，形成各种场景化的故事和内容，给到不同的 KOL。

下面通过一个案例完整地跟大家分享我是怎么把名创优品的水光奇迹系列面膜推广成爆品的。

在我们做推广前，面膜在名创优品的众多产品里属于边缘化的品类，销量平平。

其中很大一部分原因就是，相对于彩妆而言，消费者对护肤类产品的购

买会更加慎重，安全性和功能性是放在首位的，当时名创优品的护肤类产品显然还没达到消费者的信任阈值。

所以名创优品面临的问题是，如何消除消费者对名创优品护肤类产品质量与安全的疑虑。经过一番讨论，我们项目组瞄准了面膜这个品类，希望将单一品类作为切入口，扭转消费者对名创优品护肤类产品的印象。

为什么选择面膜而不是其他水乳类护肤产品？

因为面膜是消费频次高的大品类，虽然当时整个面膜市场的竞争已经完全是一片红海，但如果能够找到差异化，还是有机会突围的。

为此，我们在传播路径上做了一个详细的规划（见图3-14）：确定产品卖点——口碑建立——声量传播——流量收割，层层递进。

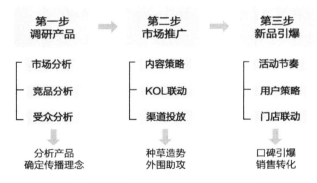

图3-14　名创优品的面膜传播路径

第一阶段：确定产品核心卖点。

我们之所以会选水光奇迹系列面膜（见图3-15），是基于其主打的卖点：集洁面乳、精华水、面膜于一体，一片面膜就可以解决洗脸、补精华水、补水的问题。

我们了解到，很多消费者都是在洗完脸后敷上一片面膜来补水，其实这样是不对的，正确的步骤应该是在洗脸后涂上精华水再敷面膜，因为刚洗完脸后脸上急需水分，涂抹精华水可以舒缓肌肤，有助于后续面膜中营养和水分的吸收，也不会让皮肤受到刺激。我们的产品很好地平衡了清洁和深层补水的问题，同时在市场传播中我们告诉消费者如何正确、有效地使用面膜。

所以，洁面乳＋精华水＋面膜的设计组合突破了大众对普通面膜的印象，给人以新奇、有趣的感觉，这是我们的面膜很大的一个差异化亮点。

同时，在推广之前，我们购买了十几款市面上同类型的补水面膜，亲自试用体验，发现大多数面膜要敷 15 分钟左右，而且都是敷着的时候肌肤很水润，过了一段时间肌肤就会回归到缺水状态。而名创优品的这款面膜只需敷 10 分钟，且敷完以后肌肤可以维持很长一段时间的滋润状态。

图 3－15　名创优品水光奇迹系列面膜

针对这一现象，我们团队进行了一次深度的头脑风暴，最后提出了一个"10 分钟急救面膜"的概念，瞄准经常加班、熬夜、旅行、出差的学生和白领女性群体。

相比于其他年龄层的消费者，她们感性又冲动，喜欢尝试新品，热爱旅游，注重性价比，对护肤有需求，也乐意分享。

找到了目标用户后，我们再将面膜和她们的使用场景做匹配，并定下推广主线：10 分钟让你好看。

10 分钟，强调快、狠、准；让你好看，满足变美的情感需求。

针对场景：

加班、熬夜——主攻女生加班后皮肤暗淡，亟须快速补水修复的痛点。

旅行、出差——主攻瓶瓶罐罐一大堆、占满行李箱空间的痛点。

而在价格方面，15 元两片的价格，和市面上很多 10 元一片的面膜相比，名创优品的面膜是性价比最高的，无论是白领还是学生群体，都不会有剁手的压力。

最后，在时间节点上，当时整个产品的推广周期涵盖了国庆黄金周，这对于我们来说是很好的一个造势机会。

从确定产品到将产品推爆，我们分为 5 个阶段进行操作，埋梗—口碑—传播—爆发—晒单。但这个产品能不能推起来，1 个月就见分晓。

第二阶段：官方造话题，埋种子，创建"梗"，制作场景化内容。

内容很重要，这决定了我们和用户在沟通中是否有更多的话题、更多的素材、更多的互动点，可以跟大家玩起来。

如前文所提到的，名创优品水光奇迹系列面膜的目标群体是年轻女性，面对这群爱美又喜欢新鲜事物的女性，我们前期的推广主要是通过官方造话题的形式，融合了加班和旅行两条支线。

为了更好地找到和消费者沟通的契合点，我们造了一个词叫"初老症"，并对它下了定义，如图 3 - 16 所示。

在这里，我们做的就是找到能直接去和消费者沟通的痛点符号，或者说是一些画面，而初老症就是我们的切入点，可以引起消费者的共鸣；同时要把这些符合或者画面和消费者的潜在需求形成最直接最本质的连接，也就是"扎心"地告诉她们需要好好地护肤了。

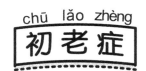

chū lǎo zhèng
初老症

"患者"大多出生在20世纪90年代，受过高等教育，独自在大城市打拼，熬过最晚的夜也喝过保温杯里最浓的枸杞水，虽然看上去年纪还很轻，却越来越在意脸上的细纹，每天都在怀疑人生的边缘试探。

图 3 - 16　"初老症"的表现

为此，在名创优品的微信公众号上，我们抛弃了简单的图文形式，而是推出场景式的趣味漫画《90 后初老症图鉴》（见图 3 - 17），和职场上的设计师、文案、策划等人群建立强关联，通过初老症临床分析报告的形式，将 90 后女生面对"初老"痛点的焦虑与面膜的卖点"10 分钟补水急救"高度结合。

图 3-17　《90 后初老症图签》

视频讲述了 3 个 90 后女孩的职场故事，通过她们的状态，揭开了当代上班族光鲜表面背后隐藏的辛酸。

当然，煽情不是我们的目的，我们在视频的最后做了主题的升华：成年人的世界，虽然没有"容易"两个字，但是每天也要满怀热情，自信而又强大地再出发，自然而然带出名创优品面膜。

这支短视频引发了热议，点击量突破 50 万，我们在后台收到了无数条消费者"小作文"式的留言（见图 3-19），关于加班，关于成长的故事分享。

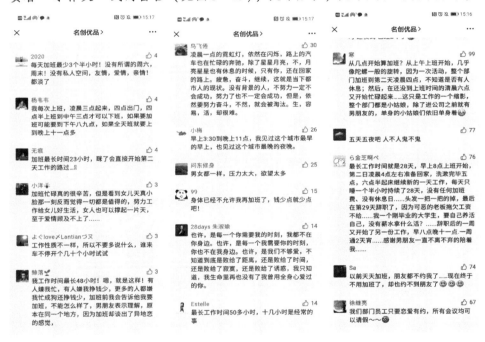

图 3-19 消费者的留言

这就是我要求团队一定要"死磕"内容的原因，只有让消费者对品牌的价值观产生情感共鸣，才会产生购买我们产品的欲望。

第三阶段：进行多维度产品测评，建立口碑。

对于消费者关心的安全问题，我们分别从品牌方视角、权威机构视角、消费者视角等方面从内到外做全链打通（见图 3-20），名创优品自己说好不算，消费者说了才算。

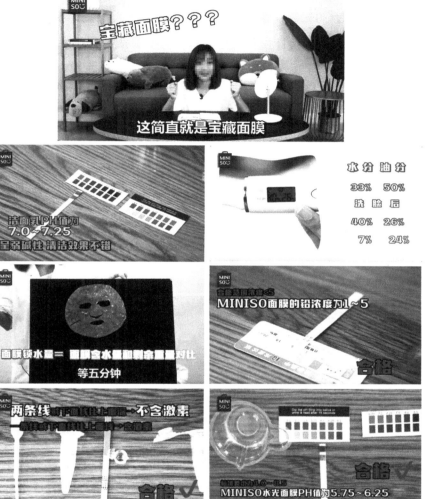

图3-20 名创优品面膜测评内容

对内，我们团队通过视频测评的形式，全程记录名创优品面膜和其他品牌面膜的使用体验，在名创优品官方微信、微博、小红书、抖音、B站全渠道进行投放推广。这样容易被消费者认同，她们觉得这些是可信的。

同时，产品口碑能扩散的背后是"信任背书"，是弱用户关系向更高信任

　　这篇文章在名创优品微信公众号发布不到 1 小时，点击量超过 100 万，线上商城也提升了 30% 的销量，出乎我们的意料。

　　这篇推文很好地帮我们在开端造势，我们接着推出了聚焦当代职场女性生活、戳中女性加班熬夜痛点的短视频《3 周年纪念日，在加班的第 372 个小时，我终于忍不住了……》（见图 3 - 18），真实地还原了经常处于加班状态的"城市人"的现状。

图 3 - 18　3 个经常加班的 90 后职场女孩

　　这支短视频从创作到演员再到拍摄都出自名创优品的团队小伙伴，脚本创意来自于我们的职场真实经历：

　　和相恋了 5 年的男朋友的周年纪念日，因为客户的一个临时需求改动，只好取消约好的烛光晚餐，放了男朋友的鸽子，最后走向分手的项目策划主管；为了第一时间捕捉到热点，24 小时开机，在无数个下班的夜晚，改稿到深夜一两点也是家常便饭的新媒体编辑；在手机屏幕的另一端，对牵挂着自己的妈妈说了无数个美好谎言的活动专员……

度的强用户关系进化。

为此，我们专门去找专业的化妆品检测机构对面膜进行了（重）金属、激素、荧光剂、pH 值情况等多方面的测试（见图 3–21），通过权威机构的鉴定减少消费者的顾虑。

ORIGINAL

测试报告
1 测试结果

报告号：AGT180300054SH–4.1

序号	检测项目	单位	检测方法	检出限	检测结果	限值	结论
1.	*外观	—	QB/T 2872 – 2017	—	湿润的纤维贴膜	湿润的纤维贴膜或胶状成形贴膜	符合
2.	*香气	—		—	符合规定香气	符合规定香气	符合
3.	*pH（25℃）	—	GB/T 13531.1 – 2000	—	6.16	4.0～8.5	符合
4.	*汞	mg/kg		0.05	未检出	≤1	符合
5.	*铅	mg/kg		0.1	未检出	≤10	符合
6.	*砷	mg/kg		0.05	未检出	≤2	符合
7.	*镉	mg/kg		0.1	未检出	≤5	符合
8.	*菌落总数	CFU/g	化妆品安全技术规范 2015	—	＜10	S1000	符合
9.	*霉菌和酵母总数	CFU/g		—	＜10	S100	符合
10.	*耐热大肠菌群	/g		—	未检出	不得检出	符合
11.	*金黄色葡萄球菌	/g		—	未检出	不得检出	符合
12.	*铜绿假单胞菌	/g		—	未检出	不得检出	符合
13.	净含量（短缺量）	%	JJF 1070 – 2005	—	0（标称净含量28ml，实测 28.8ml）	≤9	符合

备注：
包装外观经目测符合 QB/T 1685-2006：
未检出表示低于检出限：
限值：QB/T 2872-2017& 化妆品安全技术规范 2015：
* 测试项目未获得符合 ISO/IEC 17025 要求的认可：
* 数据引自 2018 年 04 月 27 日出具检验报告 SHAH00923296.

到样时间：2018 年 04 月 08 日
检验日期：2018 年 04 月 08 日到 2018 年 04 月 28 日
****

图 3–21 权威机构测评

对外，我们延续了产品体验官制度，这一次我们继续从用户中筛选出一批对我们的面膜持有最大认同感的用户，在这批用户中建立参与感，并进行"激活"。

在之前产品体验官制度的基础上，我们进行了升级，通过线上新媒体联合名创优品全国门店和线上商城面向全球招募名创优品面膜荣誉体验官（见图 3 – 22）。

图 3 – 22　面膜荣誉体验官招募海报

消费者只需要购物满 38 元再加 2 元领取面膜成为初级体验官，在小红书、微博、抖音等社交平台发布用户体验并@名创优品，就可参与抽奖活动。我们设置的奖励为：现金 200 元 + 电商 188 元券 + 4 盒面膜，官方微博会每周公布 20 人中奖名单。

因为这一活动延续到国庆黄金周，所以名创优品庞大的线下流量得到了充分的体现，我们准备的 100 万片换购面膜很快被清空，消费者参与活动的热情大大地鼓舞了我们，也让门店的业绩有了大幅度提升。

在这里要强调的是，很多品牌会选择用赠送产品的方式去做促销，但这种方法往往会让产品有一种滞销品的体验感，但换种方式，比如用加购的形式，再赋予消费者全球荣誉体验官的身份，感觉就会完全不一样了，这就是参与感的强化。

而奖品的激励，又可以刺激线上商城的后续复购和社交平台口碑的打造，这样就可以把社交平台、门店和电商的引流链路打通，做到全渠道覆盖。

第四阶段：传播扩散，中腰部 KOL 加入评测，并产出试用体验，为产品背书。

要引爆一个产品，只靠官方渠道显然是做不到的，还需要靠一套完整的资源组合拳来一起造浪。

如果企业的预算有限，那应该如何突破呢？

要重视立体流量的价值。过去流量是单一的，如今流量是立体的，一定要找一个核心流量，再匹配其他流量，而不是一起做。用心布局一个平台，要比急于求成来得更可靠。

小红书是爆品重要的种草及背书基地，因此我们的重点工作是在小红书上铺设大量的种草测评笔记，做深度渗透。

同时，我们放弃报价更高的头部 KOL，选择中腰部的垂直专业护肤类 KOL。

虽然这些垂直 KOL 的粉丝没有头部 KOL 粉丝的量级大，但因为其聚焦在护肤这一细分领域，反而有着更高的覆盖率和转化率，带来的杠杆效应比较好。

另外，在同一时点，集中多个腰部 KOL 的轰炸战术，效果远大于长线作战的添油战术。所以我们当时一共找了 50 个 KOL，造出了还不错的声势，但花的钱并不多。

在内容的把控上，不同的 KOL 有不同的粉丝群体，不同的粉丝群体有不同的场景，我们就会把面膜卖点转化成 10 个甚至更多不同场景中的买点，再给到相应的 KOL，让 KOL 对名创优品的面膜进行专业分析、测评，并给予博主足够的宽容度，可以针对粉丝的喜好去输出内容（见图 3-23）。

图 3-23　小红书 KOL 发文

　　这样做的效果是，一方面，所有 KOL 的笔记都将重点放在"测评""旅行/熬夜党宝藏面膜""平价补水面膜中的战斗机"上，使得产品卖点非常聚焦和统一。

　　另一方面，因为不限制她们的内容创造，输出的图文符合 KOL 的人设，所以内容可信度高。

　　第五阶段：大量 KOC 发布产品体验，密集种草带节奏。

　　什么是 KOC？

　　KOC 指关键意见消费者，KOC 并不具备像 KOL 一样大的影响力和专业知识，但因为没有过度商业化，而且其本身就是消费者，所以 KOC 可以获得消费者类似身边朋友一样的信任。

当信任代替了广告，就可以用更加有效的信任背书解决"花钱来流量，不花钱没流量""生意跟着流量走"的困局。

我们自己主动挖掘了一些跟名创优品品牌调性相契合的博主，比如图 3 - 24 中的博主阿啾真的很 nice，是位拥有 200 万粉丝的微博彩妆博主，我们采取的是寄送面膜给她体验和做抽奖活动的形式，转化率相当高。

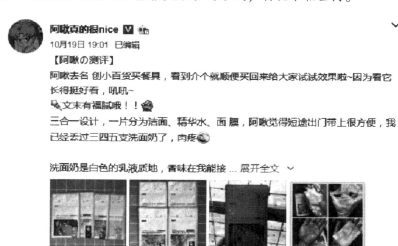

图 3 - 24　KOC 博主微博发文

在这一阶段，我们采取的投放策略是大量 KOC 集中投放，蓄积势能后集中爆发，增大传播的声量。

第六阶段：素人消费者进行晒单，营造全民跟风的热潮，进行口碑认证。

名创优品全球面膜荣誉体验官在这个阶段产生了巨大的裂变效应，因为面膜本身使用体验良好，再加上现金和丰厚礼品的刺激，在各大社交平台上，吸引了 8000 多位消费者成为名创优品中级体验官，他们是名创优品最好的"面膜代言人"，为我们输出了无数真实又诚意十足的口碑测评体验（见图 3 - 25）。

图3-25 体验官发布在社交平台上的测评内容

我们再把和粉丝进行互动时产生的内容做成可传播的话题或事件，形成口碑营销裂变，利用"以点带面"的方式在不同平台进行分发，带来更大的互动规模，营造全民跟风的热潮，同时进一步放大已参与用户的成就感。

从名创优品水光奇迹系列面膜的案例可以看出，一款产品想在短期内打破圈层，在市场上有很好的销量和知名度，其实是有路线图的，产品突破、内容造势、外围助攻缺一不可，只有将链路打通，做好承接，才能把我们的产品口碑推广出去。

追热点的时代过去了，我们可以选择制造爆点

我们都知道，消费者对品牌的关注度越低，意味着消费者就越容易因为外界的刺激而更换其他品牌。这也是几乎所有的品牌把追热点当成创意的主要来源，不断对消费者进行情感刺激的原因。

追热点其实是没有错的，营销的本质就是对消费者在不同场景下的碎片化时间的深度"抢占"，消费者的注意力和时间在哪里，品牌的曝光率和投入就应该在哪里。

而把热点营销做得神乎其神的是杜蕾斯，几乎成为所有品牌关注的热点风向标。

杜蕾斯能取得成功，我认为是基于以下几个方面。

自带话题：和其他品牌的产品相比，杜蕾斯的产品天然有很多梗和想象空间，容易引起二次传播。

定位成功："杜蕾斯 = 热点"，通过一个个出圈的案例，再加上跟风效应，杜蕾斯的这个定位被营销界塑造了出来。

内容保障：杜蕾斯的传播内容，基本可以做到创意十足但不低俗，当然这离不开背后环时互动策划团队的功劳。

但杜蕾斯只有一个，品牌的发展路径很难完全复制，所以我们看到的情况往往是，众多品牌是为了追热点而追热点，真正能打开消费者心智的却寥寥无几。

一方面，很多品牌都是借着热点"匆匆"上路，不顾产品定位和品牌调性强行蹭热点，更多的还是生搬硬套、东施效颦，在追逐热点的过程中迷失了自己，沦为炮灰。

另一方面，消费者对热点的需求黏性不大，"速食化"的信息能快速博取消费者的眼球，但很难产生价值。且面对天花乱坠的热点营销形态，越来越多的消费者已经启动心理防御机制，来抵制其对自身消费行为的控制。

再者，不是所有热点企业都可以追，有些热点追起来对企业来说很可能是灾难而不是锦上添花。

所以说，热点是把双刃剑，盲目去跟只会费力不讨好，甚至自砸招牌。

我觉得品牌真正关注的热点应该只有两类，与己相关的热点和主动创造的热点。

什么叫与己相关的热点？

比如 2019 年因腾讯的乌龙操作，造成奥迪在朋友圈给英菲尼迪打广告，众多车企类品牌争相蹭热点，这就叫与己相关的热点。

什么又是主动创造的热点？

我把它定义为：在符合自己品牌调性的前提下，打通网络流行、消费者和品牌的通道，将产品打造成品牌连接消费者的社交工具，用有价值的活动和内容去更专业和有深度地和消费者沟通。

下面介绍制造热点营销的三大技巧。

一、轻快爆饥饿营销

饥饿营销可以强化消费者的购买欲望，有利于扩大品牌的号召力，对于品牌打造爆品来说是一种以小博大的手段。

我推崇的饥饿营销应具备三个条件，如图 3 - 26 所示。

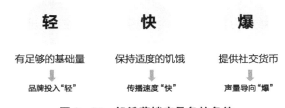

图 3 - 26　饥饿营销应具备的条件

有足够的基础流量：饥饿营销最大的难题在于缺乏流量，没有人又何谈有"饿"呢？因此，主动寻找产品的流量入口，保持流量的敏感性非常关键，这是品牌投入上的"轻"。

保持适度饥饿：饥饿营销不等于限量供应，而是制造缺口，创造情景或者机会，让消费者感到"饿"，这是让传播速度"快"的核心。

提供社交货币：当一件产品被赋予社交属性的时候，就成了自带流量的社交货币。只要拥有足够的谈资，就能让消费变为品牌的传播者，主动分享产品助力品牌传播，这是事件引"爆"的结果导向。

分享名创优品 2018 年的一个案例，看看我们团队是怎样以小投入博大流量来做饥饿营销的。

2018 年 3 月中旬，在抖音上有网友上传了名创优品香体喷雾的视频（见图 3－27），这款香体喷雾因为味道与祖玛珑相似且价格只有 10 元，被用户打上"平价祖玛珑"的标签，视频获得了 40 多万的点击量，并被转发至各大平台。

在抖音上的爆火，让名创优品香体喷雾一下子成了现象级的爆款，门店一度卖断货，甚至有的人从门店采购然后放到网上按原价卖以赚取流量，或者多卖 2 元、5 元赚差价。

随着话题讨论的范围更加广泛，我们第一时间下单补货，但因为供应商从生产产品到配送到门店需要时间周期，最快也需要 10 天左右，如何抢夺这个空白期的流量？

我们团队马上做了几件事：

我们在北京、上海、广州、深圳、重庆、天津、成都、杭州、武汉这 9 个城市的门店，挑选了显眼位置的货架并清空一层，并贴上道歉信（见图 3－28），吸引消费者眼球，激发消费者的好奇心及购买欲。

图 3－27　粉丝在抖音上发布的名创优品香体喷雾视频

MINISO

致歉亲爱的亲们：

对不起！

这排货架还是空的！原本陈列在这个位置的
MINISO润肤香体喷雾意外成了网红，我们供货的
速度跟不上大家买买买的速度，我们能怎么办？赶
紧通知工厂加班生产啊！

预计到货日期是**4月13日晚上，**敬请期待！

感谢支持！

MINISO

图 3 - 28　门店道歉信

　　这种情况导致消费者的购买欲更加强烈，并在更大范围形成自发性的话题，越来越多的消费者开始关注并搜索"名创优品祖玛珑香水"相关词条，使得名创优品的品牌指数迅速上升。

　　同时，我们深入抖音平台，以多个抖音 KOL 作为事件的发声口，制造祖玛珑替代香水在抖音火了之后，线下门店遭遇疯抢全面断货，一夜之间名创优品香体喷雾变成人手必备的网红爆品话题（见图 3 - 29），强化"断货 + 疯狂抢购"的概念，引导跟随风潮。

图3-29　抖音 KOL 发布名创优品香体喷雾视频

因为有了之前的持续发酵，我们甚至不需要太多的造势就能自带热度光环，抢到产品的消费者也会第一时间在各大社交平台上拍照分享，最后产生了很多消费者自产的高质量 UGC（见图3-30）。

图3-30　消费者自发在社交平台上推荐名创优品香体喷雾

面对消费者高涨的购买欲望，我们趁势在广州精选两家门店，在产品上架那天——4 月 13 日晚上 8 点和 4 月 14 日下午 5 点举办"网红喷雾"开售：每场前 30 名购买"网红喷雾"的消费者送名创优品网红爆款套装的活动，通过限时限量，制造饥饿营销（见图 3-31）。

图 3-31　名创优品正佳广场门店活动

在门店补完货后，我们还找了多个颜值高的 KOL 去门店里拍视频，全程做直播，再次引得网友们纷纷围观并自发传播。

名创优品香体喷雾事件为品牌带来了巨大曝光，整个产品销量更是增长达 323%。

与名创优品香体喷雾案例有异曲同工之妙的还有星巴克的猫爪杯案例。

星巴克 2019 年推出的猫爪杯（见图 3-32）爆红，同样是因为饥饿营销。

这些年来，星巴克一直通过限定款来占领消费者的心智。比如每年星巴克都会在樱花季上架一批限定的主题杯子，樱花、粉色这些少女心爆棚的元素再加上品牌效应的加持，几乎每次都能掀起采购热潮，期间诞生的"爆款"也数不胜数。

图 3-32　星巴克猫爪杯

在星巴克猫爪杯这个词组中，能真正挠得用户心痒痒的不是星巴克，不是杯，而是"猫咪经济"（"猫咪经济学"一词来源于日本，指的是只要商家用对猫咪，就能从中获益）。

一个小小的猫爪杯，给消费者带来的不仅仅是"虚荣心"，还有一种压力之下的治愈感和满足感，背后也是一种对抗生活无趣的精神寄托。

仔细研究星巴克所有的杯子营销我们会发现，卖爆品杯子不是星巴克的目的，帮助消费者制造"炫耀点"才是。

二、事件营销

在社交媒体时代，最大的改变就是用户主权开始出现反转，新生代的用户更喜欢有个性、有温度、亲民的品牌，而不是永远高高在上的品牌。

所以在适当的时候，品牌可以"带节奏""搞事情"，也是创造热点的一大套路。

怎么做？

以用户为中心，知用户，懂用户，带着用户一起玩儿。撩动年轻人的心，直击痒点，有热度的地方就有营销。

首先，品牌自己要好玩、会玩。 好玩不是炒作，而是让品牌变得有智慧和有趣，并落到产品、服务、营销等方方面面。

其次，要让用户跟你一起玩。 从体验到情感满足，并激发用户的潜能，品牌和用户一起玩，共成长。

我们来看个案例。

2017 年 2 月，名创优品印度尼西亚分店开业，我们的一款包在开业当天被消费者疯狂抢购，不到半个小时就被抢购一空，我们将这个火爆的画面拍成了视频回传国内，一时间在社交平台上传播开来。

刚好那段时间国内名创优品获得大热 IP "咱们裸熊"周边授权，门店开始陆续上架"咱们裸熊"的新品，我们决定将印度尼西亚抢购事件作为源点，结合"咱们裸熊"新品推广来打造一场事件营销。

我们的造势主要集中了三个趣味点：

第一，鬼畜视频的发酵。 我们通过把印度尼西亚的抢购视频采用创意剪辑手法，剪辑成一段"【Oh No 抢】解锁比中国大妈更魔性的开抢姿势"的鬼畜视频，在 B 站的首页鬼畜频道焦点图上做首发（见图 3-33），再通过 A 站和微博引爆。

图3-33 B站上鬼畜视频传播

整个视频以23秒素材片中魔性的"Oh No"作为创意贯穿，搞笑的洗脑神曲迅速吸引了大量观众的围观，点击量超300万。

第二，线上推出一款让消费者在限定时间内数钱的H5小游戏（见图3-34）。这个H5游戏画面使用"咱们裸熊"的IP形象设计，用裸熊暖心治愈的形象结合当时微博上的热门话题"逃离北上广"的压力，赋予这个数钱游戏释放解压的功效。

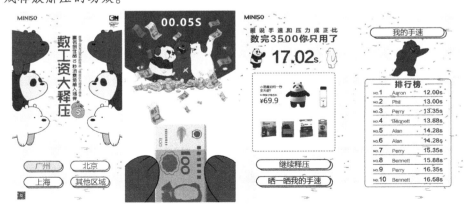

图3-34 数钱H5游戏

整个游戏锁定北京、上海和广州三个地区的消费者，参与游戏的消费者，只要分数进入排行榜前十名，就可以凭记录到名创优品店直营店，参与"10秒免费选购任意商品"活动。因为趣味性十足，加上免单的奖品激励，这个H5游戏瞬间引爆社交平台，吸引了10多万人参与。

第三，门店上演10秒搬空名创优品大作战。 我们选取了北京、广州、上海各排行榜前10名玩家，到名创优品直营店铺参与10秒免费疯抢产品活动（见图3－35）。活动规则是消费者在10秒时间内，把想要的商品搬到指定柜台，成功放在柜台上的商品均可免单。

图3－35　10秒搬空名创优品活动

因为是首次尝试抢购和免单的形式，吸引了很多路人的关注和参与粉丝在社交平台上的分享（见图3－36），也为我们做了一次很好的二次传播。

图3－36　参与活动粉丝发朋友圈

所以，一个话题制造出来，从创意、主题、内容到细节，需要团队极快的反应速度和超强的配合执行能力，要让消费者在接触这一次营销事件的每一点时都觉得有趣，这样才容易引爆，为品牌做传播。

三、热点再加工

我们以 2020 年腾讯大战老干妈为例。

2019 年 3 月，腾讯与老干妈签订了一份《联合市场推广合作协议》。

当时腾讯方面答应用 QQ 飞车以及相关的资源来推广老干妈的辣椒油，但是广告做了之后老干妈迟迟没支付 1624 万元的广告费，于是腾讯直接将老干妈起诉了。随后剧情反转，老干妈回应未与腾讯有过合作，腾讯实属上当受骗，活生生演成一出大戏。

外行看热闹，内行看门道。我们来看看腾讯是如何通过把这个热点再加工，把自己打造成"一只憨憨的企鹅"的。

腾讯先是在 B 站发文：今天中午的辣椒酱突然不香了（见图 3-37）。

紧接着腾讯在官方微博承认自己是"憨憨的企鹅"，还发起#腾讯千瓶老干妈求骗子线索#的话题转移焦点（见图 3-37）。

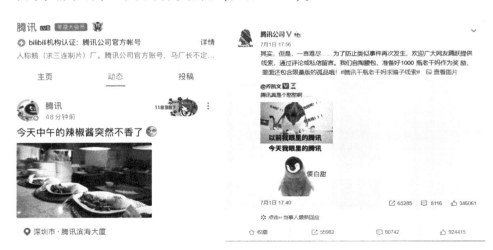

图 3-37　腾讯 × 老干妈事件

腾讯公关负责人更是亲自上阵，以自嘲式语气"你这个憨憨"再造一波笑点。同时，晒出了食堂10碗米饭配老干妈的图，并写道：你们以后可长点心吧！

更绝的是，效仿钉钉"卖惨"，腾讯也在 B 站上的官方账号更新了一条名为"我就是那个吃了假辣椒酱的憨憨企鹅"视频，用一种委曲求全、自黑卖惨的方式，直面了网友们的群嘲。

其实这场大戏背后的逻辑根本就没理清，但因为腾讯这一波波自黑式的操作，让事件焦点模糊化了，让吃瓜群众陷入了"哈哈哈哈哈哈"的狂欢中。

至于真相是什么，谁还在乎呢？

所以，腾讯这波看似是强势的品牌掉坑认栽，其实是很有策略的，既为自己洗了白，又为自己打了一波强势的广告，一举两得！在这次热点营销中，腾讯基本上是"躺赢"的，因为无论怎样回复，都会吸引一大波关注。

对于品牌人来说，面对这种天降热点的事件，又该如何巧妙借势，进行品牌宣传呢？

一是要立足于正确的价值观。

"腾讯老干妈事件"严肃说来是一起公关事件。无论怎样回应，都要立足于正确的价值观，不回避和隐藏问题，所有的"套路"和原则，都离不开"真诚"二字。

二是反应要快。

热点是有时效的，在第一时间把握热点信息、加上创意并利用好，对品牌传播的价值非常大。

三是话题要有互动性。

热点再加工也必须充分考虑用户的参与感，因为只有让用户参与其中，才会更容易引起话题的二次传播和扩散。

就像在此次热点事件中，基于"山寨""氪金""一言不合就起诉""南山必胜客"这些在大众心中根深蒂固的形象，"腾讯有难八方点赞"是大众喜闻乐见的。既然这样，那腾讯不如示弱，承认自己不完美，树立"傻白甜"的形象，接受全网嘲讽，把委屈和尴尬大方地晒给大家看。

然后再通过制造有利于自己的声音，把所有不利都转化为受众愿意看到的、自己可以大批量收割的热度——相当于把镰刀递到用户手里，来了一波恰到好处的热点营销。

最后，无论是饥饿营销还是事件营销，我们的目的是让产品从货架上走下来，走进消费者的生活，用社交场景撩拨他们的情绪。

当品牌走上了流量红地毯，站在聚光灯下，能不能持续拿下流量又赢得消费者的心，就要看品牌的长期运作能力了。

以上就是我总结的产品营销整套 PTM 爆款打法。

爆品打造的本质是一个逐步打动消费者的过程，核心就是以下三个方面。

好产品：产品是 1，营销是 0，任何营销的核心都是产品。练好产品基本功（高颜值、高品质、高性价比）才是关键。

用户口碑：即品牌的产品是否可以给用户带来好的体验，并在精准的渠道做好投放，突破圈层传播，打造用户口碑。

好内容：消费者是健忘的，这就需要品牌时刻地以富有创意的方式，出现在人们生活的信息流或场景里，所以抓住年轻人目光的内容营销更有效果：有趣、更新快、个性化、故事性。

任何一个品牌，只要能做好这三个方面，就能在打造爆款的道路上事半功倍。

第四章

娱乐营销，操盘大流量

撬动饭圈文化，流量是基础，通过"品牌—明
星—饭圈"内容共创，解决品牌的问题才是最关键
的，而不是看谁砸钱多。

——木兰姐

在注意力稀缺的泛娱乐化时代，很多品牌都在寻求与消费者更高效的沟通方式，尤其对于新消费品牌而言，找到可以借势的现象级抓手是关键。

这几年，随着国内饭圈经济的井喷爆发，饭圈文化也逐渐从"圈内"走向"圈外"，从在电视杂志上追随明星身影的偶像 1.0 时代，到明星通过社交媒体连接粉丝的偶像 2.0 时代，到今天短视频、直播带货，粉丝为偶像的一切买单的偶像 3.0 时代。

以前追星，粉丝们只是单纯充当观众或是听众角色，为偶像的作品捧场；现在的粉丝不单看演唱会、追剧，还包场偶像的电影、买周边产品、接机、打榜、买代言产品……全方位助力偶像的成长，这种方式又称为"养成系追星"。

饭圈的巨大能量不仅影响了偶像的发展，甚至改变了传统娱乐生态，决定着内容的产生与偶像的流转。造星厂牌快速上位，品牌实现流量转化，粉丝经济的马太效应凸显。

越来越多的品牌意识到，粉丝是当之无愧的"第一生产力"，饭圈流量江湖在这个时代成了品牌眼中的香饽饽。

为了更好地与年轻人玩在一起，撬动年轻人的品牌共创力，流量明星与粉丝经济无疑成为众多品牌眼中最佳的撬动支点。比如第三章中我们讲了产品营销，里面涉及的一环就是不少品牌选择通过和流量明星合作走进消费者视野。

娱乐营销圈层模型

在很多品牌看来，牵手流量明星，不仅能够让饭圈女孩为自己偶像代言的产品买单，同时品牌也能借着明星强大的流量，快速建立消费者对品牌的大众认知，这似乎是个一本万利的生意。

但最近观察品牌牵手流量明星格局大数据时，我发现了一个很有趣的现象：凯度华通明略 2016—2018 中国 BrandZ 及 CelebrityZ 数据库显示，过去三年中国市场上喜欢使用明星代言的品牌有 60% 并没有实现品牌力的持续增长。

这意味着，对于前赴后继地用重金猛砸明星代言，急于仰仗流量明星带着品牌或产品"飞"的大多数品牌而言，明星代言并没有起到太大的作用。

市场在选择用脚投票，击碎了明星代言带来的流量泡沫神话。

为什么很多品牌眼中战无不胜的明星代言效应失灵了呢？

透过本质看现象，希望以下我的几个解读可以为品牌方拨开一些迷雾。

一、部分明星的流量是虚假流量

2019 年，央视新闻直播间曾用近 7 分钟的时间披露了明星"数据造假，流量作弊"的产业内幕，画面中出现多位当红艺人的微博账号，报道开篇就以某新生代明显的微博转发量为例，道出了"人为操纵流量，数据造假"的平台乱象。

流量不是原罪，虚假的流量才是。

虚假数据的出现，也就意味着部分品牌邀请人气虚高的明星代言的背后，热搜，是炒的；数据，是刷的；榜单，是做的……所以最后营销效果可想而知。

二、明星圈层效应难以破壁

《一个广告人的自白》的作者、奥美创始人大卫·奥格威就曾在数据调研后发现，名人广告是广告营销中的下策，通过名人广告说服消费者购买的效果要低于平均水平。

于是他在《奥格威谈广告》一书中写道："名人的证言可以拿高分，但我已放弃这一招，因为读者记住了名人，却忘了产品。"

再结合实际，就类似"火 IP 不火品牌"，流量明星的巨大声量很容易淹没品牌与产品的信息，就像泡沫经济一样，是粉丝经济下一时繁荣的假象，能坚持多久，完全取决于粉丝对其追捧的偶像喜爱多久。

另外，大多数明星难以撬动粉丝以外的消费主流群体做出积极的购买行为，这种购买力的上涨与下滑掌握在明星与他们的广大粉丝的手中，脱离品牌公关的能力范围。

还有一个现象是一个流量明星火了，会有很多品牌蜂拥而上，这时候其实品牌从明星身上获得的回报率是比较低的，因为流量被分散稀释了。

当艺人有多个代言加身时，也意味着每个合作的品牌都要在同一个流量池里去抢占粉丝的注意力，就看谁更会营销了。

三、明星流量的反噬

顶级流量的神话也不是颠扑不破。此前，由于多位偶像明星的"翻车"，品牌都直接受到了反噬。

典型的案例是肯德基，其先后与柯震东、薛之谦合作，而这几个人接连因人设崩塌而走上风口浪尖，肯德基也被牵连。

还有因《陈情令》而爆红的肖战，火速爆红，后来因 AO3 事件⊖受到波及，这一场起源于饭圈的风波最后导致粉丝冲动、偶像买单、品牌受伤…除 OLAY 之外，包括小鹿茶、OPPO、佳洁士等多个肖战代言的品牌在社交媒体上遭部分网友抵制，品牌不得不紧急更换代言人以避风头。

⊖　肖战的粉丝不满网络上的一些文章，于是举报了一个名为"AO3"的网站，导致其访问受到限制，此举引发了同人爱好者以及很多路人的反感，纷纷对肖战的粉丝的举报行为进行了大规模的声讨。

对于那些花大价钱请流量明星代言的品牌或产品而言，钱也花了，各种推广营销活动也做了，很可能因为代言人出现负面消息，从而使品牌方处心积虑布局的营销与传播活动付诸东流。

四、虚拟偶像成为品牌签约代言人的新选择

与此同时，以95后、00后为代表的"Z世代"逐渐成长，已成为社交媒体的最大用户群。亚文化造就了"文化圈层"，每个圈层有独特的语言和文化体系，也有不同的流行体系。

"B站二次元圈""电竞圈""潮玩圈""美妆圈""古风圈"……每个圈子之间都有着厚厚的壁垒，关注点也完全不一样。

这样的流量格局也让虚拟偶像化身为二次元顶流，开始跨界代言快消品牌。

如网易云音乐出了自己的虚拟形象"云音"，LV根据自己产品的特点推出了LV包代言人"雷霆姐"。

百雀羚、肯德基、美年达、长安汽车等品牌选择虚拟歌手"洛天依"为品牌"代言"。

而小米、索尼、力士则选择世界上第一个使用全息投影技术举办演唱会的虚拟偶像"初音未来"为品牌"发声"。

可以说，品牌通过虚拟偶像或者说"虚拟网红"挖掘出了一条全新的代言之路。同时"虚拟网红"可以巧妙地避免真人明星面临的舆论风险，能够在大众的脑海中维系积极正能量的形象，让受众去享受品牌为之营造的故事和氛围。

从以上的现象我们可以管中窥豹，流量的商业变现，不是单纯地以明星的号召力就能实现的。

当然，我不是否定明星流量效应。相反，我一直认为面对日渐成熟并已成为中坚力量的新一代消费者，明星流量如果应用得当，为品牌带来的不仅仅是短期销量的提升，更多的是成为品牌找到和年轻人沟通方式的一大助攻。

我不赞成的是，表面是在迎合年轻化市场，其实还沿用过去的传统打法——花几百万元甚至几千万元请代言人，结果只是割了一次"粉丝韭菜"没有产生留存转化的娱乐营销。

在娱乐营销上，我操盘过名创优品牵手鹿晗运动季和 TFBOYS 等多个项目，话题传播量超过 85 亿，相关讨论数突破 2600 万，缔造了艺人 35 万张海报 6 天内全部售罄并带来 37 万新增会员用户，斩获金旗奖、金匠奖等多个娱乐营销金奖的成功案例。

基于我自己的实操经验，我认为更多中小企业成熟的娱乐营销模型应该是：

品牌牵手流量明星，企业、明星、粉丝共创内容，在内容共创和圈层突围的过程中，品牌被深度绑定并传播出去，催化饭圈营销中最重要的化学反应——粉丝能量转化，从核心饭圈到普通粉丝，再到泛娱乐人群，人人成为品牌营销的助力者，人人由明星粉丝转化为品牌粉丝，是一个逐层递进的扩散关系。

我把这个方法总结为"娱乐营销圈层模型"，见图 4-1。

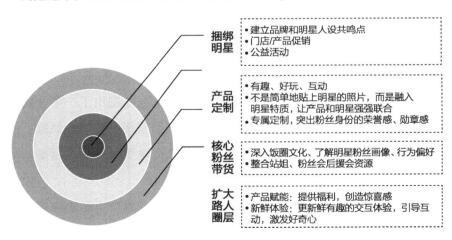

图 4-1　娱乐营销圈层模型

在本章中，我更多的是想和大家探讨一下，对于动辄几百万元上千万元的娱乐营销预算，品牌该怎样避免盲目"撒钱"，更好地借助明星的影响力，行之有效地撬动粉丝经济，进而触发消费行为。

娱乐营销3.0时代的策略路径

对于粉丝来说，爱偶像不一定就会爱品牌，二者并不能单纯地画上等号。他们愿意为爱买单，但不代表会为爱肆意买单。

所以，在战略层面要把明星、品牌、粉丝牢牢绑在一起，在整个过程中每一步操作都要展现多方赋能的效果。

明星要的不只是金主，既要满足粉丝的期待，也是为自己的形象做加持；粉丝应援既是支持偶像，也是支持品牌，同时也是满足自己的情感和个性化消费；品牌要的不只是流量，还可以借助明星提升知名度，促成消费转化，同时还可以沉淀粉丝。

品牌、明星和粉丝是三方共赢的关系。

那么，品牌该如何选择更适合的合作明星及合作策略？我建议从三个维度做决策路径，见图4-2。

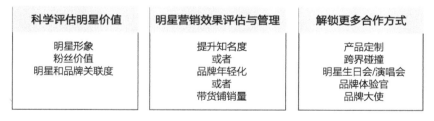

图4-2　品牌与明星合作时三个维度决策路径

第一，品牌×明星契合度=品牌主张传递深度。

品牌与明星的合作是两个IP的结合，两者不是孤立的，而是在调性契合的基础上合作共赢，在流量与话题之外，更深的考量在于二者的契合度。

将契合度挖掘得更深一层就是二者的灵魂共振，或者叫价值观共建，是品牌与明星共同创造一种价值观，与大众消费者进行更直接的沟通。

以我很喜欢的一个内衣品牌NEIWAI内外为例。

NEIWAI 内外崛起的很大一部分原因是其敏锐地抓住了近年来觉醒的"她经济"，拒绝主流内衣市场所谓的"性感"标准，瞄着维多利亚的秘密一直以来被诟病的点做降维打击，从关注女性身体的真实感受出发，做一件让人身心自由的内衣。

无论是产品设计，还是品牌理念，NEIWAI 内外宣传不以性感为主，而是突出舒适自在；广告模特也不是魔鬼身材，更多的是展示女性的多元化，这种彰显"女性为自己而穿"的设计理念获得了一大批女性消费者的青睐。

在选择代言人上，NEIWAI 内外没有随波逐流选择能够立竿见影地带动增量的流量明星，而是以"合适"来作为代言人选择的标准。

比如在 2017 年时，NEIWAI 内外进入了品牌的新阶段，为了让消费者对品牌有一个更具象的想象，需要一个代言人来助力提升品牌的影响力，于是 NEIWAI 内外牵手了首位全线代言人：模特杜鹃。

杜鹃的清冷和高级感，不光是因为长相，而是由内而外的，这样的代言人对于 NEIWAI 内外来说，是高度契合品牌的气质和调性的。

对于消费者而言，喜欢 NEIWAI 内外的人不会讨厌杜鹃，喜欢杜鹃的人也会喜欢上 NEIWAI 内外，而不是其他内衣家居品牌，因为两者的个性非常契合。

也正是这一次牵手，让 NEIWAI 内外走进了更多女性消费者的视野中，也成了内衣界的黑马。

接着，2019 年，NEIWAI 内外请到了麦子、谭元元、杜鹃一起出演了系列短片：《我是_____也是我自己》，了解并记录女性在多重身份中的内与外，进一步诠释了品牌柔软坚韧互为内外的力量感。

在这几支短片中，三位主角的身份分别是演员/超模、旧金山芭蕾舞团首席舞者和新锐导演。虽然职业不同，但她们清丽、素净的形象，与 NEIWAI 内外"舒适""自在""优雅"的气质完美契合，与 NEIWAI 内外想诠释的理念相合。

2020 年 8 月，NEIWAI 内外公布了新一任品牌全球代言人王菲。用 NEIWAI 内外品牌创始人刘小璐的话来说，王菲代表了品牌一直想表达的自在、先锋与独特，以及沉淀后的天真和随性之感。

这次的牵手也产生了一串的化学反应，二者的结合从形象到理念可以说是天衣无缝，并且是彼此成就、互相成全，我觉得这是最高级的明星代言案例之一。

这种合作产生的能量，能让消费者通过双方中的某一方理解到另一方的能量输出。

正如我坚信，在互联网时代好的代言人是不需要用太多语言去向消费者解释的，品牌形象与代言人之间有着浑然天成的联结。

第二，明确诉求，是带形象、带货还是带话题？

品牌在选择和明星合作的时候需要考虑的问题是：

你的品牌适合签什么类型的明星？

你的品牌期待从明星身上能获得什么样的价值回报？是大量曝光提升知名度，是提升年轻化认知，是带货，还是要输出价值观？

如何在流量、声量、销量上进行权衡取舍？

提升品牌形象、带货、制造话题，面对的消费者圈层和代言人选择都会不一样。

在这点上做得比较好的一个品牌是雅诗兰黛。

雅诗兰黛与明星合作的模型见图4-3。

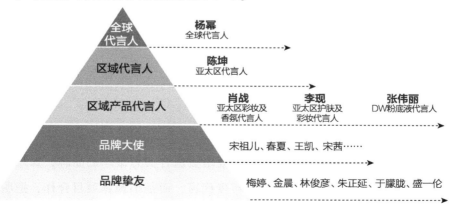

图4-3　雅诗兰黛与明星合作的金字塔模型

从图4-3中可以看到，雅诗兰黛采取的是金字塔模型。

这一现象的出现，本质上是互联网时代消费人群的变化导致的。为了应对更快节奏的内容市场、更分散的用户注意力以及更短线的消费习惯，雅诗兰黛在代言人体系中做了梯度设置。

比如，成熟期的明星用来做代言人提升品牌形象；成长期的明星为产品系列代言，除了提升品牌年轻化形象外，更多的是希望借他们的人气带货；品牌挚友和品牌大使中有流量明星，也有实力担当的演员，很平衡，用来打造社交话题。

雅诗兰黛的这个金字塔模型体现了品牌在选择明星合作时的三大策略：

（1）化妆品是一个产品快速迭代，新玩法、黑科技频出的行业，将上升期的明星与迭代周期短的产品绑定，能最大化地释放明星的带货能力。另外，也能最大限度地降低品牌的潜在风险。

比如，2019年"双11"期间，雅诗兰黛官宣肖战为品牌亚太区彩妆及香氛代言人，并顺势推出肖战亲选限定礼盒，一小时内便产生852万元的销售额，肖战推荐的产品一小时内预售额就超过4000万元，成功将代言人的流量效应在"双11"预售时间节点引爆，带来亮眼的投资回报率。

当然，在肖战2020年初陷入AO3平台事件后，雅诗兰黛也能快速做出调整，因此品牌受到的波及是可控的。

（2）良好的梯度结构设计。雅诗兰黛能够将各式明星"收入囊中"，明星矩阵也为雅诗兰黛的品牌营销本身提供了想象空间和话题流量效应。

（3）多维的明星选择，能够向消费者传递更丰富、多元且具有包容性的品牌形象，保持消费者对品牌的新鲜度。

第三，解锁品牌×明星多种合作模式。

上面分析的雅诗兰黛的各种打法策略更适合实力雄厚的品牌，如果预算有限，我不建议选择大费用预算的年度代言，而是小预算项目合作，把明星营销价值尽量用到极致。

比如可以考虑明星短期代言模式，锁定具备爆红潜力的明星，关注其成长周期，在其流量红利期与之合作，以小预算撬动大流量。

这里，我建议品牌多去关注和了解一些成长期的艺人，签约费用不会太高。

比如在王一博还没大火的时候，HomeFacialPro 就发掘了他的潜力，在2018 年 5 月签下他为原液品牌代言人。2019 年王一博因为《陈情令》而爆火，也给 HomeFacialPro 带来了极高的粉丝经济效应。

其中虽有运气的成分，也有很大的借鉴意义。

还有一种我比较看好的模式是尝试与以往不同的做法，如明星演唱会、生日会等，或是把明星发展成投资人，用明星合伙人效应撬动饭圈经济等。

近两年崛起的新国货品牌小仙炖，就靠极致的产品圈粉了著名演员陈数和章子怡，让这两位人气女星最后选择以投资人的身份入股。

小仙炖的明星策略源于对消费者的洞察：头部 KOL 效应对普通消费者的引导非常好。

头部 KOL 就是明星，中间那一级是网红、腰部 KOL，最后是 KOC 和普通消费者，小仙炖就是用这个理念引导消费者购买并建立口碑的。

起初小仙炖的发力方向主要是找明星发微博，预算 20 万 ~30 万元，但经常是找了一圈也没人愿意接这个活儿，因为明星对食品类的广告尤其谨慎。

最后小仙炖调整战略，用免费送明星试吃的方式先建立起明星对小仙炖产品的信任，并提出了"明星们都在吃的鲜炖燕窝"的宣传口号。

凭借着极致的产品体验，小仙炖最后吸引了有过八年燕窝滋补经验的陈数。体验了一年年卡用户后的陈数，于 2017 年正式加盟小仙炖，成为小仙炖的第一位明星投资人。

也正因为陈数的加入，让小仙炖在明星圈一直拥有很高的热度，不少明星纷纷在社交平台上为其发声。

而小仙炖在充分发挥明星的长尾效应上也做到了极致，比如将明星笔记在抖音、微信、小红书等多个平台进行分发，充分发挥种草明星的价值，营造一种明星都在吃小仙炖燕窝的氛围，形成了巨大的破圈效应。

2020 年 5 月，小仙炖官宣章子怡成为继陈数之后的第二位明星投资人，再次拔高了整个品牌的形象，建立了产品口碑的信任状。

从小仙炖的代言人策略中可以看到，无论是陈数还是章子怡，她们塑造的优雅银幕形象以及她们所代表的生活方式，无疑都符合小仙炖对目标用户的定位，借助明星的公信力，也可以引导更多的女性消费者成为小仙炖的用户，助力小仙炖品牌形象的进一步提升。

上面所提到的几个思考维度，用一句话来总结就是：纯粹的流量变现不重要，精准、高质量、能达成营销目的的流量才重要，带有品牌角色的流量才重要。

牵手流量明星，粉丝们带来的销售转化并不应该是品牌的最终诉求，能否真正撬动饭圈转化成用户才是关键。

如何花最少的钱撬动顶级流量，做出超亿元的代言效果

大多数品牌的娱乐营销思维，其实还停留在烧钱模式——花几千万元请代言人，再在各大社交渠道花几千万元买开屏、铺排面、做曝光等。

这样的打法策略，看起来流量很大，但并没有真正触达核心粉丝人群。

撬动饭圈文化，流量是基础，带货是结果，通过内容输出解决品牌问题才是最关键的，而不是看谁砸钱多。

在这里分享一个我以小投入撬动亿级流量的案例：**名创优品 × 鹿晗运动季**。

名创优品的核心用户中 95 后、00 后占比非常高，其常年活跃于饭圈，面对这群消费主力军，在专注于精雕产品之余，我们也开始聚焦饭圈风向，把娱乐营销纳入了品牌营销的组合矩阵中。

在和鹿晗合作之前，名创优品在前期也试水了几次娱乐营销。

一个是在第一章中我提到过的名创优品独家冠名邓紫棋广州演唱会，还有一个是名创优品独家冠名 2017 林书豪明星赛（见图 4－4），都是短期合作的形式，无论是在社交平台上的声量还是借助活动带动门店的销量，都取得了不错的效果。

图 4－4　名创优品×林书豪明星篮球赛

当时我们选择独家冠名林书豪明星赛，主要基于两个方面的考量：

一方面，当时名创优品正在拓展台湾市场和东南亚市场，我们看重的是林书豪在全球体育圈的影响力，希望借助林书豪来进一步巩固名创优品全球化的品牌形象。

另一方面，这场赛事以"豪"友对决为主题，以球会友，汇集了林书豪、周杰伦、吴建豪、高以翔、陈建州、辰亦儒、马健、邱彪等各路热爱篮球的文体明星，是一个具有公益性质的比赛。

这里周杰伦的知名度自然不用说，其他明星的粉丝数量虽然没有周杰伦庞大，但是所有明星的粉丝加起来就是个超级流量矩阵。且由明星篮球赛作为切入点，不只是女性粉丝，对男性粉丝也是很有吸引力的，由他们衍生出来的话题，对于当时的名创优品所处的阶段而言，是可以带来销量和声量双收的。

由于整个赛事落地的时间周期很短，为了抢占热度和最大化造势，我们制定了一个整合营销的推广节奏。

在官宣后，名创优品全国门店全面上架我们和林书豪明星赛的独家冠名合作视频，还有橱窗海报、店内素材海报POP物料等。

除了在官方微博、微信公众号等自有渠道中做活动官宣外，我们还联系了参赛明星的后援会，联合发起了送门票的活动。

在这样的节奏下，每位明星的粉丝后援会都在配合宣传，名创优品的门店也配合做好促销活动（如购买满58元可抽奖送门票的活动）承接，一下子就把圈层从核心粉丝扩展到泛娱乐群体。

在活动的力度上，我们也制造了更多的惊喜，比如对中奖的粉丝我们每人送2张门票，对于VIP门票的中奖粉丝更是安排了和林书豪进行合影留念（见图4-5）。

图4-5　林书豪和名创优品粉丝合影

在篮球比赛当日，腾讯直播和广东电视台体育频道全程直播，当天便登上了热搜榜。在社交平台上，参与明星、来到现场的观众和中奖的粉丝都自发地带话题感谢名创优品（见图4-6和图4-7），更是把这次活动推向高潮。

图4-6 林书豪、辰亦儒微博发文感谢名创优品

图4-7 粉丝在微博发文感谢名创优品

这次体育跨界合作可以说是名创优品娱乐营销跨界的一次启蒙和开端。

2014 年，因工作规划等原因，鹿晗决定回国发展。他更是从《重返 20 岁》电影上映后就被市场奉为国内顶流。

基于品牌发展进入了一个新阶段，我们也在思考牵手代言人对于品牌具象化会不会是一个好的尝试。

经过一番考察评估，我们发现鹿晗的粉丝人群和健康活力的形象定位与名创优品是最为契合的，也因为双方各方面的匹配度较高，那时我的老板叶国富先生想邀请鹿晗做名创优品的代言人。但是最后被我说服打消了这个念头。

一方面，我的考量是，流量的机制本身就说明了粉丝群体是不固定的，来得快，去得也快，对于名创优品来说，长期稳定更重要。

另一方面，因为鹿晗的顶级流量，他成了很多品牌眼中的香饽饽。这时我们谈代言合作，即使是花了巨额的代言费，能获取的权益也有限，更别提品牌在接下来的活动中如何更好地配合。这对我们来说投入产出是不成正比的。

经过跟鹿晗的经纪团队的多次沟通，我们把目标锁定在一个项目：鹿晗运动季。

这是一个短期项目，主题是和鹿晗一起用当代的方式玩复古运动，合作时长 3 + 1（3 个月的活动时间，1 个月的门店撤物料时间），且费用不算高。

当然，这个项目还有一点是我比较看重的，它连续 7 周都有不同的运动主题海报出来，在粉丝层面，可以让品牌推出很多玩法去做互动。

因为决策和响应周期都比代言人短，能够最高效地在鹿晗热度巅峰期"借势"，和花费巨额的代言费相比，投入产出比更高。

站在艺人角度，鹿晗当时正处于回国的初期，名创优品庞大的线下流量对于增加艺人的曝光度来说也是非常有吸引力的，可以说是强强联合，双方这次牵手合作是互补共赢的。

我和叶国富先生剖析当时名创优品签约代言人的利弊关系，并说服他最终以项目合作制的形式来跟鹿晗牵手。

拿下了鹿晗这张牌后，我给团队下达的目标是：要么不做，既然做了就要花最少的钱做出代言的效果。

基于前面独家冠名林书豪明星赛的经验总结，我们这次在推广策略上做了调整。

首先，明确需求。

我们需要鹿晗来解决什么问题？

一是品牌认知输出，我们需要借助鹿晗的大众人设与认知，塑造名创优品的品牌年轻化认知。

二是带货，鹿晗的超高人气是一张王牌，我们要把这张王牌和名创优品全国门店销售结合起来。

其次，内容输出。

新媒体时代，我们需要利用鹿晗来创造什么内容，以哪种个性化的内容来撬动消费者对品牌种草？

围绕这两点，我们在线上新媒体社交平台和线下全国的名创优品门店做了资源整合，将线上线下全链条打通，并使出了6个撒手锏，把鹿晗的流量渗入终端门店中，通过撬动粉丝经济与用户话题，将明星的流量渐渐培养成名创优品的消费者。

撒手锏1：表白鹿晗H5

名创优品主动弱化了鹿晗运动季赞助商权益，变成"应援"品牌，即由原来通过官宣赞助告诉粉丝"喜欢偶像就要喜欢我"，变成平视化的"应援式"的营销姿态，表达"我跟你一样喜欢你们的偶像"，释放更大的粉丝对明星喜欢的势能。

为此，在预热阶段，我们面向粉丝发起了#表白鹿晗#H5活动（见图4-8），粉丝到名创优品门店消费后扫描小票上的二维码即可进入H5向鹿晗表白。

图 4 - 8　鹿晗运动季 H5 活动

我们精心设计了一套认知—共鸣—认可—信赖—购买的宣传打法（见图 4 - 9）。

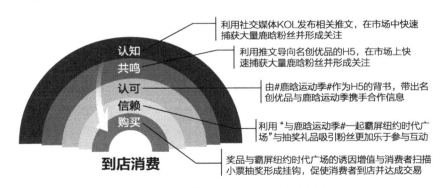

图 4 - 9　名创优品 × 鹿晗运动季传播路径

我们利用社交媒体 KOL 发布相关推文，在市场中快速捕获大量鹿晗粉丝并形成关注；

然后利用推文导向名创优品的 H5，在市场上快速捕获大量鹿晗粉丝并形成关注；

然后由#鹿晗运动季#作为 H5 的背书，带出名创优品与鹿晗运动季携手合作的信息，得到粉丝认可；

再利用"与#鹿晗运动季#一起霸屏纽约时代广场"与抽奖礼品吸引粉丝更加乐于参与互动，产生对名创优品的信赖；

最后奖品与霸屏纽约时代广场的诱因增值与消费者扫描小票抽奖形成挂钩，促使消费者到店并达成交易。

从数据上来看，这一系列操作也为名创优品带来了不错的成绩，整个 H5 曝光量达 1.1 亿，参与人数超过 50 万，打通了消费者"知道即可触达"的链路。

撒手锏 2：鹿晗运动季海报

我们和鹿晗运动季的合作周期是 3 个月，在这期间，我们把名创优品所有门店收银台旁边的橱窗、店里的挂画、收银台显示屏全部都换成了鹿晗的海报（见图 4-10），并每周上新一张鹿晗的最新海报。

图 4-10 门店物料展示

在异业合作方面，名创优品进驻的全国各大购物中心也给了我们很大的支持，商场的中庭广告位上纷纷换上名创优品牵手鹿晗运动季的海报。

同时，我们把鹿晗录制的鹿晗运动季 VCR 在门店循环播放，虽然这段 VCR 里没有提到名创优品，但是依然可以通过鹿晗的声音带流量，吸引更多的粉丝进店。

有的人看到这里可能会说，为什么要投入这么多？这都是成本，最终感觉好像是在为明星做宣传，是不是偏离重点了？

在这里我想说的一点是，核心宣传物料不是投入，而是投资。

在执行过程中，我们会发现鹿晗的粉丝真的很夸张。尤其是鹿晗工作室转发鹿晗和名创优品合作的官宣后，很多粉丝甚至在名创优品各大门店来回跑，只为了见鹿晗一面。

我们从监控里看到，前期货架上很小的一张鹿晗POP，在店员不注意的情况下被粉丝拿走了。

看到粉丝如此热情，我们立刻联系鹿晗工作室，争取到了鹿晗的亲笔签名海报，并加急印刷发到门店。

针对这批签名海报，我们在门店发起了一系列的促销活动（见图4-11），顾客在一线城市的门店消费满138元即可获赠海报一张，在二三线城市的门店消费满88元即可获赠海报一张。

图4-11　名创优品×鹿晗运动季节海报活动

当时门店的客单价在40元左右，我们通过赠送海报的形式带动了门店销售额，业绩同比增长13.14%。

让人惊喜的是，粉丝拿到海报后，会在微博、朋友圈进行口碑传播，发布"我今天在名创优品见到了偶像并拍了合影"等话题，大大提升了名创优品的品牌美誉度。

撒手锏3：七夕×鹿晗运动季定制礼盒

活动期间适逢七夕，因为鹿晗喜欢数字7，我们选择北京、上海、广州、深圳的7家门店举办活动（见图4-12），在七夕当周每天的13点14分，前

24 名顾客消费满 177 元就可以获得名创优品×鹿晗运动季礼盒，并通过限量赠送的形式来制造稀缺感。

图 4 - 12　名创优品×鹿晗运动季礼盒活动

我们希望鹿晗运动季定制礼盒作为社交产品成为粉丝爱明星与爱品牌的情感纽带，通过"所爱即所得"的产品体验，极大地释放粉丝对明星的爱，并转化为对名创优品的爱。

从最后的结果来看，这次的活动大大激发了追星女孩的购买力，2 天后这款 1000 份限定款礼盒就全部送完了，比我们预想的要快得多。

撒手锏 4：七夕浪漫求婚事件

集结粉丝圈的力量后，名创优品趁机在七夕当天打造了一场真实的求婚事件营销活动（见图 4-13）。

恰好当时我们部门的一位同事的女朋友是鹿晗的忠实粉丝，而我们的这位同事那段时间刚好在准备求婚。

图 4-13　门店求婚

天时、地利、人和，瞒着他女朋友，我们团队为他策划了在名创优品门店前求婚的活动。现场吸引了大量的人围观，我们给这对新人送上了鹿晗运动季的定制礼盒和相关产品作为祝福，并借助网红 KOL 全程现场直播，进一步将活动辐射到社交平台，以此来抓取流量。

撒手锏 5：#我在纽约时代广场向鹿晗表白#

为呼应前期的表白鹿晗 H5，我们选取了 10 位粉丝的表白登上了纽约时代广场（见图 4-14）。

在此过程中还有个小细节与大家分享。当时鹿晗工作室在评选的时候，选了 2 条提到名创优品的粉丝表白，我当时就说，即使每一条表白都是用户真实的表达，但我们不刻意追求表白中有名创优品的字眼出现（因为整屏上就有品牌的标识出现）。

图 4 - 14　#我在纽约时代广场向鹿晗表白#

我不希望鹿晗的粉丝认为名创优品是借助鹿晗来打广告，希望粉丝能感受到，我只是在向我的偶像表白而已。

这看似牺牲了品牌自身的宣传资源，但其实是顺应了年轻一代的喜好，而粉丝真情实感的释放，也在不断加大名创优品在鹿晗运动季应援营销中的分量，也更深化了品牌与粉丝基于偶像这个共同目标，形成的情感纽带。

撒手锏 6：鹿晗运动季线下运动会

在鹿晗运动季收官的时候，在北京有一场线下运动会，名创优品通过各种互动趣味性游戏与抽奖活动（见图 4 - 15），成为现场最火爆的摊位，日流量达 5 万人次，收获了粉丝的一致好评。

因为鹿晗运动季带来的火爆效应，我们趁热打铁签下了鹿晗愿望季的项目合作。

和运动季不一样的是，愿望季的项目主题是"传统文化"，如何将传统文化、愿望季、名创优品品牌特性三大元素进行有机结合是一大难点。

图 4 - 15　名创优品线 × 鹿晗运动季线下活动

当时我们选择以公益作为切入点，回归"公益"的初心，携手#鹿晗愿望季#打造山区公益——助力实现山区儿童的阅读梦、城市公益——关爱被忽视的城市"留守白领"，以及粉丝愿望——实现粉丝期望鹿晗的贴身陪伴的愿望三大活动主题（见图 4 - 16）。

图 4 - 16　名创优品 × 鹿晗愿望季公益活动

这次的营销活动，我们沿用了鹿晗运动季的经验，鉴于形式相似，在这里不再展开阐述。

事实证明，在很长的一段时间里，名创优品牵手鹿晗的"余震"在粉丝中持续发酵，社交平台上关于粉丝的晒单好评如潮。

而回归品牌层面，名创优品和鹿晗的合作，消费者不会注意这是项目还是代言，很多人就是觉得鹿晗代言了名创优品。

直至今天，不知内情的朋友还在请教我当时花了多少钱请鹿晗做代言，但实际这两个项目执行下来只花费了不到 1000 万元，却做出了超亿元的品牌效果。

如何把明星流量用到极致，引爆门店销量增长

然而，除了上文提到的烧钱模式，还有一个致命的现象是，很多品牌把明星视为一种符号，是粉丝消费时的追求，所以营销策略上只盯着销售转化，把粉丝当成韭菜来收割。

这导致的后果往往是离开了明星的背书，品牌的销售数据就会呈现出断崖式的下滑。

说白了，明星的粉丝流量根本没有转化成品牌资产，所产生的只是"一次性"流量，没有留存也没有复购。

流量的背后，都是无数个活生生的人，这一点也从未变过。

娱乐营销的终极目的，不是把粉丝当韭菜，而应该是让品牌和粉丝共创，拉新并留存年轻化客群，最终把粉丝转化成自己品牌的用户。

在这里，我想以"名创优品×TFBOYS 五周年"这个项目为例，和大家分享一下，我是如何从品效合一的思维出发做娱乐营销的。

接触这个项目的时候，距离 TFBOYS 的演唱会只有一个月左右的时间，由于时间太仓促，大家都在担忧能否真正落地执行，但我依然坚持要合作。主要原因是 2018 年是名创优品成立五周年，也恰逢 TFBOYS 出道五年，也是 TFBOYS 转型走向成熟的一年。

当时市面上的任何渠道都已经买不到 TFBOYS 演唱会的门票，作为品牌人，我敏锐地察觉到这是一个很好的营销结合契机，给品牌带来的回报是完全可以预见的。

品牌层面——TFBOYS 属于养成型组合，80 后不讨厌，90 后认可，95 后、00 后崇拜，形象充满正能量，兼具大众口碑认可度以及话题度。对于成立五周年的名创优品来说，选择和 TFBOYS 合作，将为品牌赋能，名创优品消费人群的覆盖面也将随着 TFBOYS 的转型而拓宽。

销售层面——TFBOYS 的粉丝购买力强劲，从过往的合作品牌来看，对品牌支持力度大。针对一票难求的演唱会门票，如果将 TFBOYS 的粉丝转化成名创优品的购买人群，将会大大助力我们实现销售目标。

用户运营——最关键的一点是，当时名创优品正计划推出名创优品会员小程序，我们可以借势送门票活动，将明星流量和品牌资产，沉淀为实实在在的用户资产。

综合形象、特质以及核心受众（年轻人，女性居多），从商业价值角度上评估，TFBOYS 非常合适，甚至是当时最适合名创优品牵手合作的艺人。

为此，我们第一时间联系并成为 TFBOYS 五周年演唱会唯一指定荣誉赞助商，最终确定以共同设计的"同 YOUNG 五周年"作为传播主题。

基于鹿晗运动季的经验，我们这次的策略更加聚焦于"快、精、准"的打法。

"快"是快速响应。因为时间紧，抢占时间成了这个项目成功的关键。而根据公司正常流程，所有物料到门店是随货发走的，为了能够把所有的海报物料第一时间寄送到各个门店，我和商品、运营、物流等相关部门的负责人一一协调，并向老板叶国富请示增加三万多元的快递预算成本，以顺丰快递发出，以保证全国门店活动统一上线。

在平时是不可能这样处理的，因为这样做增加的不只是快递费成本，还会增加和各部门协调的时间成本，但我认为争取到的时间，后期可以给我们带来可看见的销售翻倍价值。

"精"是在前期的创意洞察阶段，我们更希望从粉丝视角，去挖掘出粉丝对于 TFBOYS 有着怎样的情感以及期待，而非仅从品牌与明星间的契合度去考虑创意。

　　"准"是所有的营销动作都和粉丝需求有关，都是有针对性的、个性化的，都是承载"惊喜感"的形式与创意内容。

　　为此，我们在推广策略上，延伸出了四条支线做转化，环环相扣。

第一条支线，通过官方引爆活动。

　　在预热阶段，我们借鉴了鹿晗运动季的模式，利用 TFBOYS 的肖像进一步包装名创优品全国门店形象，通过橱窗挂画、外墙大海报、电子屏和口播等形式（见图 4-17），全方位营造宣传效果，快速建立起名创优品与 TFBOYS 之间的深度连接，在目标群体之间引发"涟漪式"的关注。

图 4-17　名创优品×TFBOYS 门店物料展示

　　同时，基于演唱会门票一票难求的背景，我们从粉丝的角度出发，将 300 多张门票作为福利发放给粉丝，多渠道开启不同的门票抽奖活动（见图 4-18），并借势推出小程序：

　　①粉丝在门店购物满 58 元并成为名创优品会员，即可参与会员小程序上的即时抽奖，有机会获得演唱会门票一张。

　　②门票采取分档制，通过积分排名赠送门票，在活动期间，消费金额越高积分越多，且积分可累计，积分排名前 13 位的会员根据名次按照门票梯度依次获得高价值门票。

　　实时的排名，所见即所得，激发粉丝参与竞争的积极性。回到名创优品品牌层面，除了激活粉丝实现购买转化，也借助会员小程序让粉丝沉淀为品牌的长期消费者，成为品牌私域流量的一部分。

图4-18　名创优品门店会员赠票活动

在续热期，我们通过官方发起#从名创优品选好物送给TFBOYS#、#晒名创优品购物小票免费领TFBOYS五周年演唱会门票#等话题（见图4-19）。

图4-19　线上话题活动

借此，将粉丝对偶像的爱找到一个释放和转化的出口，"为 TFBOYS 选好物"成为社交货币，在社交平台上引发热烈讨论。粉丝对偶像的喜爱和对演唱会门票的热烈需求，很自然地形成了购买产品的转化。

第二条支线，外围力推造势话题。

在续热期，为承接好线上线下流量，我们借助抖音、微博、QQ 空间，微信等平台的 KOL 打造传播矩阵，以频繁的曝光让传播下沉，卷入更多不同圈层，将品牌势能持续放大（见图 4 - 20）。

图 4 - 20　线上话题造势

在内容创意上，我们给 KOL 提供了充分表演的舞台，通过趣味段子表情包和热门锦鲤话题，激发了粉丝的超高"产粮"热情。

同时，在抖音等平台，我们批量采购素人用户从粉丝视角出发创造的内容，结合抖音魔性的热门 BGM 音乐混剪："我只想给你给你给你给你宠爱，名创优品的门票为什么不抽我！"放大对品牌门票的渴求，吸引用户参与。

第三条支线，粉丝强力助攻 UGC。

在整个项目的执行中，我感触最深的是：这届粉丝真的不一样。

　　他们并不只是被动的接受者，更是积极的创造者，在"为爱发电"上效率惊人。比如当名创优品官方推出送门票福利活动时，TFBOYS 的粉丝迅速反应，并自行整理活动攻略在粉丝圈共享，为我们的推广做了强有力的助攻（见图 4 - 21）。

图 4 - 21　明星个站联合推广活动

　　观察到这个现象后，我们立刻采取行动，联合粉丝 KOL，比如王俊凯粉丝个站、易烊千玺后援会官博和王源微吧等，通过赞助粉丝"门票 + 产品"的礼包形式，加强和这些核心粉丝的联系，借助其垂直圈层的流量帮助我们将活动精准地扩散开来。

　　第四条支线，在演唱会现场借助 TFBOYS 的影响力巩固品牌形象。

　　在演唱会现场，名创优品官方微博实时输出 TFBOYS 现场演唱会的图片（见图 4 - 22），充分利用演唱会的热度和粉丝进行互动、沟通。

同时，沉浸在被名创优品联手TFBOYS花式宠粉福利中的粉丝们，也开始反哺品牌，在社交平台上发布演唱会的现场照片的同时也会@我们，这对名创优品来说就是最大的认同。

四大传播链条环环相扣，在精心的策划布局下，我们成功地让TFBOYS的每一个粉丝成为名创优品活动宣传"贡献者"的角色，成为品牌的共建者，也使得线上内容的深度传播、品牌声量的持续发酵以及后续产品的转化，变成一股营销合力。

最终，名创优品×TFBOYS五周年活动在微博话题阅读量累计超过1000万，粉丝产出15000多条原创内容，并有粉丝站不断转发分享品牌活动，产生裂变传播效益。

此次活动在抖音、微博、微信、QQ空间等社交平台整体传播覆盖超过1亿人次。

图4-22　TFBOYS演唱会现场

艺人海报35万张6天内全部售罄，门店客单提升14.2%，并带来37万新增会员用户。

通过以上两个案例总结我们开篇所说的娱乐营销圈层模型，说到底就是要把各利益方放在一起考虑，通过个性化内容打通品牌、明星、粉丝之间的界限，最终实现明星、品牌、粉丝多方受益。

具体我归纳为以下三点：

第一点，放大明星效应。

其中，要利用好相关素材，特别是对于线下门店数量多的快消品牌，在门店中统一使用和明星相关的物料，会使品牌气质产生颠覆性变化，对大众的认知刺激也就会更加强烈。

还有一种是设计一款与明星相关的礼盒福利。这里的礼盒不是投入，是投资，因为给粉丝制造了购买和传播的理由，是能够帮品牌撬动粉丝和转化粉丝的。

第二点，内容个性化。

在内容的输出上，要在粉丝关注点与明星特点的结合上输出创意，并做到好玩、玩精，带着粉丝一起玩。

这样最终真正留下来的用户，绝对不会是因为明星带来的噱头效应，而是真的认同品牌价值并忠于品牌本身的核心用户。

第三点，明星 × 品牌资产化。

即与明星合作完之后，让这个明星带来的影响力成为品牌资产的一部分。比如提升了品牌形象，将粉丝转化为品牌的忠实用户，解决了品牌销售不可持续的问题，这些对品牌来说才是更长期的价值。

以上就是我在没有高额预算的情况下，将明星、品牌、粉丝结合起来，多方联动，做出来的超亿元的品牌效应。

看到这里，关注名创优品动态的读者也许会发出这样的疑问，为什么名创优品最后选择签约王一博、张子枫为全球品牌代言人呢？

2020 年 5 月 16 日，名创优品召开了一场线上发布会，宣布品牌升级后的全新主张：只管撒野。

当天，名创优品宣布当红流量明星王一博、张子枫成为品牌全球代言人。

那么，为什么名创优品当时又需要代言人了呢？

与人一样，品牌也有自己的生命周期，会经历诞生—成长—成熟—老化的过程。但与人不同的是，品牌的生命周期并不单纯以年龄来划分，而是与市场环境、经济环境、消费者行为绑定在一起。

而名创优品发展到 2020 年已经有七八年的时间，面对日新月异的市场环境和消费者，品牌在新的阶段需要一个杠杆支点，来延长或恢复品牌的"青春期"，让品牌可以一直活跃在主力消费人群的面前。

无疑，一个契合的代言人就是助力名创优品品牌全新升级的杠杆支点。

我们再来看王一博的品牌宣言：

"谁说理想生活，非要高昂的价格。别拿你的标签，为我的人生标价。不被价格左右，喜欢就统统带走。好坏是谁定的标准？我有我的判断。不习惯勉强自己，也不擅长精打细算，只相信美好生活，就是与价格无关。今天跟我一起，只管撒野！"

可以发现，价格依然是名创优品的核心词。

选择签约王一博和张子枫为代言人，这包含着名创优品两个方面的意图：

在产品端，借助代言人传递品牌新主张，为年轻人提供多样化、有态度、新鲜有趣的消费体验，重新定义"名创式消费自由"；

在营销端，则是打造品牌的年轻化，让品牌渗透到年轻圈层中去。

所以，每一个品牌在每一个阶段，至于是牵手代言人还是其他，找到最合适自己的营销方式才是关键。

第五章

IP 营销，新营销增长点

> IP 联名本质上是一次流量的迁移，实现低成本、跨平台传播。
>
> ——木兰姐

对于品牌来讲，能够把握机遇很重要。

我在本书前面的章节中提到过，新一代年轻消费主力军的消费诉求是：新、奇、特。

在注意力极度稀缺的时代，年轻人的碎片化时间大部分都贡献给了朋友圈、抖音和各种直播平台，消费主力的变化倒逼品牌传播战术进行迭代，再加上赛道拥挤，这几年我们亲眼见证了众多零售品牌从巅峰迅速跌入谷底，这让我们有了很强的危机感。

为了应对市场和消费者的变化，名创优品在发展过程中也一直不断探索新的模式和方向，除了在产品营销和娱乐营销方面做深耕，近年来也在尝试从生活家居集合店向 IP 文创潮牌店的方向转型，希望用一种新的方式和消费者沟通。

从 2016 年开始，名创优品陆续和裸熊、粉红豹、Hello Kitty、潘通、Kakao Friends、芝麻街、故宫、漫威等全球知名 IP 合作推出新品，有节奏、有频次、有内容地不断打造爆款系列，用新创意撬动圈层关注。

名创优品在一波又一波的 IP 创新联名中，从产品到情感，从内容连接到价值，在流量碰撞中实现了从销量到品牌的"跃迁"。

在本章中，我将对名创优品 × IP 联名生态（IP + 品牌 + 产品 + 形象 + 内容）的深刻理解，悉数分享给大家。

IP营销方法论模型

相信大多数人对IP营销的概念比较模糊，我们先来厘清一下IP的概念和逻辑。

所谓IP，通用说法是指能够仅凭自身的吸引力，挣脱单一平台的束缚，在多个平台上获得流量、进行分发的内容。它可以是一个故事情节、一个人物、一本漫画、一部小说，甚至可以只是一个名称或符号。

IP营销赋予品牌更多的是一种溢价效应，比如人格化、价值感、传播度、美誉度等，让消费者自然而然地把对印的情感迁移到品牌上来。

IP营销可以划分为企业自有IP的打造和借势IP营销。

企业自有IP的打造，指的是企业将自己的品牌或产品，进行拟人或是拟动物化，比如熊猫不走蛋糕、江小白、三只松鼠等品牌。

以我在第二章中提到的熊猫不走蛋糕为案例，可以帮助大家更好地理解。

作为品牌传播载体，在选择品牌名的时候，熊猫不走蛋糕的团队头脑风暴出了2000个关于动植物、场景、心情等方面的名字，最后根据品牌调性匹配和投票筛选，确定了"熊猫不走"这个让所有投票者都能记住的名字。

因为在国人心目中，熊猫就是超级符号，是国宝，是一种最普遍、最受欢迎、形象最统一、辨识度也最高的动物。因此，品牌名字体系中天然带有熊猫这个天然IP（见图5-1），就相当于是行走的广告，会吸引来许多有价值的流量。

图5-1　熊猫不走蛋糕IP形象

这也是熊猫形象从品牌成立之初，就被视为熊猫不走蛋糕的重要资产的原因，但是如何让一只熊猫成为品牌的独家资产呢？

首先，视觉传播在信息传播中占主要地位，而标签化视觉传播元素，能快速建立品牌识别度。熊猫不走蛋糕便将传播形式标签化，赋予"熊猫"IP人格化属性，它是浪漫的、贴心的，更是能给人带来欢乐的。

其次，熊猫不走蛋糕作为一个贩卖快乐的 IP 品牌，进入市场让消费者对品牌有认知只是第一步，如何在价值链上抢占用户心智才是重中之重。

为此，在品牌内涵延伸上，熊猫不走蛋糕的一个切入点是，既然品牌贩卖的是快乐，而在过生日的时候说的最多的一句话就是"祝你生日快乐"，为什么不用这个强大的文化母体呢？所以品牌确定了最终的口号：熊猫不走蛋糕，祝你生日快乐！

将熊猫蛋糕和祝你生日快乐画等号，让这个 IP 不只是一个符号，而是有内容有共鸣的 IP，然后在"快乐蛋糕"这个点上去做内容输出，甚至开发差异化的产品与服务。

围绕这一定位，熊猫不走蛋糕选择差异化的方式就是在配送末端提供至少两分钟的互动表演，创造惊喜、表达情感。

产品创新、聚焦场景、服务创新、形象导入等，也赋予了熊猫不走蛋糕不一样的传播性、社交互动性和裂变点，短短时间便圈粉不少。

目前，用户对熊猫不走蛋糕的满意度非常高，复购频次和二次传播率都比较高。

可以说，熊猫不走蛋糕是一个非常典型的 IP 化品牌，即 IP = 产品 = 服务。它通过极具特色的差异化服务，形成独特的产品，给予消费者一个能快速记住、做出选择并乐于二次传播的理由。

借势 IP 营销，顾名思义就是企业与市面上有一定知名度的 IP 进行跨界合作，通过联名的形式赋能品牌。

本章的重点也将围绕 IP 联名来展开。

IP 联名并不是营销界的新鲜物种，更早之前就已经在漫威、日化和体育等行业风行已久。随着消费习惯与消费行业的变革，IP 联名更是成了现象级的营销概念。

尤其是在 2020 年受到新冠肺炎疫情冲击的特殊环境之下，很明显的一个趋势是，很多购物中心都希望通过借势 IP 为低迷的消费环境注入一缕复苏的生机。

2020 年 4 月，北京颐堤港联名 IP 吾皇万睡，通过诙谐幽默的防疫漫画，聚集了大量流量和关注度，将商场的日流量推上一个新台阶。

2020 年暑假前后，各地的购物中心更是争先恐后地通过打造 IP 主题展来争夺"暑假经济"，其中广州天环广场和泡泡玛特联手开展"Fun 块聚变，破界潮前"大型潮玩主题展，集结四大人气 IP Molly、Dimoo、Labubu 和 Pucky，为商场造出了不小的势头。

不只是购物中心，为了嫁接 IP 的带货效率，近年来品牌方也如梦初醒般在 IP 营销上花费不菲。

我们来看一组数据，国际授权业协会（Licensing International）在美国纽约发布的《2020 全球授权市场报告》显示，2019 年全球授权商品零售额增长至 2928 亿美元，比 2018 年的 2803 亿美元增长 4.5%，为 6 年来的最高增幅。

IP 营销为什么这么火？

有两个原因，一是，相比广告投放，IP 天然自带流量，品牌捆绑 IP，既能低成本增加品牌曝光量，还能基于人格化 IP 的个性内容，撬动 IP 背后庞大的粉丝群体参与互动。在新媒体、新营销的环境下，后者可能比前者重要。

二是，IP 的知名度代表着一种认知和一种流量，它会带来对相关联品牌的信任，带来相关的粉丝人群。对于品牌来说，找对 IP 就能精准地找到用户。

但是 IP 营销火热的背后更多的是一地鸡毛。IP 的价值怎么才能被激发出来？很多品牌都没有深度思考这个问题，就直接花大价钱买了个 IP 授权，然后做包装、做传播，最终能真正形成爆款的屈指可数。

很多同行曾经问我，同样做 IP 营销，为何大多企业的是一潭死水，名创优品却火了？

这是一个很好的问题。

很多人只看到名创优品在 IP 营销上做得炉火纯青，但是他们没有看到我们背后做了多少推敲和坚持。

我给大家的答案是：大多数企业仅仅把 IP 当成营销的工具，而不是企业的战略投资。我们不应该做"IP 营销"，而是要做"IP 战略"。

这些年，在名创优品 IP 营销的摸索中，我根据自己的实操经验把这个方法总结为"IP 营销洋葱模型"（见图 5-2）。

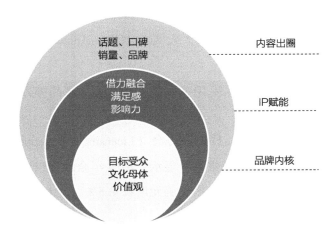

图 5-2　IP 营销洋葱模型

IP 营销的抓手是找到联名双方的品牌内核，打造一款能够戳中目标受众痒点和需求点的产品，然后借助 IP 的超级流量，通过轻快爆的内容营销快速出圈，最后达成销量和声量的共赢，是层层递进的关系。

接下来我将围绕这个模型为大家一一展开论述。

需要明确的一点是，和大多数企业为了做而做不一样，名创优品牵手 IP 不是为了跟风，而是有一套考量在里面的。

在我们看来，IP 联名对名创优品有以下三个方面的帮助。

一是帮名创优品打破产品设计的天花板。

这些年我感触最深的是，现在做一款原创产品太艰难了。当品牌把一款产品做成爆品的时候，很快就有千千万万个模仿产品被生产出来。

对于生活家居消费品市场而言，名创优品的火爆带动了更多新品牌的入局。如我在前面章节提到的，这些年来，与名创优品模式和定位相似，甚至Logo都相似的生活家居品牌，先后出现了无数个。

面对这种现状，名创优品如果引入IP化情感连接，使产品IP化，就能使产品形成差异化，让竞争对手无法真正复制抄袭产品，这是我们的考量之一。

另外，对于消费者来说，产品需要迅速迭代，3F已成常态。

什么是3F？

3F是由畅销书《超级IP孵化原理》作者陈格雷提出的，分别是fresh（新鲜）、fast（快速）和full（丰富），就是够新鲜、够快速地满足消费者的需求。

我在第一章关于产品研发的内容中介绍过，名创优品门店产品上新周期为7天，这样一来，标准化的产品显然已经无法满足当代消费者新、奇、特的消费诉求，联合IP的新潮产品却可以。

联合IP可以让名创优品的供应链和研发设计打通，保障品牌具有强大的持续创新的能力，能够确保产品的高频上新。

其中，漫威系列产品就淋漓尽致地展现了名创优品在产品研发方面的"快速创新"和"持续迭代"。

当时名创优品仅用了57天就推出了1500个产品，同时只用了5个月的时间就成功在全球开出500家名创优品漫威IP黑金店。

二是让品牌保持年轻、有活力。

年轻、时尚、引领潮流、有活力、青春等是名创优品主流消费群体的特点，而我们所引进的正版IP是80后、90后和00后粉丝们原本就非常熟悉、喜爱的动漫形象和电影IP，比如Hello Kitty、粉红豹、裸熊和漫威等。

踏进名创优品门店的那一刻，看到熟悉的动画和电影角色形象，消费者就会感觉到名创优品带给自己的青春与活力。对于品牌来说，IP天然能唤起消费者的深层情感、底层记忆和长期情怀，既实现了流量共赢，又同时赋予了品牌和 IP 新的生命力。

因此，我们和这些大 IP 联合，为消费者提供更多有品质、有颜值的高性价比周边产品的同时，名创优品也借此获得了更大范围的关注和热度，对品牌形象和口碑有积极的提升。

三是知名 IP 自带流量，带来巨大的广告效应。

每一个全球性大 IP 的背后，都有大批忠实的粉丝，遍布全球。我们的经验是，当品牌发展到一定阶段去做 IP 联名，甚至比引入流量明星"性价比"还高。

在 C 端，经过名创优品几年的实践，我认为 IP 联名本质上是一次流量的迁移，品牌未必要花费很多的费用，只要专注在产品行销上，利用 IP 化就可以引爆市场话题和销量增长。

先说口碑话题营造，依托于 IP 背后巨大的粉丝积累，当名创优品的产品 IP 化的时候，粉丝人群的热情就会高涨，恨不得推荐给身边所有的人。

比如，在小红书、抖音、B 站、微博等社交平台上搜索名创优品 × 粉红豹，消费者的反响很强烈，可以搜到大量的自来水种草内容，这些都是粉丝自发传播的。

再说销量增长，名创优品只需要找到粉丝喜欢的 IP 与产品之间的交集，就可以将这种热情转至产品身上，将粉丝对 IP 产品的情怀转化为消费力，这时"商品—IP—消费者"是比"商品—消费者"更稳定的抵达路径，更容易引爆线下门店流量。

关键的一点是，从品牌到 IP 合作方到再消费者都认同这条路径，可以说是屡试不爽。

很明显的一个现象是，名创优品在拿下漫威的多个英雄 IP 授权，推出漫威主题黑金店后，门店就大排长队，甚至还要进行限流，第一周门店销量就翻番。新加坡漫威黑金店开业时，排队人群从停车场一直到一楼。2020 年 10 月，名创优品在巴黎老佛爷开出首家店，即使在新冠肺炎疫情期间，消费者也排起长队，这就是文化、创意、IP 带来的新力量。

因此，与全球的超级 IP 合作，对于名创优品来说，是跨界、借势、换时间，极大降低营销成本，同时形成竞争壁垒的好方法。

同时，为了保证品牌与 IP 之间相互借力，产生双倍甚至更高的关注度和更大吸引力，取得 1 + 1 > 2 的市场营销效果，在选择合作的授权 IP 时，名创优品有一套自己的做法：**选择有文化母体的超级 IP**。

什么是超级 IP？

我把它简单理解为，具有故事性、连续性、衍生性、传播属性，能打破圈层，带有巨大流量的超级符号，吸引人主动与其产生联系，靠近它流量就被其"吸走"。超级 IP 是流量保证，也是市场爆点。

以漫威为例进行说明。

故事性：在 11 年的时间里，漫威用心地讲好每一个超级英雄的故事，在观众心中建立起了一个庞大的漫威宇宙——超级英雄们的世界。蜘蛛侠、美国队长、钢铁侠、绿巨人、惊奇队长、雷神、黑寡妇，每一个的背后都有一大批忠实狂热的粉丝，且跨越了性别、年龄、国籍，遍布全球。

连续性：11 年间漫威的 22 部电影全球总票房突破 500 亿美元，很明显的一个特征它是能跨越时间周期的 IP，有很大的受众覆盖度，比如《钢铁侠》《雷神》《绿巨人》等独立英雄电影看似是单一 IP，但在漫威宇宙中，其有着连续的时间线、统一的价值观和融会贯通的剧情。

衍生性：IP 想要流行，就要有足够多的衍生空间，能够被解释、被引用、被持续创作。比如漫威的 IP 商业价值形成足够大的规模后，漫威 IP 形象渗透到各个细分领域市场，当与消费者的接触机会增加时，就逐渐衍变成潮流文化生活的一部分，从而完成粉丝经济到大众消费的转变。

传播属性：在全球各大社交平台，只要探讨和漫威相关的话题就很容易把注意力吸引过去，因为它成功地塑造了一个真正火出圈的 IP 系列合集。

因此，在合作前，名创优品会对 IP 版权方的行业背景、实力等进行更综合的评估。同时，除了考量这个跨界 IP 是否和名创优品的目标用户群相契合，我们关注的另一个重点是，联名 IP 有没有作为一个文化载体，让用户对自我身份有更深的认同，更好地展示自己的个性。

比如名创优品牵手故宫，除了看重故宫的悠久文化历史，还因为它在自身强大的文化产能基础上，注入了新潮的元素，尤其是和年轻人的情感沟通。

当然，名创优品在选择 IP 合作的时候也有过试错的经验。

比如全球知名色彩机构 PANTONE（潘通）每年都会推出当年的流行色，但名创优品和 PANTONE 的合作并没有达到我们的预期。因为这个 IP 比较难推，它的颜色属于冷色调，设计圈里的人都觉得名创优品很有品位，很高级，但很多普通消费者并不了解 PANTONE 是什么，这给我们带来的难题是，在推广时就需要花费很多时间和精力来教育消费者。

所以，从销量来讲，这个系列就没有像 Hello Kitty 和漫威系列的爆发力那么强。

这也给我们上了一课，在选择 IP 的时候，要选择大家熟知的形象。所以一般来讲，名创优品最终选择合作的都是全球性的经典 IP，比如粉红豹、咱们裸熊、Hello Kitty、漫威、花木兰、故宫等（见图 5-3），都是形象丰富多变的全球知名 IP。

图 5-3　名创优品联名 IP

图 5 - 3　名创优品联名 IP（续）

而这些 IP 制作方都是授权行业的前三名或历史悠久的国际巨头，比如时代华纳集团、美高梅电影公司、三丽鸥公司、迪士尼等。

其中，迪士尼可以说是全球最规范的一个 IP 授权方。他们对合作品牌的授权也是要经过严谨评估的，包括对品牌供应链的要求都非常高，比如说不能雇用童工、不能有污染、不能够有欠薪等。

纵观名创优品的联名合作方，相信大家可以发现一个规律，这些电影、漫画、动画大众潮流来自于趋势，这些趋势来自于人，特别是年轻人。

而作为大众化知名 IP，不需要通过主流媒体进行传播，年轻人就已认识他们，这就是青年文化力量的完美体现。

所以，对于品牌方和 IP 版权方来说，双方理念的契合是非常重要的，门当户对才是强强联合，这样的联姻才有利于拔高双方品牌的影响力。

然而，择良木而栖，并不代表就可以高枕无忧，IP 爆款如何打造？IP 联名如何出圈？还需要借助东风造一把火。

移动互联网时代讲究的是速度，想让事件传播发酵的速度快，创意和执行就要跟得上，不能雷声大雨点小，这也是考验品牌部门策划能力的关键环节。

接下来，围绕 IP 营销洋葱模型，我将通过几个实际的案例一一分析。

IP ×产品，巧用 IP 为产品背书

名创优品切入 IP 联名赛道的第一步就是从产品创新开始，让产品 IP 化，让 IP 赋能产品，重新定义产品的价值，从而实现流量的互相碰撞，打入不同

的文化圈子。

但要注意的一点是，IP 联名不仅是一场流量的转化，也不只是简单的周边衍生品的贩卖，而是在探索中发现 IP 的更多商业价值和创新延伸，赋予 IP 更多的可能性。

名创优品制定了几种打法。

一、产品深度捆绑 IP 周边定制和设计

对名创优品来说，长久以来围绕产品、设计以及生活理念营造的品牌想象，才是吸引消费者长期购买的原因。

我们内心也很清楚，每进入一个领域，心无旁骛地做好产品一直都是名创优品的传统。

所以，在拿到 IP 授权之后，我们考虑更多的是如何将名创优品与这个 IP 角色、故事、符号产生联想，如何融合品牌的产品设计理念，真正让产品有设计、有灵魂，而不是简单粗暴地印刷一个 IP 的 Logo 到产品上。

比如，在和粉红豹合作期间，名创优品针对粉红豹呆萌绅士的形象，倾全力对整个 IP 与名创优品产品进行了全方位的整合设计，开发出包括粉红豹系列时尚棒球帽、粉红豹系列精装文具、粉红豹毛绒公仔、粉红豹彩妆系列等在内的几十种产品（见图 5-4），并在名创优品门店陆续上市粉红豹第二波文具系列、彩妆系列、杯子系列、数码系列等。

图 5-4   名创优品粉红豹系列产品

图5-4　名创优品粉红豹系列产品（续）

二、亲民低价的爆品玩法

在名创优品这里，优质低价是品牌不可撼动的根基，所以IP化之后的产品在价格上不会因为IP的溢价效应水涨船高，甚至还可以更便宜。

别的品牌和在知名IP合作后产品价格会翻倍，因为IP有版权费，另外产品是限量款，涨价也很正常，但是名创优品的IP联名产品却几乎没有涨价，这其实也是在克制自己内心的贪婪。

无论是漫威还是粉红豹，和名创优品合作就要尊重品牌的价格和毛利体系。

比如39.9元的粉红豹经典表情款毛绒公仔，29.9元的粉红豹时尚单肩包，15元的粉红豹系列绑带精装本；还有漫威系列（见图5-5），一款精美的绿马克杯，售价最低只要7.9元，一款漫威英雄形象的小摆件售价仅10元，而一顶做工精良的美国队长刺绣棒球帽只要35元……相比而言，名创优品联名IP产品价格的平均值只为其他品牌店IP产品价格的十分之一。

因此，在监测社交媒体上消费者反馈的时候，我们经常可以看到这种很有意思的评论："名创优品满足了贫民窟女孩（我）的所有虚荣心""感谢名创优品，让我们可以把整个漫威宇宙带回家，且毫无压力"……

图 5 - 5　名创优品 × 漫威系列产品

确实，对于一个漫威迷来说，只用几十元就能买到一套钢铁侠、蜘蛛侠或者美国队长的周边产品是一件太令人兴奋的事，而这也是名创优品坚持低价的初心。

也可以这样理解，对于买单的消费者来说，社交网络的发达使得"彰显我是谁"的成本前所未有的低——"我用极少的钱买到了某个联名产品"，是其中一种低成本的自我实现方式，产生的满足感也更高，自然非常圈粉。

三、打造 IP 生态娱乐公司

这些年，IP 联名的玩法在零售行业已经常见不鲜。在这里要强调的一点是，进军 IP 联名赛道，动作要快，短时间内扩大规模，才有机会吃到这个市场的红利。

这也是品牌跨界 IP 正当时，名创优品却能脱颖而出的原因：速度和规模。

用速度拉开距离，用规模降低成本，用海量的销量和用户口碑获得 IP 品牌的认可度。

在名创优品×芝麻街风潮还在不断发酵的时候，名创优品×漫威黑金店的热度已经在不断升温渐入高潮，而这个时候名创优品×故宫又横空出世，这种一波风潮尚未过去，另一波风潮已经到来的叠加，让名创优品的 IP 经济始终保持在市场潮流引领者的状态，形成了良好循环。

就如叶国富先生所说，名创优品已经不是一家零售企业，而是一家娱乐公司，我们把自家产品变成了众多 IP 的舞台，从而拉开了与竞争对手的距离。

四、让用户跟着 IP 讲故事

自从名创优品开启了联名之路后，这个过程并不单单是"拿来主义"这么简单。

在这期间，我们团队为了增强名创优品与 IP 的契合度，通过 IP 和消费者形成互动，在营销上面也下足了功夫。

名创优品之前发起过一次著名的粉红豹营销事件，通过与娱乐性、互动性的 IP 合作，突破次元壁，让用户跟着粉红豹这个 IP 讲故事。

这个案例被评为新浪（广东）2017 年度十大创新营销奖，本身转化效果也不错，在这里，分享一下我操盘这个项目的全过程。

因为粉红豹温文尔雅、举止绅士、聪明机智而又顽皮搞怪，而粉色系非常容易戳中人的少女心，于是我们确定以"专治少女心"为核心主题去做整合传播，希望借助粉红豹暖萌、治愈系的人设来打动目标受众——年轻女性。

围绕这一主题，我们团队策划了一系列线上线下的传播活动。

第一步，认知了解。因为考虑到牵手粉红豹是名创优品首次和全球大 IP 合作，在预热阶段必须要炸，发力要快，要引起大范围的关注。所以，除了在名创优品自有社交媒体进行官宣之外，我们这次还加入了微信朋友圈广告（见图 5 - 6）和新浪微博开屏，全方位为粉红豹即将亮相名创优品全国门店造势。

　　第二步，引爆话题。通过制造话题来吸引消费者关注，在创意和执行上我们主要靠两个活动来引爆。

图 5-6　名创优品×粉红豹朋友圈广告

第一个活动是名创优品官方发起的"少女心复活挑战赛"H5活动（见图5－7），通过测试少女心指数来划分当代女生四大人设：女王攻、女汉子、小公主、蜜蜂小少女。

图5－7　"少女心复活挑战赛"H5活动

在视觉层面，因为我们的美编擅长手绘，为此我们加入了手绘元素，以粉色少女心为基调，在场景、故事和排版上做了精心设计，增强了整个游戏互动的视觉体验，让整个H5活动充满趣味性。

在传播层面，我们加入测试少女心指数和增加好友印象环节，这是整个活动的创意重点。一来可以通过测试的形式为粉丝提供沉浸式体验；二来可以加强粉丝与好友之间的互动分享，刺激二次裂变，进行传播扩散。

这个 H5 活动上线时间共计 10 天，参与人数为 460582 人，为我们带来了流量爆发，效果超乎我们的预期。

第二个是制造#别人家男友#事件营销来制造话题。当时正值 9 月，恰好是各大高校的开学时间，在此背景下，我们以毕业（出国）分手论话题作为切入点，包装男主人公即将出国留学深造，为给资深粉红豹迷的女友一个惊喜，霸气地把名创优品门店所有的粉红豹公仔横扫一空，用来装点女友的房间（见图 5－8）。

图 5－8 别人家的男友事件策划

从传播角度，我们以#别人家的男友#为话题点，毕业出国分手论、满屋子的粉红豹、深情男友都是有讨论度的话题点，再通过英国报姐、我的前任是极品等多个微博大 V 进行话题扩散发酵（见图 5－9），在社交平台上引起了大范围的讨论。

图 5－9 #别人家男友事件#微博大 V 发文

在整个事件素材的拍摄过程中，我们还精心设计了路人表情包作为另一条传播支线，就是在男主人公在门店买单时，因为几百只粉红豹要过 POS 机，引发我们充当路人甲排队的小伙伴内心戏十足的鬼畜表情包（见图 5-10）。

图 5-10　鬼畜表情包传播

我们把这一画面做成截图，编成段子进行推广，满足吃瓜群众的围观趣味，也从侧面为#别人家的男友#话题造势。

在这里有两个好玩的插曲和大家分享下，一个是我们商品中心的同事刷微博时看到这个事件，还以为是自来水推广。

另一个是我们从社交平台上监测到，有个别女生把这个事件截图发给自己的男朋友或是老公，和自己的男朋友或老公在日常中的直男送礼方式进行对比，形成#别人家的男友#与#我的男友#反差喜感，引发一串跟风吐槽。

打造事件营销最怕"自嗨"而不自知，从这些反馈也侧面证明了我们这次事件的打造是很成功的。

第三步，刺激欲望，引导行动。 除了线上流量之外，我们也在线下也开展了大型的粉红豹路演活动。

因为整个项目推广周期跨越了国庆节，所以我们选取 10 月 1—3 日，在广州的时尚天河城搞了一个粉红豹展（见图 5-11）。一来是因为这里人流量大，二来是距离这里不到百米处有一家名创优品门店。

在整个路演活动中，我们设置了很多的游戏环节和福利活动，其中的一个环节是，粉丝只要在门店购买和粉红豹相关的产品，凭借购买小票就可以参与抽奖；另一个环节是让粉丝通过玩游戏的机制获得戳章认证，并发朋友圈集赞，也可以参与抽奖。

图 5 - 11　线下粉红豹展

两种互动方式，都是为了通过活动循序渐进地将流量导到门店，并通过朋友圈裂变的形式将这些用户引导成为本次活动的最佳传播者。

第四步，沉淀用户。打造社交媒体种草矩阵，我们的策略是要拿下哪个细分人群，就对症下药找准相应领域中最有影响力的 KOL。

粉红豹作为全球知名大 IP，它自身拥有很大的粉丝流量基础，这在一定程度上让我们的推广自带优势。

为此，在寻找 KOL 推广上，我们划分了两条支线。

一个是通过小红书密集种草（见图 5 - 12），我们寻找了 50 位小红书博主，内容主要围绕粉红豹 × 名创优品联名、博主推荐种草的方向做输出。

因为粉红豹受众广，这对很多博主来说也是为自身引流的一个机会，因此在推广费用上可以议价的空间非常大。

一个是寻找粉红豹的资深粉丝。这些博主的特征是其本人就是粉红豹的头号粉丝，且因为平时发布的内容与粉红豹相关，所以聚集了一大批同是粉红豹迷的粉丝。我们通过礼品置换的方式跟这些博主达成合作，让这些博主免费帮我们发布内容。

通过这些 KOL 的种草推荐，再加上消费者自发的口碑内容宣传，最终整个粉红豹项目推广活动曝光量达到了 2.3 亿，让粉红豹 × 名创优品的联名迅速出圈，也为我们后期粉红豹九宫格眼影卖断货埋下了口碑伏笔。

图5-12　小红书博主推文

IP ×门店，引爆线下流量

很多人认为做跨界 IP 就是在搞营销事件，昙花一现。必须承认的是，IP合作确实给名创优品带来了流量和关注，但更重要的是，跨界的两个品牌在经过融合后，会出现更多的合作可能。

比如，在不断的创新尝试中，除了上面提到的产品联名，一些品牌也逐渐摸索出了另一套独特的 IP 合作模式。

谁玩得漂亮？肯德基是大师。

除了在产品联名下功夫，肯德基×银魂万事 OK 主题店（见图5-13）将二次元文化搬到现实中，通过高度还原电影经典场景和道具的快闪店等形式，让店内的点餐台、桌子、壁纸都换上了与动漫相关的内容，这样的翻新改造也带给了消费者一种沉浸式用餐体验，成为动漫迷的打卡圣地。

图 5-13　肯德基 × 银魂万事 OK 主题店

和肯德基一样，牵手漫威合作开黑金主题店，也是名创优品 IP 战略不断迭代的 2.0 版本。

虽然与漫威的合作是在我离开名创优品后启动的项目，但我仍然觉得名创优品这种漫威黑金店升级，在零售业 IP 联名的玩法上，打造了一个样板，值得拿出来和大家一起探讨一下。

名创优品打造的漫威黑金主题店主要是在两个方面做了延伸。

一个是产品方面，漫威版权方一次性向名创优品开放了 123 个国家的 IP 授权，授权区域横跨五大洲，授权产品涵盖了名创优品的 13 个产品品类，这对漫威来讲也是史无前例的。

而名创优品在拿下漫威 IP 授权之后，就开始针对这 13 个产品品类进行了全方位的设计，将蜘蛛侠、美国队长、钢铁侠、绿巨人、惊奇队长、雷神、黑寡妇等著名的漫威英雄与名创优品多达 2000 个产品进行深度契合的设计，根据消费者画像进行全面的整合。

特别是漫威拥有数量庞大的男性粉丝，而名创优品一直以来以女性消费者为主，在漫威周边产品的带动下，二者的流量可以形成有效的引流和融合，这就需要对产品进行男性化的整合，从而在凸显漫威 IP 的同时更能满足消费者的使用习惯。

另一个是门店方面（见图 5-14），名创优品在门店形象及陈列上做了全新改造，从门店视觉到产品陈列和漫威授权的英雄形象做深度捆绑，化虚为实，打造成场景化的空间体验，让消费者一走进门店就马上"入戏"，再加上动线设计和产品的错列组合，消费者步入其中就像是在探索漫威世界的同时直接下单购买。

图 5-14　名创优品漫威黑金店

这种强强联合带来的效应也是显而易见的，名创优品和漫威合作，有以下几个优势（见图 5-15）。

图 5-15　IP×门店营销价值

第一，高连带率。

名创优品漫威黑金店正式开业后，不仅在中国市场引发强烈反响，在海外市场同样销售火爆，每开一家漫威主题店，都会引发消费者排长龙抢购。为了不影响顾客的购物体验，名创优品实行了限购、限流。

粉丝们的疯狂抢购也让名创优品的销售额直线上升。其中，名创优品泰国曼谷Mega Bangna店和深圳COCO Park黑金店（见图5-16）更是双双创造了品牌的销售纪录。曼谷Mega Bangna店单日业绩突破40万元，成为名创优品品牌创立以来最高的单日销售纪录。而深圳COCO Park黑金店则月销300万元，用250平方米的店铺面积，实现了12000元/月的超高坪效。

图5-16 名创优品深圳COCO Park黑金店开业

这是漫威超级IP的连带率效应，消费者进店后除了购买IP联名款，也会顺便购买其他产品，这样就把整个门店的销售业绩给带起来了。

第二，高客单价和高复购率。

此前名创优品的客单价平均为40~50元，但是黑金店的客单价为70~100元，比普通门店高出35%以上。同时，复购率也明显高于普通门店。

导致这种情况的原因，就是我前面提到的亲民低价的爆品策略。因为定价便宜，对比市场上其他同类的漫威授权产品，名创优品大大提高了竞争力，很多店铺内都出现了粉丝疯狂扫货、仓库不停补货的现象。

第三，爆炸级的口碑。

店铺是流动的广告，产品是最好的口碑。

在广州首店获得大量关注并赢得开门红之后，名创优品×漫威的联名黑金店开始以燎原之势在国内和海外的城市同时"霸屏"，只用5个月的时间就成功在全球开出500家店。同时店内产品的品类更是在不断完善，有越来越多的漫威联名款新品正式推向市场，让粉丝们本就期待的心情更为高涨。

值得一提的是，名创优品和漫威的联名抢占了一个很好的时间契机。

2019 年漫威有好几部电影上线，包括《复仇者联盟 4》和《蜘蛛侠》，有影视宣传助阵。

因此在名创优品 × 漫威联名的产品大范围上市后，在社交平台上能够形成快速爆发，一搜索漫威就会自动关联到名创优品，还有重量级的好口碑。

IP ×国潮，跨界让 1 +1 ＞ 2

当穿着老干妈卫衣，涂着周黑鸭唇膏，背着云南白药拷包，坐在旺仔小馒头沙发上，吃着故宫最新推出的古风神兽雪糕，观看一场东方时尚的李宁纽约时装周成为一道风景时，这个世界好像破次元壁了。

近两年，从鞋服、餐饮到美妆等多个领域都出现了跨界产品，不断突破行业边界，为消费者带来"意外"的联名产品，用实际行动诠释"万物皆可联名"。

正如畅销书《超级 IP 孵化原理》作者陈格雷所说的，品牌开始突破藩篱，在本位是品牌，跨界即 IP。

在此风潮下，天猫甚至启动"国潮来了"活动，将老国货品牌打造成 IP，不仅给品牌带来 1 +1 ＞ 2 的营销效应，也让众多老国货品牌重新焕发生机。

国潮跨界之风势如破竹，为什么这么多品牌如此热衷跨界？

一、重新定义品牌性格

跨界联名代表一种新锐的生活态度与审美方式的融合。

对于品牌的最大益处就是，让原本毫不相干的元素相互渗透、相互融合，从而给品牌带来一种立体感和纵深感。

二、突破用户圈层

跨界联名本质上是一次流量的迁移，实现低成本、跨平台传播。

通过两大品牌之间的联姻，突破原有的品牌界限和用户圈层，实现品牌之间的流量互换和气质互补，实现 1 +1 ＞ 2 的增量效果。

三、引爆市场话题

声势大体量小是品牌联名的显著特征，别具特色的跨界思维和创意产品可以轻易击中消费者的痒点，更容易引爆市场话题，突破以往单一品牌构建场景时的流量局限。

尤其是那些极具反差感的组合，更是话题性十足，在社交媒体上都能产出海量的 UGC，引发的自来水传播效应非常强大。

比如李宁 ×《人民日报》新媒体，共同打造出联名"报"款系列（见图 5 –17），旧报纸印花卫衣以及俏皮的 Logo 自带复古潮流气质，投身国潮的李宁和一本正经的官方媒体《人民日报》给大家带来不一样的时尚体验。

图 5 –17　李宁 ×《人民日报》新媒体

一个是国内知名运动品牌，一个是头部传统媒体旗下的新媒体，两者的跨界，不仅出人意料，也很契合。

《人民日报》新媒体代表着国内的主流思想，而李宁则是国产运动品牌的佼佼者，两者结合，让李宁完全颠覆了国内消费者对"本土运动品牌"固有的刻板、传统、乏味的印象，也让李宁从此开启了万物皆可联名的大门，走出了一条年轻化的道路。

同样地，联名如联姻，如果不想"翻车"，也要讲究"天时地利"和"门当户对"，品牌间要找到双方内核的共通点，才能击中消费者的心。

首先，品牌调性要契合。我们一定要思考品牌之间是否适合合作。

如果两者之间的违和感过强，那么带来的就不是跨界，而是尴尬。比如我在前文中提到的喜茶与杜蕾斯的联合就是一次失败的联名，带来的是两个品牌口碑的双双"翻车"，使消费者难以接受，不仅没捞到好处，反而让消费者有了反感情绪。

其次，实力门当户对。如果联名品牌双方实力不对等，对于实力强的品牌来说，是在拉低品牌段位，因此"门当户对"才是品牌跨界的要点，不然做了也是为他人作嫁衣。

再次，品牌跨度大，有反差。极具反差感的组合更容易引爆话题，比如喜茶，虽然跟杜蕾斯的合作"翻车"了，但是2020年7月茶颜悦色和喜茶进行的一场别开生面的联名却赢得了满堂喝彩。

喜茶和茶颜悦色这两个品牌在外人看来是竞争对手，二者的联名看似无厘头，其实是起源于一场"错付"——喜茶在一次微博抽奖活动（见图5-18）中"翻车"了，这次活动万里挑一的幸运儿，居然是一位昵称叫"等一杯茶颜悦色"的粉丝。

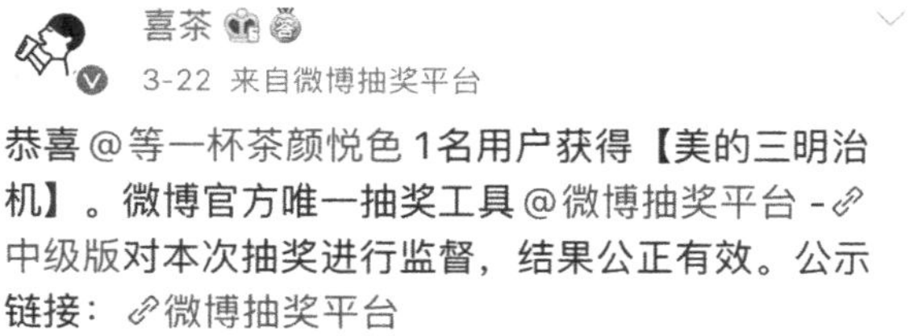

喜茶　🎁✔
3-22 来自微博抽奖平台

恭喜@等一杯茶颜悦色 1名用户获得【美的三明治机】。微博官方唯一抽奖工具@微博抽奖平台 -🔗 中级版对本次抽奖进行监督，结果公正有效。公示链接：🔗微博抽奖平台

图5-18　喜茶微博抽奖活动

这次偶然出现的乌龙事件，瞬间点燃了吃瓜群众和消费者的热情，直接登上微博热搜榜，不少网友在评论区建议两家干脆搞个联名。

于是顺应网友要求，喜茶和茶颜悦色水到渠成地"搞"到了一起，才有了这场让人喜闻乐见的联名。

喜茶和茶颜悦色先是在微博上通过"暧昧"互动进行铺垫，然后双方隔天就高调地在微信公众号发布了长图文漫画（见图 5 - 19），讲述喜茶到长沙和茶颜悦色"面基"的故事，还推出"喜茶×茶颜悦色联名礼盒"。

图 5 - 19　喜茶、茶颜悦色微信公众号推文

在形式上，两个品牌都是用条漫呈现这次联名故事的前因后果。茶颜悦色的角色延续了品牌 Logo 上的古风女子形象，喜茶则是一名翩翩公子，充分调动了消费者的"嗨点"。

从竞争对手到联名的反差，按粉丝的说法是"顶峰相见"，再呼应之前喜茶的抽奖乌龙，话题度一下子就在社交平台上引爆了，并被喜欢"磕 CP"的年轻消费者赐名"喜笑颜开"。

实际上，虽然都是新式茶饮行业的佼佼者，但两个品牌并不存在很强烈的竞争冲突，这主要体现在三个差异点上：

（1）产品形态：虽然都是奶茶，但茶颜悦色主打的是奶油顶形态奶茶类产品，喜茶主打的是芝士奶盖茶产品，二者在形态上差异很明显。

（2）价格定位：茶颜悦色的定价为 10～20 元，喜茶的定价相对更高，集中在 20～30 元。

（3）区域分布：茶颜悦色的大本营在长沙，而喜茶的主战场在江浙沪地区。它们的主要消费群体是不一样的，但是年龄层都差不多。很多女生会特意去长沙喝茶颜悦色，也有很多女生会特意到上海打卡喜茶。

从营销角度来说，这是一次非常出彩的联名，在曝光上也增加了双方的"路人缘"，加深了路人印象，更容易守住当地市场份额。

但是注意一点的是，制造反差不是要开发挑战三观的猎奇产品，比如螺蛳粉固体香膏、变态辣的火锅牙膏、榴莲味香水等，不顾消费者诉求，只为一时的博眼球，只会被市场抛弃。

最后，互补、互助关系。两个品牌在一起，能够在优劣势上进行相互补充，将双方的流量和品牌内蕴相互转移到对方品牌身上，实现双赢。

同样，如我们所见，现在跨界联名几乎成为各大品牌的标配，不想泯然众人，就需要企业跳出日常，利用一些话题、事件来引爆营销。

接下来，我们来盘点一下我认为目前做得比较出彩的几种跨界联名打法。

一、追热点

商业活动一般都会划分淡季与旺季，联名的发售既需要制造热点，本质上也是在追热点——比如借力主推产品的销售旺季，精准戳中天时、地利、人和很关键。

**图 5-20　钟薛高×娃哈哈联名
"未成年雪糕"**

2020 年，钟薛高和娃哈哈联名推出"未成年雪糕"（见图 5-20），发售时间临近儿童节。对于品牌来说，选择这一时间发布联名产品，精准戳中"不想长大"的目标圈层，以"今日未成年"主张获得年轻群体的精神共鸣，就非常容易塑造出独特的产品记忆点。

二、参与感

参与度代表着用户的互动深度，我们在让消费者获得信息主动权的同时，也使他们成为信息的生产者、加工者和传播者，就能让信息得到更有效的传播，也能让品牌的传播成本更低。

在名创优品和故宫的联名官宣后，名创优品并没有急于在门店上架产品，而是精心设计了一场让用户强参与的活动，推出了"名创造办处"。

这场活动以故宫元素为主题，面向网友进行了一场开放的设计大赛——名创造办节（见图 5-21），获得票选最多的作者会获得万元奖金。

图 5-21　名创造办节活动

这场活动吸引了 1000 多个粉丝参与，输出的 1300 多个作品中，或惊艳绝伦，或创意十足（见图 5-22），名创优品也迅速跟进，在微博发起了一波#故宫被玩坏了#的话题，最终以 8895.9 万阅读、9.8 万次讨论的成绩，登上微博搞笑分榜第 8 名。这就将属于品牌的独自狂欢，演化成全网参与和互动的

UGC 风潮。

图 5 - 22　粉丝参赛作品

所以，比起品牌单向地持续发声，去激发消费者的内容共创力才能让品牌内容的输出更有感染力，也更具有传播力。

三、稀缺感

人们对稀缺之物是没有抵抗力的，因为稀缺本身就代表着价值，越稀缺也就越有价值。所以品牌可以适当地利用人性的这个特点，用限时、限量、限购来制造稀缺感。

还是以名创优品×故宫为例。

名创优品这次选择的是以线上限量预售的形式，在社交媒体上引发话题传播，之后再加大出货量，上架到门店向普通消费者提供。

而在预售之前，名创优品非常有"心机"地先通过一场别出心裁的以宫廷风为主题新品发布会（见图 5 - 23），吊足所有人的胃口，为接下来的预售做铺垫。

图 5 - 23　名创优品×故宫新品发布会

在发布会上，名创优品基于自身的美学设计和创新基因，将宫里的珍奇古玩、稀世之宝以全新的姿态赋予联名新品，如推出"故宫宫廷系列香水"——如意云裳香水和云海沧澜香薰等。

再借助新媒体东风，在 KOL 的带动下（见图 5 - 24），将这几款产品推成爆款，营造"抢到限量款就是身份的象征"的氛围，吊足了无数吃瓜粉丝的胃口。

"过了这村没这店"的消费心理更是加剧了稀缺感，更容易引爆社交媒体。

在话题造势的助攻下，2019 年 7 月 4 日，和故宫联名的产品在名创优品线上小程序预售，发布 1 小时内就全部售完，销售额突破 50 万元。

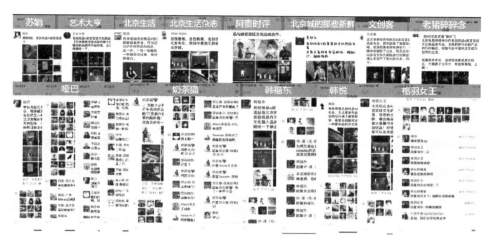

图 5 – 24　KOL 朋友圈推文

当然，火爆的"跨界联名"背后也有隐忧。

IP×国潮背后折射出品牌的增长困境，年龄代际的迁移让老品牌求新求变更加迫在眉睫。但是我们看到更多的是"泛国潮"，甚至是"伪国潮"。很多品牌只是把"联名"当噱头、拿国潮做外壳，只堆砌元素符号，不深耕核心价值。

比如，换个中国风的产品外包装，拉上另一个不搭边的品牌搞跨界，然后把原本两个完全不相关的产品强行捆绑到一起，然后铆足力气刷话题，吸引一波眼球之后就没然后了。

那么，如何才能让跨界联名走得更远？我认为，IP 跨界只能是特写，而不应该是品牌全貌，否则很容易陷入受众层面的顾此失彼，捡了芝麻，丢了西瓜。

毕竟，一个品牌赖以生存的基石是其产品优势，产品是 1，营销是 0，任何营销的核心都是产品。

通过跨界带来的噱头虽能引起一时的围观，但也可能会败在了销量面前，为流量而生的产品，难免会最终死于营销结束。

要知道，诸如故宫、李宁等国潮复兴不是一日炼成的，即使是跨界也万变不离其宗。

换言之，就是不管如何变换形态，故宫都在围绕着自己的核心文化价值做文章，从打造软萌的历史文化人物形象，到拍摄与中华民族及文化相关的纪录片，再到打造文创的周边产品等，每一次都承担着传播"国风"的使命。

以上就是我对于 IP 营销的一些思考和理解。我想说的是，企业选择牵手 IP 的时候，要考虑 IP 是否与自身品牌形象相契合，不要为了跟风而去做。

同时，面对日益成熟并成为中坚力量的新一代消费者，IP 营销不只是为企业带来品牌形象的升级，还应该帮助品牌找到和年轻人的沟通方式。

总结我们本章的"IP 营销方法论模型"，其实就是一个圈层，始于 IP，扩于话题，最终回归产品。

要谨记在心的是，能够留住消费者的品牌，并不是因为跟上了潮流，在 IP 跨界的水面上过把网红瘾，而是专注于内在，做出好产品，不断提升品牌内涵。

第六章

如何做到广告费 1 年不到 3000 万元却做出超亿元的品牌效果

营销本身没有万能公式，只有自己走出来的路才是最有价值的。

——木兰姐

2020 年以来，由于新冠肺炎疫情的冲击，在整体低增长的市场环境下，很多企业率先砍掉的就是品牌营销部门的预算。

那么在低预算的情况下，在品牌营销上如何花小钱办大事，或是如何把钱花在刀刃上，是所有品牌面临的共同课题。

在前面的几章中，我给大家剖析了产品营销、娱乐营销、IP 营销，其中，媒介投放都是不可或缺的一环。所以，在本章中，我会重点跟大家详细阐述：

（1）KOL 营销：如何制定 KOL 投放高转化策略？

（2）直播带货：火爆的电商直播会是企业品牌营销的救命稻草吗？

（3）BD 流量：不花钱的资源置换应该如何操作？

KOL 营销：自己走出来的路才是最好的战术

近几年来，KOL 带货在各大 MCN 机构、广告公司和社交平台的推动下，几乎成了每个品牌广告投放的标配。

乱花渐欲迷人眼。在 KOL 带货浪潮的裹挟中，伴随着水涨船高的广告费，炮轰 KOL 流量造假的言论也开始层出不穷，为我们掀起了网红带货的冰山一角。

那么，在流量越来越贵、流量水分越来越大的今天，我又是怎么打破这个魔咒，用一年不到 3000 万元的广告费把名创优品做出超亿元的品牌效果的呢？

在过去几年的时间里，我们花了很多的时间去研究当下最新的营销玩法，也总结出了一套严谨而有技巧的媒介投放策略。这套方法论，可以说是我们这些年用钱砸出来的投放精髓总结，每一条经验的背后都凝结着我们与 MCN 机构、广告公司和 KOL 斗智斗勇的结晶。

KOL、KOC、主播有什么区别？

在深入理解 KOL 营销之前，必须先理解几个关键专业术语和行业现象。

1. KOL（Key Opinion Leader）

目前的 KOL 可以分为两种类型——跨界型和垂直型。

跨界型 KOL 一般是头部 KOL，特点是 IP 属性强，粉丝就像他们的信徒一样，因为信任所以会跟着买，具有覆盖面广的特征。这些头部 KOL 可以作为话题引领者，帮助品牌实现传播上的破圈，迅速打开知名度。

垂直型 KOL 通常属于中腰部 KOL，他们在垂直领域耕耘得更深，生产针对性更强、能够激发深度的圈层传播内容，帮助品牌实现忠诚度的提高及高转化，更加适合日常投放及带货。

2. KOC（Key Opinion Consumer）

在第三章中，我对 KOC 有过解析，为方便大家理解，在这里我再补充一下。

KOC 虽然是新造词，却是老概念，它的诞生让社交平台的话语权更加平均，使得"素人意见领袖"有了更多自我表达的空间。

KOC 的特点是粉丝量虽然不大，但粉丝的活跃度和黏性都比较高，适用于广撒网铺量型传播。

3. 主播

直播带货近年火了，直播的这种直接、即时性，打破了物理距离，帮助品牌更快速地与用户沟通，让部分小而美的新品牌实现了逆势增长。直播的火爆也让淘宝的李佳琦、快手的辛有志、抖音的牛肉哥等头部主播，都在各自领域站上了电商带货的 C 位。

但我认为，电商主播和 KOL 本质上还是有区别的。

KOL 更像是内容创作者，他们对产品的讲解更多的是消费者视角，通过在社交平台输出自己擅长的干货内容，比如测评体验、段子、情感鸡汤、种草推荐、时尚穿搭等，创造一种"单独评估"的环境，让消费者可以沉浸式地感受产品价值，进而加快他们下一步的决策，趣味性更强。

而主播更像是买手或是销售，属于在消费者选购前的助推手，通过介绍、推荐的方式把消费者引流到商家的店铺进行消费，目的性更强，趣味性更少。

简而言之，KOL 看重的是社会热点、粉丝共鸣，主播看重的是产品质量、独特工艺、促销最低价。

无论是 KOL、KOC 还是主播，从之前的电视导购、博客贴吧等论坛，到微博、微信井喷，再到现在的抖音、快手、淘宝直播等短视频平台，都经历了一番大浪淘沙。但核心趋势是不变的，有流量的地方就有江湖，只是有人卖的是带货能力、有人卖的是口碑影响力、有人卖的是品牌背书，都代表了某个圈层的发声口。

三者的区分，更多的是推广方面排兵布阵的区分。主播负责带货，头部 KOL 负责背书，中腰部 KOL 负责话题造势，KOC 则像酵母一样下沉到真实消费人群里，它们都是广告投放矩阵中不可缺失的一环，是互补的金字塔矩阵营。

据业内知情人士在接受燃财经采访时透露，他所属的 MCN 公司的 KOL 仅有 10%～20% 是不刷量的，MCN 机构为博主刷量早已经成为行业的潜规则。

2019 年 2 月，央视新闻曾经曝光了通过刷虚假数据来提升流量背后的产业链。

在社交媒体平台上，某些用户发布的内容，获得的浏览量或点赞数往往很容易就能突破百万、千万甚至上亿，其实背后就是依靠水军和虚假数据的支撑[1]。

---

[1]　资料参考：燃财经《353 万播放 0 转化背后，虚假繁荣的微博生态》。

为什么？因为有真实流量的 KOL 价格太高了。

一般来说，像丁香医生、深夜发嗤、李佳琦这种优质 KOL／主播能接到的广告很多，也很挑品牌方。上广告需要排队，且为了保证"格调"，其往往对广告内容或是带货的产品有较严格的审核，这对品牌方的推广能力也提出了要求。

另外，自建广告营销系统，打通供需两方，并从交易中抽取佣金，这在当下各大互联网平台中已几乎是标配。也就是说，现在 KOL 在平台上发带品牌植入的内容，都需要交一笔"过路费"，不然内容是会被限流的。

以小红书为例，只有在经过小红书平台审核，成为"品牌合作人"后，KOL 才可在小红书上接广告。还有微博，除了必须要购买"粉丝头条"之外，有时还需要买"粉丝通"等付费产品，这样 KOL 发布的广告内容才会有流量，不然发出去的内容再好，流量也是很少的。

供需关系的失衡，导致从 KOL 到 MCN 机构到广告公司再到品牌方层层加价，最后品牌方拿到的报价，很可能比 KOL 最初的报价高很多。

而 MCN 机构、广告公司要赚钱，KOL 要吃饭，老板要看数据，这样"刷量"自然而然就形成了一条稳定的灰色产业链。

关于做好 KOL 投放，我总结为五个关键步骤，如图 6 - 1 所示。

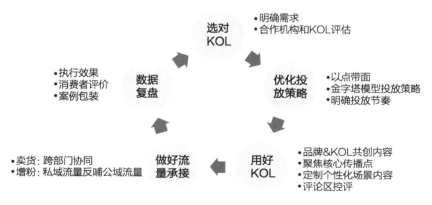

图 6 - 1　KOL 投放方法论模型

第一步，选对 KOL：要做到人货场有效协同，就要明确：什么样的产品适合 KOL 来推广？需求目的是什么？KOL 的人设是否和品牌调性、产品 DNA 一致？目标消费者重合度如何？

第二步，优化投放策略：不断优化营销打法，不断试错，找到自己的增长之路。

第三步，用好 KOL：投放不是把需求扔给 KOL 就完了，需要品牌和 KOL 共创内容。

第四步，做好流量承接：卖货与增粉，总要有一个在路上。

第五步，数据复盘：在落地执行后，需要收集数据和消费者反馈，并根据结果修正之前的评估，进一步完善下一次的 KOL 投放策略。

第一步，选对 KOL

每次的投放都是对品牌的一次长期媒介投资，我们在开始做传播之前一定要搞清楚自己的目的是什么，是要做品牌曝光提高知名度，是塑造口碑，还是单纯地为了销售转化？

目的不同，品牌方优先选择的 KOL 类型也会有所不同，需要在不同的投放阶段有针对性地选择 KOL，常见的搭配分为以下两类。

第一类：看 KOL 属性。

垂直类 KOL 做转化，这种类型的 KOL 带货能力比较强，以美妆 KOL 为例，她们拥有专业人设，可以输出专业测评，打造产品口碑。

非垂直类 KOL 做曝光，可以选择剧情类、播放量大但转化率较低的 KOL，这些 KOL 带货能力比较弱，但优势在于 CPM（千人成本）低，可以用于大范围曝光造势。

第二类：看渠道属性。

不同的平台有不同特点，因此，品牌在不同渠道上也要选择最匹配的投放方式（见图 6-2）。

平台	平台特征	KOL类型	策略
微博	用户多、声量大	综合类明星KOL资源多	话题、互动
微信	适合深度传播	综合类	内容植入
抖音、快手	场景化、视频承载内容丰富、趣味性强	以泛娱乐KOL为主	创意视频直播带货
小红书	内容种草平台，用户购物目标明确	以购物、美妆KOL为主	商品推荐和种草口碑打造
淘	人形聚划算，是线上渠道的最新演进	综合类	带货转化
bilibili	二次元年轻人聚集地	以泛娱乐KOL为主	创意内容

图6-2　针对不同平台，选择不同的投放方式

微博：用户多、声量大，明星KOL资源多，更适合做曝光，引起大众关注。名创优品在微博上就以活动预告和KOL试用分享产品带口碑为主，比如鹿晗运动季和TFBOYS的娱乐营销，我们就选择了微博作为发声口进行造势。

微信公众号：适合深度信息传播，比如名创优品在微信公众号上的投放主要以线上线下活动（H5）、品牌增长（商业模式）分析为主。

抖音、快手：场景化，视频承载内容丰富，趣味性强，主要用于创意视频的传播。

小红书：深度种草平台，比如针对彩妆护肤类产品以及粉红豹、漫威等IP属性强的产品，我们就会选择将小红书作为主阵地，营造产品口碑。

淘宝直播：人形聚划算，是线上渠道的最新演进，适合带货转化。

B站：二次元人群集中地，KOL人设属性强，对于厌烦了传统植入式广告的年轻群体，B站的弹幕互动可以营造引导性的氛围，适合创意型内容的传播。在"搬空名创优品大作战"（第六章案例）中，我们就把一个鬼畜视频投放到B站上，取得了很好的传播效果。

优质KOL从哪里来？

和MCN机构、广告公司、第三方媒介平台合作，或是自己建立资源库。

1. 和 MCN 机构、广告公司、第三方媒介平台合作

很多品牌倾向于和大的广告公司合作，然后把营销推广项目打包给广告公司去做。广告公司提供的是创意和媒介采购一整套的解决方案。

名创优品不是。

大多数情况下我们更倾向于和一些小的广告公司合作，这些广告公司虽然规模不大，但很多创始人都是从 4A 广告公司出来创立自己的工作室，所以他们的执行力和解决方案的性价比会很高。

同时，我们不会把整个项目全部打包给广告公司去做，而是把整个项目做拆分，由广告公司做创意方案输出，KOL 投放则通过第三方媒介平台进行采购。

这样做的原因有两点：一是为了节省成本，二是为了整合最优资源。

很多广告公司的优势主要是在创意上，KOL 要么报价很贵（多了一道中间商），要么资源比较少。而第三方媒介平台的 KOL 资源更加充足，且费用相对较低。

同样，在媒介平台的选择上，我也不会把鸡蛋放在一个篮子里，而是多找几家进行对比，挑选出至少两到三家，整合他们 KOL 库的最优资源（比如性价比最高、KOL 质量比较高）一起来做投放。

在选择跟媒介平台合作后，还需要我们做到的一点是，下需求简报的时候一定要明确具体推广需求。

不要小看这一动作，一份清晰明了的需求简报会让广告公司或者媒介平台在为你筛选 KOL 的时候更加精准，可以省去很多后期沟通成本甚至是避免不必要的摩擦。

表 6–1 是之前我在名创优品做项目推广时用的下单需求模板，包括需求背景、项目目标、KOL 属性（垂直类占比，非垂直类占比）、内容产出和提交时间等。

表 6-1　名创优品面膜 KOL 需求简报

需求背景	
本次 MINISO 面膜节借科技系列上市面膜的契机，打造名创优品护肤系列口碑，计划以微信＋微博＋小红书＋抖音为矩阵，在互联网上制造口碑传播，消除消费者对名创优品面膜质量与安全的疑虑，打造 MINISO 面膜爆品	
地域	不限地域
数量	微信：暂定 4 个，主推 H5，视报价和博主排期情况进行增减 微博：暂定 8 个，3 个彩妆护肤类专业 KOL，主攻专业性测评，5 个彩妆护肤类 KOL，主攻口碑种草推荐 小红书：暂定 20 个，5 个彩妆护肤类专业 KOL，主攻专业性测评，15 个彩妆护肤类 KOL，主攻口碑种草推荐 抖音：暂定 4 个，2 个主攻 MINISO 面膜口碑推荐，2 个主攻挑战赛
KOL 调性	微博和小红书偏彩妆护肤类博主，微信和抖音偏创意有趣类
是否需要撰稿	微博、小红书、抖音需要博主撰稿
资源筛选时间	4 月 17—24 日
计划推广时间	2018 年 5 月 4—30 日
推广节奏和方向	5 月 4—15 日

基于推广需求和预算，然后让广告公司或者媒介平台提供资源和报价单。

很多品牌容易犯的一个错误是只看媒介平台提供的数据就决定是否投放。但需要了解的一点是，大多数媒介平台的报价，都是以 KOL 的粉丝数为标准进行排名，粉丝基数越大的广告费用就越贵。

但单从这个角度来选择 KOL 投放，是无法保证投放效果的。针对媒介平台和 KOL 评估，我们的做法是：人工核实 KOL 的数据。

人工核实 KOL 的数据是苦活、累活，时间成本、人力成本、沟通成本非常大，但这是我们一定要去做的一件事情。

我会要求团队针对意向投放的每个 KOL，一一点进去他们的主页，做好 KOL 数据分析。

（1）粉丝画像匹配度。这个是筛选 KOL 的前提，包含年龄、性别、地域和消费能力等，要契合品牌的调性。

（2）**活跃度**。通过点赞、评论、分享、收藏等数据来分析粉丝的活跃度，尤其是评论，在内部我们称之为"深度互动价值"的评判标准，是用来判断消费者对产品的真实反馈以及内容质量的重要标准之一，对 KOL 筛选有很大的指导价值。

（3）**内容质量**。可以评估 KOL 过往为其他品牌撰写的内容，是否能结合品牌方和 KOL 自己的特点，进行个性化的表达，是否能充分呈现产品功效、核心卖点等专业内容，且以浅显有趣的方式传达给粉丝。

除了人工鉴别 KOL 数据的真假之外，还可以巧用工具做好评估。目前很多平台都有监测功能，比如新榜、西瓜数据等。

在投放前，可以先针对意向合作的 KOL 进行分钟级的监测。以微信公众号投放为例，我们的经验是，先找到这个 KOL 当天的广告推文，看一下发布后几个小时的数据，再在凌晨 1—5 点时间段监测一下数据浮动，如果在这个时间段数据依然在持续增加，那么一般就会有水分。

对于测试通过的优质 KOL，我们会和媒介平台签框架协议进行长期合作，一来可以让自身品牌与 KOL 深度绑定，直接把 KOL 的粉丝变成品牌拥趸；二来大家合作默契以后可以减少沟通成本，价格的折扣也会比较大。

2. 建立 KOL 资源库

这种方法是自己去寻找一些 KOL，用礼品置换或是付费的形式，和这些 KOL 保持长期合作关系，建立自己的资源库。

如名创优品就建立了自己的 KOL 资源库，我们的编辑会根据自身产品的特性，在微博、小红书、抖音等平台上挖掘一些跟名创优品调性相契合的小众博主，如美食博主、彩妆护肤博主、手账博主、动漫博主等。

对于挖掘出来的 KOL，需要进行分类管理（见表 6 - 2），有针对性地给他们推荐相应的产品。我们会根据 KOL 的粉丝数、互动率给 KOL 划分 A、B、C、D 四个等级，对于 A、B 级的 KOL，会考虑采用支付广告费的形式进行合作，对于 C、D 级的 KOL，会以产品置换的形式进行合作。

表 6 – 2　名创优品 KOL 资源管理表

序号	推广物品	ID	电话	地址	自有平台	发布状态	内容质量	合作度（返稿时长）	评分	返稿链接	备注/粉丝福利	转发	评论	点赞	阅读量	播放量
1		栎树oak			微博											
2		Reaco庭			微博											
3		犬来八荒			微博											
4		Oriii皓皓			微博											
5		千夜未来			微博											
6		小五月狂想曲			微博											
7		老鼠夫斯基			微博											

合作情况记录　博主一评分A　博主一评分B　博主一评分C　黑名单　＋

这里有个小技巧，我们会倾向于在社交平台上搜索垂直类关键词，例如"名创优品眼影""名创优品零食""名创优品粉红豹"等，通过内容标签去挖掘自发推荐过名创优品产品的 KOL。

因为博主自发推荐过我们的产品，说明他是认可名创优品的，这时再给到博主一些可以打动他的利益点，比如提供产品做抽奖活动，就可以花很少的钱达到资源置换的效果。

长期合作下来，这些小众 KOL 的数据反馈还是让我们惊喜的，转发、评论、点赞一点都不输那些拥有几百万粉丝的大 V，甚至更为优质，且不掺假，简直可以说是宝藏 KOL。

这里还有一个案例我觉得也是很有借鉴意义的，就是我在第一章里提到的轻食代餐品牌田园主义。

田园主义目前单月营收额突破 2000 万元，作为新晋轻食代餐品牌取得如此成绩，除了产品力的强大之外，离不开 KOL 的助推。

它是怎么做的呢？

田园主义在品牌成立初期，就组建了一支 10 人左右的达人组团队，专门负责去深度挖掘微博、抖音、小红书等社交平台的 KOL，并与他们洽谈合作。

目前，田园主义已经深度合作了 3000 多个 KOL，主要是以抖音为主（见

图6-3，当时抖音平台还支持挂第三方商品链接），以微博和小红书为辅，和这些博主合作没有经过第三方平台，都是他们团队一个个去沟通谈下来的。

图6-3　抖音KOL推广田园主义产品

因为主打轻食、健康、瘦身，田园主义对KOL的选择标准主要是垂直类KOL，大多数是减肥、运动健身类的主播，粉丝量在10万到100万不等，带货能力很强。

和这些KOL的合作，田园主义采用的是纯佣金的形式，即给KOL寄送产品，然后KOL通过直播间向粉丝推荐产品，引流到田园主义的天猫旗舰店，产生销售额后田园主义会返一笔佣金给博主。

这些博主愿意与田园主义合作的原因有两个：

一个是田园主义主推的全麦面包，和市面上掺杂了小麦粉的假全麦面包不一样，田园主义是100%真全麦面包，且因为特殊的工艺，口感比一般的全麦面包好，性价比也比很多品牌高。

还有一个是在电商大促期间，田园主义会给KOL的直播间很大的优惠力度，也不限制主播对产品的推荐话术，由他们自由发挥。

仅仅是抖音平台的主播，就可以为田园主义带来 30% 的订单量，效果可见一斑。

第二步，优化投放策略

投放推广是套组合拳，单做某一渠道的推广，会绕不开烧钱后没效果这个结果，除了选对 KOL，品牌还要学会合理利用资源，优化 KOL 投放策略。

1. 投放平台以点带面

过去的流量是单一的，如今的流量是立体的，一定要找一个聚焦点，以点带面匹配其他流量，而不是齐头并进，到头来哪里都没有做好。

怎么做呢？

第一，找到和产品最契合的平台圈层并打穿。

第二，复制到相似圈层。

第三，拓展到其他渠道。

我们来看两个新晋国货品牌完美日记、钟薛高的 KOL 投放打法。

完美日记的目标人群定位为 18 ~ 28 岁的年轻女性，这些 90 后、00 后的新生代群体接触的渠道更加多元化，所以完美日记在所有年轻人聚集的平台都大手笔投入：小红书、抖音、B 站……

初期，完美日记主要以小红书为主阵地做深度渗透，在一个平台探索出经验后，又以相同的方式复制到另一个平台，开始了在抖音、B 站等其他平台上的布局。

网红雪糕品牌钟薛高在品牌成立的第一年，和完美日记一样也是主要启动了小红书，集中精力把小红书做透。

钟薛高找到了大量的腰部和底部的 KOL，进行了试吃、互动和传播。在小红书做了大量种草的工作后，就有大量的用户跑到天猫去拔草，拔完草后对产品感觉不错，回到小红书继续种草。

在小红书打开品牌的知名度之后，钟薛高又延伸到了其他社交平台，在外围进行造势。

2. 金字塔模型策略

我在第三章中对金字塔投放策略有过详细阐述，主要是通过高效分层引流的打法，即头部明星、KOL 依靠自身的背书能力，为品牌制造话题、引发关注；中腰部红人通过场景化内容展示等方式打消消费者的购买疑虑；而尾部的 KOL 和 KOC 刷屏覆盖更多潜在的消费者，营造出全民带货的氛围。

除了名创优品，目前完美日记、王饱饱麦片、钟薛高等多个新晋网红国货品牌也都采用这种金字塔投放策略。

根据增长黑盒数据，完美日记在小红书上对明星（如罗云熙）、顶级 KOL（如李佳琦）、头部达人、腰部达人、初级达人、素人投放的人数比例分别是 1:1:3:46:100:150。

网红零食味 BACK 鱼皮各层级 KOL 的比例大致是 1:1:2:5:20:100；

当然，金字塔投放策略对于预算比较充足的品牌是可以借鉴的，但也不是充分必要的打法。

比如我在第二章提到的名创优品小笔芯口红案例，就没有用到头部 KOL，只选取了中腰部 KOL 和尾部 KOL 做传播，也可以在一定范围内引爆。

那么，如何判断是否需要头部流量背书呢？因产品而异。

对于用户而言，属于高决策成本的产品，就需要头部流量来进行专业背书，增强品牌力，如黑科技类产品、滋补品等。

低决策成本的，如食品、日用品，用头部流量背书的需求没有那么强。比如一款零食，好不好吃，通过大量的 KOC 来制造声量也可以证明。

所以品牌的这笔投入应该对标流量成本，而非专业背书价值，来评估这笔费用是否值得。

3. 明确传播节奏

在新品推广期或是某个活动的推广期，媒体组合和用户沟通触点的选择是品牌投放流量的保证。但如何更高效地转化流量，就依赖于品牌内容方向规划和媒体的投放节奏了。

表 6－3 是名创优品水光奇迹面膜的推广传播规划，从前期造势——到后期维护运营，总共用时一个半月左右。

表 6－3　名创优品水光奇迹面膜推广节奏表

阶段		预热（宣传期）	造势（体验期）	续热：口碑测评
时间		9月17—27日	9月21—7日	10月8—21日
		10分钟急救面膜		
线上	新媒体	1. 概念输出：10分钟补水急救面膜 初老少女图鉴话题造势 2. 打造旅行专题： 针对女生外出旅行护肤痛点打造面膜专题 微博蓝V联盟 ——联合旅行相关蓝V一起推面膜	全球招募面膜新品荣誉体验官	1. 官方面膜测评：面膜材质测评 2. KOL测评：外采KOL测评+种草 3. 加班族专题：聚焦加班族皮肤问题 1）加班族图文访谈，切入面膜护肤 2）漫画图文聚焦女性职场，引出护肤重要性 3）视频聚焦加班族情感需求，引出女性要呵护皮肤爱自己
	电商		1. 加2元获赠面膜成为新品体验官 2. 开放商城首页banner宣传面膜新品体验官活动 3. 制作物流DM单宣传面膜体验官活动	
线下	门店		1. 加2元获赠面膜成为新品体验官活动 2. 打造面膜新品陈列专区 3. 门店pop、收银物料、视频口播宣传	

预热期：借力热点话题官宣新品，发布活动预告，进行造势。

造势期：通过线上线下活动为店铺带来转化，并为后续线上大规模口碑塑造做铺垫。

续热期：重点在小红书、B 站、微博和抖音做产品的种草、测评和好物推荐，以刷屏的形式抓取受众记忆点，抢占受众心智，保持品牌的热度。

第三步，用好 KOL

品牌方和 KOL 双方的合作应该是一场双赢的品牌联动，而不单单是品牌砸钱买广告那么简单，品牌想做出效果，那么就要在投放内容上多下点功夫。

要记住的一点是，推广不是丢给 KOL 就完了，品牌方需要和 KOL 一起来共创内容。

1. 聚焦传播核心信息点

品牌方要确定核心推广需求，把需要呈现的核心亮点（比如性价比高、好用、品质好、安全等）整理出来发给 KOL，让 KOL 根据其粉丝群体来定制内容。

要想清楚传播的核心信息，然后在短时间内集中资源去做，让不同的 KOL 重复背书，形成叠加的累计认知。

表 6 - 4 是我在第三章提到的在名创优品面膜推广项目中给到 KOL 的内容方向需求。

表 6 - 4　名创优品面膜推广内容需求表

MINISO 安瓶精华系列面膜内容方向需求		
	渠道	内容方向
1	微博、小红书第一阶段测评	1. 四款面膜、玻尿酸敷上脸测评，其他三款照片露出 2. 试用面膜，对面膜成分（可包含重金属、荧光剂、pH 值测试）进行简单分析，重点突出 MINISO 安瓶精华系列面膜的安全性，打消消费者对面膜的安全顾虑 3. 重点写一下这款面膜的膜布（韩国超细纤维膜布，纤柔亲肤，拥有蚕丝般的触感）和服贴度、精华液、滋润度 4. 其他三款面膜做简单介绍
2	微博、小红书第二阶段口碑	1. 四款面膜、玻尿酸敷上脸，其他三款照片露出 2. 试用玻尿酸面膜，重点写一下这款面膜的膜布（韩国超细纤维膜布，纤柔亲肤——全世界唯一的超级细丝，拥有蚕丝般的触感）和服贴度、精华液、滋润度 3. 其他三款做简单介绍 4. 突出一下这款面膜的口碑和性价比，是平价面膜中的战斗机，大牌替代 5. 侧重对粉丝的种草
3	抖音第一阶段口碑	1. 从美妆的角度对本次面膜口碑给予肯定，强调面膜好用和最近很火爆 2. 强烈表达 KOL 本人对面膜的喜欢 3. 面膜露出要清晰，要在口播或是文案体现是名创面膜 4. 可简单介绍使用体验（好评）

（续）

MINISO 安瓶精华系列面膜内容方向需求		
	渠道	内容方向
4	抖音第二阶段挑战赛	挑战赛：敢不敢敷面膜时做这四件事 玩法：用户敷面膜接受挑战，成功完成下面四件事并且面膜没有掉即为挑战成功。 第一件事——敷面膜时一口吃掉一个鸡蛋 第二件事——敷面膜时张大嘴大笑 10 声 第三件事——敷面膜时倒立 第四件事——敷面膜时画一个眼妆 **首发：名创优品官方抖音** 挑战方式：小 M 敷面膜完成了吃鸡蛋、大笑 10 声以及倒立的挑战，最后输在了化妆上，因为小 M 不会化妆！ 产品引导：名创优品首发，在文案和口播上引导大家使用名创优品面膜进行挑战。 挑战成功奖励：挑战成功即有机会获得名创优品送出的抖音断货款。 **KOL 内容要求：** 1. KOL 响应名创优品官方面膜挑战赛，可以在此基础上延伸出自己的创意（例如其他更好玩的敷面膜方式） 2. 需要清晰露出玻尿酸面膜的封面，并口播或在文案中说明是名创优品的面膜 3. 强调一下玻尿酸面膜使用步骤有两步，一是安瓶精华液，二是敷面膜 4. 强调玻尿酸面膜的服帖程度和补水情况

我们会梳理出主推产品背后的供应商、研发故事、产品配方、功效原理等专业知识，并根据场景提炼出 1~2 个核心种草点给到不同的博主，比如性价比高、大牌替代等。

然后我们会针对不同平台的 KOL，制定大致的推广方向，比如小红书、微博以测评和好物种草为主，抖音则是以剧情、挑战赛为主要形式。在内容创作上不做限制，由博主自由发挥，我们只要把控核心卖点是否能在内容中得到深度体现，包括内容跟产品之间的关联、植入篇幅等。

2. 打造场景化内容

有些粉丝会对广告比较抵触，那就不能太生硬地进行推广，比如美妆类

KOL就可以分享化妆教程等干货，顺其自然地引入推广内容，太直接的内容很难说服用户买单。

推广的内容要从用户的需求出发，从多维度的话题场景切入，拒绝千篇一律。

这里跟大家分享一个名创优品MINI PONI彩妆投放的内容共创案例。

针对垂直类彩妆KOL，我们在内容上更重视用户体验、互动和干货分享。主要围绕以下几个方面去做内容输出。

（1）专业测评。

在小红书上，以真人试色为主，通过KOL上妆，对名创优品彩妆产品进行专业测评，贴近使用场景，勾画使用效果，精准覆盖用户圈层，为产品背书。

（2）创意仿妆教程。

在抖音和B站上，KOL以二次元仿妆、明星仿妆、秋冬妆容教程和变妆视频等多种创意彩妆内容，吸引大量粉丝关注并种草MINI PONI彩妆产品。

（3）美妆红黑榜。

在微博上，KOL会拿MINI PONI彩妆产品和其他品牌同类型的彩妆产品做对比，这种广告痕迹很小，更具有可信度。

对于非垂直类KOL，在内容上我们会更加注重有趣、个性，覆盖更多元圈层用户。

（4）创意剧情软植入。

比如在B站上，从粉丝兴趣出发，以有趣、搞笑的"变妆"视频内容（见图6-4）让观众直观地感受到名创优品MINI PONI能让人随心百变、自信变美的彩妆态度。

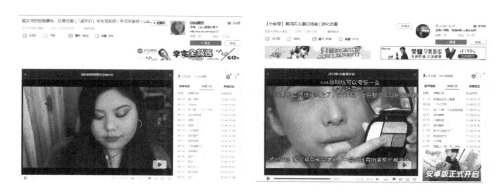

图 6 - 4　B 站上博主发布的名创优品彩妆视频

不同的 KOL 在不同场景下各司其职，形成协同，最终达成目的。

重要的是，这样的内容消费者爱看，而平台也愿意帮忙做分发，给予更多的流量。

3. 评论区控评引导

如今，粉丝在看完 KOL 的内容后，自发的留言会很大程度上影响用户的购买决策。因此，KOL 投放不能仅仅当做一次投放，投放后的舆论引导、评论优化也需要重视。

这里的控评不是指让 KOL 或是品牌方花钱买水军刷量，是指在评论区植入和品牌相关的内容，对粉丝进行引导。

第四步，做好流量承接

许多品牌在投放中专注于流量的导入，而忽略了站内外流量的承接，导致流量被白白地损耗掉。

什么是流量承接？一个是卖货转化，另一个是将公域流量转化为私域流量。

1. 卖货转化不是一个部门的事情

一个让人很无奈的现象是：在大多数公司里，营销只是一部分人的责任，而没有成为全公司的工作，部门之间是割裂的，公司内部的组织结构过于

"泾渭分明"。

事实上，一个产品或是活动被成功地推到市场上，开发消费者价值，提高消费者满意度，建立持续品牌关系等，需要所有职能部门的共同努力。

没有一个品牌部门可以独立承担完整的品牌推广工作，一个整合的项目意味着推拉式方法的集合，而不是零碎的、只靠品牌部门的单打独斗。

好比本书提到的所有名创优品的案例，背后都离不开跨部门的协同合作。

我们是怎么做的呢？每次的活动，我都会召集涉及的所有部门开会，分工明确，做好承接。

品牌中心负责总统筹，把控创意和投放推广；商品中心确保产品库存满足需求和上市时间；运营中心做好门店主推产品的堆头陈列和店员培训；电商部门做好线上店铺引流……从对外发声、渠道引流到线上传播引流、线下到店转化，每个环节都会有相关部门负责承接，口径统一。

这也是我们每一次品牌推广得以迅速落地，转化效果立竿见影的重大因素之一。

所以，如果说"品效合一"是一架战斗机，那品牌就是发动机、商品为两翼、运营中心是起落架，只有三者协同，品牌中心内容驱动、商品中心护航、运营中心承接，才能保证品效机身航行平稳、火力输出强劲！

2. 将公域流量转化为私域流量

如何将 KOL 的公域流量（相对于品牌来说）转化为品牌的私域流量？目前常用的是微信个人号、社群或者微信公众号，将导流过来的流量沉淀为品牌的用户资产。

至于怎么盘活这波圈进来的流量，微信个人号要做好精细化运营，日常不卖货，只分享内容，提高静默下单比例，然后在指定的时间或是大促期间统一做一波大的活动刺激交易。

社群的运营也一样，只做干货输出群、专家解答群、打卡群、产品体验官群等，至于福利群、活动群、卖货群功利性都太强，可以在大促活动前建个"闪购群"，限时几天，活动结束群就解散。

针对私域流量的用户运营会在第七章节详细介绍，这里不详细展开。

第五步，复盘反馈

投放不是拍脑袋决定的，数据会说话，只有不断复盘，优化营销打法和内容形式，才能避免踩更多的坑，找到自己的增长之路。

1. 数据收集，效果评估

很多品牌理解的种草和带货就是带销量，但是大部分用户的转化路径都遵循 AISAS（认知—兴趣—搜索—购买—分享/复购）漏斗模型，除了头部的 KOL，大多数中腰部以下的 KOL 都很少能做到推广一次，就能为品牌提升销量。

这是一个循序渐进的过程，投放是要进行不断的声量积累来达到后期的销量爆发。

比如品牌找了 KOL 推广产品，虽然没有直接带来明显的销量增长，但是发现产品或是品牌在社交平台的讨论量、在电商平台和百度上的搜索指数、店铺访问量、收藏量和官方社交平台粉丝量这些指标都增加了，这也是带货、带品牌的一种，衡量的是多方指标综合的叠加效应。

我们评估 KOL 的价值会套用一个公式（见图 6-5）：

$$KOL 价值 = 用户价值 × 触达价值 × 社交价值 × 成本维度$$

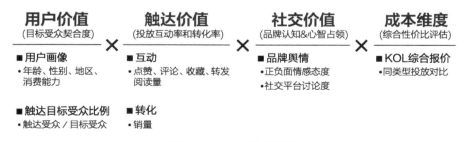

图 6-5　KOL 价值模型

用户价值：即 KOL 的粉丝与品牌目标受众的重合度；

触达价值：即广告投放互动率和转化率；

社交价值：即品牌或是产品口碑舆情反馈；

成本维度：即综合评估 KOL 的性价比。

以小红书为例，除了看博主的评论量、点赞量、收藏数，内容质量、粉丝真实评论反馈都是我们比较在意的综合指标（见图 6 - 6）。

图 6 - 6　博主数据反馈

我们会根据整体数据给这些合作过的 KOL 做分类，例如，有些 KOL 适合做品牌曝光，有些 KOL 适合带货，有些 KOL 适合某个品类，各有什么优劣势，都逐一用表格做好记录并进行汇总，在下一次的推广合作时作为参考依据。

有了自己的 KOL 池（KOL 粉丝画像、投放记录、转化效果、价格等数据的变化趋势）之后，在下一次的投放中就不容易踩雷了。

2. 做好案例包装

很多品牌的项目在推广结束后就没有下文了，而在名创优品每一次大的项目推广结束后，我都会要求团队形成结案报告，并做对案例进行包装。

这样做的目的主要是在于：

（1）在垂直类品牌营销平台传播。

通过垂直类的自媒体平台为项目做案例包装，从专业点评的角度切入，全面提升品牌在行业中的形象。

如名创优品×鹿晗运动季项目就被收录在金旗奖《2017 年最具公众影响力公共关系案例集》中。

（2）申报奖项。

对于做得出彩的项目，我们还会在每年年底申报营销领域相关的奖项。

其中，名创优品×鹿晗运动季项目在 818 份参选案例，69 个同类案例角逐中，一举获得金旗奖"娱乐营销金奖"和金匠奖"最佳娱乐营销奖"；

名创优品×TFBOYS 五周年项目摘得金匠奖"B2C 最佳娱乐营销奖"银奖和金匠奖"B2C 最佳社交媒体传播奖"银奖等；

粉红豹 IP 推广项目摘得新浪微博（广东）"年度十大创新营销奖"等。

一方面，这是检验我们团队操盘这些项目，和同行业内的其他品牌对比含金量有多大的方式之一，同时也为品牌争取了更多的曝光；另一方面，也是对我们团队在整个项目过程中付出心血的最大肯定，接下来才会更有信心做好每一个项目。

直播带货：90％品牌的大型自嗨现场

如果说 KOL 种草是品牌的标配，那么直播则成了商家的主流带货模式。

在 2020 年的"双 11"大战中，直播更是被提到了前所未有的高度。根据淘宝官方公布的数据，2020 年"双 11"预售开启 10 分钟后，淘宝直播引导的成交额就超过 2019 年"双 11"全天的成交额，增长达 4 倍。在美妆领域，共有 12 个单品在淘宝直播 1 小时销售额过亿元。

其中，2020 年 10 月 21 日这天，李佳琦引导的销售额就超过 39 亿元。

在这种热度下，各路红人和明星都纷纷入局抢占直播风口红利，一时间似乎只要有网络的地方，就有直播间的诞生。

那么，在流量转化越发艰难的今天，直播带货真的是解决品牌焦虑的救命稻草吗？

一、电商直播火起来的本质是什么

如果我们站在品牌传播的视角看，可以发现，传播的本质是被三个互相拉锯的池塘包围着：

一边是流量池（消费者），一边是品牌（商品池），一边是渠道（消费场景）。

也就是我们常说的人、货、场。

在过去的营销环境里，但凡需要重度决策的商品，就需要对用户进行长时间的教育，各种电视广告、户外广告，加上海量 KOL 测评文章，以及各种网站和 App 信息流的轮番轰炸。

在这个过程中，品牌方的投入非常巨大，中间不可控因素太多，数据监测也有诸多盲区，这种不确定性让品牌对自己投放出去的钱是心里没底的："我知道我的广告费有一半浪费了，然而我却不知道是哪一半被浪费了。"

在这种契机下，直播电商新疆域的拓展，让主播逐渐成为撬动新商业的杠杆。

当李佳琦一句"Oh my god"让多款口红卖到断货时，他就是渠道，如果按照单位时间内的销售额计算，李佳琦比全中国任何一家线下商超的渠道能力都强。

李佳琦这些人所做的事情，就是通过提供实时互动的视频内容，搭建起一个有吸引力的消费场景，让流量池里面的人，尽可能地关注、信赖，最终购买另一个池子里的商品。

在全域流量漫灌之下，这无疑是对平台尤其是商家释放出一种诱惑的信号，淘宝直播就是可视化变现的最短路径。

也就是说，电商直播的短平快让一些企业看明白了：自己投在广告上的钱到底花在了哪里？带来了多少销售转化？它把商家花钱引发效果变现的路径缩短了：帮助品牌在一个直播间内完成从声量到销量、从种草到拔草的营销短链。

从消费者的角度来看，主播直播间本质上就是一个大型聚划算现场，提供的商品性价比高，毕竟没有人希望用更贵的价格买相同品质的商品。

低价引流是永不过时的金科玉律，深谙此道的主播把这套玩到了极致。

观察李佳琦的直播可以发现，他除了在现场展示产品功效怎么好之外，大半的时间都在反复给用户强调他的直播间的产品是特价，比"618""双11"低，比美淘低，比免税店低，不止低价甚至赠品还超多。

一句话，进入他直播间的产品是全渠道最低价，消费者在其他渠道找不到比在他的直播间价格低的。

试想一下，低折扣、限量、限时 + 礼包的超级优惠组合一起砸到你的头顶，而且出了直播间就没有了，这种诱惑一般人谁受得了啊。就这样，李佳琦的"全体女生"只要点进去了，似乎就很难带着钱包里的钱全身而退。

看到这里也许有人会产生疑惑，既然这样，商家直接打折出售产品不就好了？

真是那么简单吗？非也。

95 后、00 后等新一代消费者，因为从小就在接收网络信息，在信息爆炸的环境中变得"冷漠"，一般"低密度的爽点"根本刺激不到他们。

新一代年轻人对刺激的忍耐度、需求度在不断增加，即用户的心智在飞速迭代，甚至商家直白地将 5 折的优惠券送过来他们都懒得点。

电商直播则不同，在商品售卖的过程中，把卖家推向了前台，消费者在购物时，从"商品与人的对话"变成了"人与人的对话"，一件商品由主播口中说出来，就极容易给用户极强的代入感和稀缺感。

作为一名资深的网购用户，我仔细研究了李佳琦的语录，不得不说李佳琦直播间的话术真的是戳到了无数女性心里的爽点，且是持续密集的，一环扣一环。

比如对于化妆品，他是这样说的：

"有一种初恋的感觉，质地很润，细腻顺滑，还带有淡淡的水蜜桃香，贵妇必买！"

"而且它是限量色，梅子酱的紫色调，看起来就超级优雅，涂上你就是贵妇！"

"这支就是每个女生都必备的烂番茄色，完全不挑人，十分显白。"

主题鲜明且强烈，再配上勾魂夺魄的一句"Oh my god"，几乎所有女性都会下单。

另外，直播间里不间断的福利攻势让人没有招架之力。几乎所有的主播都会在直播时以回答粉丝的问题、通过刷屏进行抽奖等方式，与粉丝保持良好的互动。就像施了魔法，主播们把"下单购买"这个行为变轻了，让直播的福利"放大"了。

这种通过流量打下价格卖货的场景，是不是很熟悉？不就是"以更低的价格，拼团购买商品"的拼多多模式吗？同样都是"人更多，价更低；价更低，人更多"的循环，同样是希望争取更低的价格，二者在卖货的本质上何其相似。

二、明星入局电商直播惨遭滑铁卢

随着直播行业变得越来越热闹，目之所及，似乎都是时不我待的机会。在流量与利益的驱动下，不少明星纷纷跨界加入直播带货阵容。

但目光聚集之处，或者流量聚集之处，未必就是金钱随之而来，很多明星纷纷"翻车"，被嘲带不动货，频频遭遇带货零销售的滑铁卢。

在带货方面，明星效应不管用吗？我试着拆解了一下。

首先，明星能不能带货，其实和绝对的名气没有直接关系。

明星有自身的定位，一个职业演员突然以直播的形式吆喝卖货，一个知性优雅的主持人突然卖起了米面粮油，呈现在镜头前的更多是水土不服和违和感。

作为消费者，很难想象看起来光鲜亮丽的明星苦口婆心地给你推荐产品，还说着"1350元全部带走"这样的话。

其次，无数的事实证明，即使是有流量、有知名度的明星，给自己的品牌带货也未必能走得长远。

明星效应能给品牌从 0 到 1 做助攻，但从 1 到 10 能不能跑出来，靠的还是背后团队的实力。供应链、品牌建设、运营缺一不可，并不是单靠一时的流量收割就能走得长远的。

看看明星开餐厅、卖辣酱、卖衣服、开奶茶店的结局，有多少人是火了一段时间就再无下文了？无人问津的门店、惨淡的销量都让人惊叹，当初那些疯狂的粉丝去哪儿了？

当然，也有明星带货销量有保证的，但无不是明星全力做宣传，主播用力吆喝卖货，品牌全域投放攒热度，运营精细化，承接流量，最后还得加上全网最低价，各个环节缺一不可。

所以，品牌方不要迷信明星直播带货，否则一路走下去，一路都是大坑。

三、直播种草的天花板

当我们在讨论电商直播的时候，我们讨论的只是冰山一角。

诚然，直播的现状在从业人员和正在入市的资本方看来是一片沃土和蓝海，那么，电商直播就没有天花板了吗？

首先，电商直播的受众面是狭窄的。比如，一万个李佳琦也搞不定一个直男。

李佳琦直播间的某次"翻车"事件就是一个很好的证明。

我们来还原下现场，当时李佳琦在直播间售卖某高端男性护肤品，花了十分钟疯狂推荐，希望所有女孩买给自己的男朋友甚至是弟弟，得到的答案却是：他不配。

这也预示着即使是被万千剁手党女孩视为带货之神的李佳琦，想要做男人生意的心，也会被按在地上摩擦。

其次，直播购物最让人诟病的，就是它的时间真的是很长。要知道，在生活节奏如此快的今天，除非是闲得发慌，否则让用户花四五个小时在屏幕前蹲守一场漫长的种草，是很考验人的耐心和时间成本的。

数据就是最好的佐证，查看李佳琦"双 11"前后直播的观看数据，会发现也只在"双11"当天出现了一个观看高峰，过后就仿佛一夜回到解放前。

再次，有些主播全程下来内容单一到让人诟病，整个现场就像是大型喊麦促销。

最后，李佳琦等头部主播的成功之路难以复制。

比如李佳琦的成功，很大程度上是因为之前柜台导购的经历，决定了他在彩妆领域的专业度和对女性消费群体的了解，他的特质非常匹配美妆直播这个领域，加上他流畅自然的表达，还有在社交平台里被大家公认的敬业和努力，让李佳琦在直播领域里成了"孤例"。

李佳琦这种现象级人物的背后，呈现出的是榜单上带货能力的断崖式落差。

似乎没有人会否认，头部的主播和商家吃下了行业80%的利润，而很多商家往往是请不起头部主播的。

一些小众品牌的窘境随处可见，付出与收获不成正比。即使是请了网红主播做直播推广，留存率也很低，大家只认人，不识品牌，雁过无痕。

更有甚者，商家有可能为了一场直播储备了大批货物，但因为退货率太高，被拉向高库存的深渊。

无疑，直播带货是火了，但跟着风口飞起来的只是主播，商家则源源不断成了受害者。

在这里我想给各位蜂拥而至的商家们泼一盆冷水，直播种草能为你带来一时的流量收割，也容易让你死于短线钓大鱼的自嗨。

毕竟，在直播间里品牌和主播人气都不是最关键的，价格才是最关键的。它像一根羽毛，在撩拨消费者，激发他们的肾上腺素，导致"一时冲动"下单购买。

不少消费者是图新鲜、图便宜购买网红推销的产品，这是一批典型的"流量用户"的薅羊毛行为。当产品价格不再便宜，没有了新鲜感之后，消费者的消费动机就没有了。

我们再来看下 2020 年"双 11"预售排名前几的品牌：苹果、雅诗兰黛、华为、资生堂……不要只看这些品牌被带货的光鲜表面，也要透过本质去深挖一下品牌背后多年的积淀。

即便是实力雄厚如雅诗兰黛，也在投放上布下了天罗地网：顶级流量明星代言 + 头部网红推荐 + 腰部达人密集种草 + 空前优惠福利，才在"双 11"的战场厮杀中笑到了最后。

更别提雅诗兰黛多年来深耕其他的渠道，比如 TVC（广告片）、户外广告牌，通过简单信息的重复触达，让消费者产生品牌记忆，为产品消费赋能，无论是在品牌营销深度还是广度上都做得很好，拥有真正强大的品牌资产。

所以，不要迷恋直播，直播能提供的是"再加一把柴"，无法雪中送炭，更多的是锦上添花。直播带货并非神话，作为营销生态闭环中的一步，它只是品牌解决方案里流量转化的一环。

整合 BD 资源，省下千万元广告费

前面分享了花钱买流量的媒介投放策略，但是如果品牌想要以轻投入的方式去做推广传播，又是怎样的打法呢？

当品牌做大了，有了把控流量的能力之后，自身就会拥有媒体属性，吸引其他资源。这种营销资源的整合力，可以说就是品牌的一个"天赋"，也是品牌核心竞争力的一部分。

这时，品牌通过整合自身资源，用不花钱或是预算投入少的方式来置换，达到互相借势、品牌双赢的效果，相较于直接花钱买流量来说，就是成本控制的一大方法，也是 BD 合作的初衷。

怎么做呢？

第一步：内视外窥

1. 内视：梳理自身的资源优势

品牌在进行 BD 合作之前，需要了解自身有什么资源优势。

比如名创优品能用于资源置换的主要是三大类：

（1）线上新媒体平台流量：3000 万粉丝的名创优品微信公众号、150 万粉丝的名创优品微博等。

（2）线下实体门店流量：全国几千家实体门店，庞大的线下客流量。

（3）产品资源：品类丰富的产品。

2. 外窥：找到可以互相赋能的品牌

这里的赋能是指对名创优品品牌、产品传播效果和达成销售购买起到强助推作用。

基于品牌调性的契合，那么能够和名创优品进行合作的品牌要满足以下条件：

（1）受众圈层——目标消费者重合度（年龄、性别、地域、消费水平）。

（2）产品/活动——（给消费者惊喜感、满足情感需求）。

（3）品牌理念——契合度或者互补点（创新、反差）。

（4）品牌地位——知名度、影响力和量级，门当户对（互利共赢）。

第二步：明确合作阶段目标

在合作之前，需要评估合作目标是什么，是品牌或产品的传播，还是达成销售转化？如果是品牌传播，哪个领域是拓展重点？这一步决定了方向，方向决定了效率。

基于名创优品线上线下庞大的流量优势和产品资源，这些年，我们针对不同合作对象做了不少的轻量级和重量级的合作。

类型一：撬动明星影视资源

在前文中，我提到过名创优品微信公众号粉丝量 3000 万，服务号单条阅读量超过 200 万，订阅号单条阅读量超过 30 万，是实体零售企业第一大号，并长期占据新榜企业榜第一名。

但要找到这么大量级的品牌去做置换很难，所以我们改变策略，把焦点集中在娱乐资源这个板块。

比如通过影视、综艺、娱乐宣传等进行资源置换，电影路演需要渠道宣发，品牌需要凭借明星的"路人缘"，与泛娱乐的消费者达成联系，塑造品牌形象，还可以通过"明星介质"与其背后的粉丝进行深度沟通，触及主要的消费力量。

通过两个案例和大家阐述下名创优品是怎么做的。

第一个案例是：名创优品 × 《狄仁杰之四大天王》。

由徐克导演，赵又廷、冯绍峰、林更新、马思纯、刘嘉玲等大咖主演的电影《狄仁杰之四大天王》当时在内地上映，片方联系我们，希望通过资源置换的形式来宣传这部影片。

当时片方看重名创优品的资源主要是三个方面：

一是名创优品微信订阅号，二是名创优品官方微博，三是名创优品线下门店。

而名创优品谈到的权益是：

（1）电影主演明星 Q 版限量版周边产品 100 份。

（2）电影主创明星赵又廷、冯绍峰、林更新、马思纯等签名照共 16 张。

（3）北京首映礼嘉宾粉丝名额 8 位，用于做粉丝福利。

（4）向名创优品提供《狄仁杰之四大天王》电子通兑券 400 张，全国范围可用。

本次活动的明星签名照、电影票等权益，我们全部用于在社交平台上做粉丝福利活动。这个活动在微博上引发了粉丝的激情，最终有超过 1 万的转发量，1 万多条的评论（见图 6 - 7）。而明星效应也带来了传播转化，很多粉丝专门发微博感谢我们，在社交平台上为名创优品制造了一大波口碑营销。

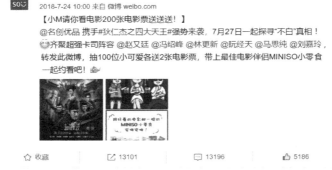

图 6 - 7　名创优品×《狄仁杰四大天王》活动

看到这里很多读者会说，名创优品的线上流量这么大，所以做娱乐资源拓展相对容易，但对于线上流量稀缺的中小品牌而言，就玩不转了。

并非如此。

我们来看第二个案例：名创优品×《火王之破晓之战》。

2017 年 6 月 3 日，由芒果 TV 出品，著名影星陈柏霖和景甜联袂主演的《火王之破晓之战》在北京召开发布会，当时有几十家媒体、投资方、台领导、主演（艺人商务团队）主创、剧方出席。

我们跟这部剧的合作形式是，名创优品只需要为发布会提供 500 瓶名创冰泉，我们会得到主演喝名创冰泉的照片作为传播素材。

后期，我们将这些素材在抖音、微信、小红书等多平台分发，充分发挥明星的长尾效应。这对名创优品而言，几乎是不花什么成本就置换到了大流量。

和明星进行捆绑带来的曝光、话题热度以及转化效果，有时会远高于我们花几十万元去做一场创意性的传播，而且大大降低了品牌的营销传播成本。

所以，品牌在规划 BD 合作时，要有意识地联合影业、制片方、院线等资源，借助增加曝光、制造话题等形式，缓解品牌营销预算缩紧的压力。

类型二：蓝 V 联盟

蓝 V 联盟的形式可以从两个到多个，甚至几十个。更多的是单纯在新媒体层面的合作，通过多个品牌各自影响力的叠加，取得事件性的效果。

如果是气质相近、粉丝重合度高、人气足的品牌，加上一点创意，各自的优势都能得以发挥，品牌蓝 V 联合的优势就很明显了。

目前有很多蓝 V 联盟社群，里面有各行各业的新媒体编辑，品牌可以在这方面多拓展资源，在有新品上市或是活动推广时，利用社群发起联盟。

玩法：礼品置换＋抽奖＋互推＋导流粉丝。

比如我在第四章中提到的林书豪明星篮球赛案例，在微博上，名创优品就联合六神、蜜芽等十多个品牌，以蓝 V 接力的形式发起了蓝 V 联盟抽奖送门票的活动（见图 6 - 8）。

图 6 - 8　林书豪明星赛微博蓝 V 接力活动

从上午 10 点开始，名创优品官方微博发起抽奖活动并＠一个蓝 V，隔一个小时再由这个蓝 V 转发名创优品的微博并＠另一个蓝 V，如此循环下去，就会形成一波又一波的蓝 V 接力。之后再通过点赞、评论等形式持续互动，在统一的平台、用统一的话题、在统一的时间段持续造势，使得这波活动的势能集中爆发，阅读量总计 766.5 万，话题参与人数 2.3 万人。

这种资源置换的方式对品牌方非常友好，一是可以节省推广费用，我们只需要提供礼品就行；二是通过借力，把对方的粉丝圈成自己的粉丝，对参与的品牌来说可以说是双赢。

类型三：赞助体育赛事

近年来，马拉松、越野、路跑等体育赛事受到年轻人的欢迎，品牌以产品赞助的形式实现运动圈层破圈，通过营造青春激昂、蓬勃向上的氛围与品牌形象，赢得消费者对品牌内涵的认同和与消费者之间的交流互动，不失为一个低成本传播的方式。

案例：名创优品×瑞丽樱花跑项目。

"樱妳而来"上海樱花节女子 10 千米路跑是尊安体育和宝山区政府及顾村公园共同打造的品牌赛，也是上海樱花节的传统项目之一。这个活动集樱花、女性、运动三项主题于一身。

名创优品在 2016 年和 2017 年连续两年都以樱花跑活动唯一指定用水的赞助商名义参与，之所以选择这个活动进行合作，主要是基于以下几点考虑：

第一，活动参与的人群以年轻女性为主，和名创优品的受众人群高度契合，且带有公益性质，我们想通过这个活动来传递品牌的价值观——支持女性绽放特有的独立自律的柔性力量。

第二，名创优品在 2016 年主推的产品是名创冰泉，作为天然饮用矿泉水，对运动员的水分及营养补给是最具价值的，这对我们的产品宣传和口碑打造无疑是最好的传播方式。

第三，2017 年，名创优品牵手粉红豹，而粉红豹是最受女性欢迎的动漫IP 之一，加上 2017 年樱花跑活动有流量明星吴磊的加入，明星效应显著。

我们在现场设置了互动展台，轻松、有趣的互动游戏让现场的女生们争相参与其中，门面担当粉红豹人偶更是参与了此次活动的全程，成为女性跑友们争相合影的对象，也让我们的展台也成了现场最具人气的品牌区域（见图6-9）。

图6-9　名创优品×瑞丽樱花跑活动

类型四：门店异业合作

在BD合作中，线上新媒体渠道和产品置换可以减少品牌传播成本，庞大的线下门店资源则是可以带来销售转化的。

尤其是名创优品全国几千家门店的体量，对很多品牌来说是可望而不可即的，所以成了很多人眼中的香饽饽。

分享两个案例。

第一个案例：名创优品×支付宝。

前几年，支付宝支付和微信支付为了争取线下实体门店的流量，在拓客拉新上一直处于神仙打架、各显神通的状态。

依托于线下门店的庞大流量，支付宝在合作上对名创优品展现出了最大的诚意。

2017—2018年，支付宝联合名创优品在门店推出了支付宝扫码领红包活动（见图6-10）。

在用户侧，用户在活动期间，每天可以扫码领取一次红包，并可以在名创优品门店消费时抵扣掉，这笔补贴费用由支付宝承担。

在品牌侧，为了获得名创优品门店的支持，支付宝针对名创优品给予了用户每支付一笔即可获得随机返佣的金额，力度之大，前所未有。

图6-10　名创优品×支付宝扫码领红包活动

整个活动周期持续半年，既促进了名创优品门店的销售，也给我们带来了共计3636131.5元的返佣金额。

在2017年的"双12"活动中，支付宝针对几大品牌推出满50元减20元的优惠券（见图6-11），因为名创优品客单价只有50多元，这对消费者来说相当于5折优惠的力度。

6-11　支付宝"双12"活动优惠券

而活动仅限"双12"当天，毫不夸张地说，名创优品全国门店被前来核销优惠券的消费者挤爆了，最后核销优惠券的数量高达32万张，核销金额640万元，而这笔费用全部由支付宝承担。

第二个案例：名创优品×建行龙支付。

还有一种能给品牌带来直观销售转化的是和银行的合作，如消费者持有合作银行的卡可在门店享受一定额度的优惠，建行龙支付联合名创优品推出满减活动就属于这种范畴。

活动期间，每周五、六、日及法定节假日，消费者使用建设银行龙支付（限借记卡、钱包）在名创优品的线下门店付款，首笔享满50元立减20元优惠；第2～4笔消费随机立减最高10元。每人每天限享1次，活动期间可共享4次优惠，费用是由银行来承担的。

无论是支付宝还是银行的活动，这种大额满减的形式对于消费者是巨大的利益刺激，给双方带来的转化是可以预见的，支付宝和银行完成了用户拉新指标，名创优品则实现了销量的增长，可以说是共赢。

最后针对本章内容做个小结。

营销本身没有万能公式，只有自己走出来的路才是最有价值的。

尤其是在低增长时代，品牌应该做的是增加有目的的、有价值的市场预算。品牌应该根据自身实际，思考将资源放在哪里，在不同的平台上打造自己的投放策略矩阵，琢磨出自己的一套玩法。

第七章

企业必修内功：用户精细化运营

私域流量运营，不能一开始就想着"榨光用户"，这是一个需要时间和精力的长线工作。

——木兰姐

在名创优品这些年的发展过程中，我感触最深的一点是：我们最大的竞争对手其实不是同行，而是我们的用户。

怎么理解这句话？如果看到的只是同行，那结果就是同质化，就是山寨，就是价格竞争。但市场竞争不应该是同质化产品的价格竞争，而应该是围绕市场需求发生的，满足需求，或者引导需求。那么，市场需求由谁来决定？当然是我们的用户。

今天的消费者已经不是简单的产品购买者和使用者。他们变成了品牌的共建者和拥护者，或者产品的推广者和分销者，甚至是产品的创新者。

一旦我们将品牌视为企业与用户的共同体，那么品牌的一切行为，不管是产品研发、营销推广还是粉丝活动、媒介策略，都是在与用户进行沟通共创的过程。

所以品牌的核心逻辑在于运营用户，而塑造品牌的过程就是企业与用户进行价值共创、内容共鸣、传播同频的过程，品牌是否成功，全看用户买不买账。

这也是为什么近年来名创优品开始重视用户对品牌的话语权，将重心从拉新增长转移到重视存量用户的垂直运营，即用户精细化运营。

那么，这些年名创优品做好用户运营的关键是什么呢？这里面有一个很重要的抓手：私域流量的精细化运营。

私域流量的本质是人

私域流量这个概念兴起于 2018 年，这两年来一直是各大品牌做增长绕不开的一个领域和话题。尤其是 2020 年新冠肺炎疫情期间，不少企业开始加速向线上转型，更是让爆火的私域流量意识迎来了空前的觉醒。

目前业内对私域流量的定义普遍是：品牌或个人自主拥有的、可以自由控制的、免费的、可多次利用的流量，包含微信个人号、微信公众号、微信群、微信朋友圈或品牌自主研发的 App、小程序等。

与私域流量对应的就是公域流量，也就是这些流量不是品牌自己的，而是花钱在其他平台买来的。具体到实际，比如天猫、淘宝、百度、京东、今日头条、拼多多等平台的流量，这些流量是没有门槛的，花钱就能进场，出高价就能快速揽客。

私域流量为什么火了？

我的理解是，在互联网红利期，大网捕鱼，一撒一捞一个准，鱼多人少，野塘（公域）的鱼都抓不完，谁还管什么私域流量。

当下很多企业集体重押私域流量，很明显反映了一个问题，就是蛋糕不再变大，想分一杯羹的人却越来越多。再加上获客低转化遇到高成本助推，在新的现实面前，企业不得不重新审视用户的价值。以前只是求转化，有购买就行，现在还要考虑能不能让用户复购，再复购，甚至让老用户带来新用户。

但是，这几年在和一些企业交流的过程中，我发现很多品牌在私域流量运营上陷入了几个误区。

第一，私域流量 = 社群 + 微信个人号。

我想要强调的一点是，做私域流量一定要有矩阵思维。而要找到私域的触点入口，第一步得先知道流量从哪里来。

很多人会狭隘地认为，私域流量仅存在于线上，比如社群、微信朋友圈就是私域流量，而一些庞大的线下流量就被忽视掉了。

事实上，每位走进门店的、有购买意愿的潜在消费者都是品牌的私域流量。如果是零售连锁品牌，比如名创优品、良品铺子、完美日记这种在线下开设门店的，那么每天到店的顾客就是品牌最大的天然私域流量。

消费者进入门店后，怎么促成交易，让他们成为我们的粉丝，加入会员，而离开门店后，怎么通过做好数字化承接，来跟这些消费者进行有效触达并进行管理，把他们沉淀为高价值用户，这才是最核心的。

同样，品牌还有在各大社交平台和天猫、京东、拼多多、自有商城上的大量用户数据，以及 CRM 里的沉淀数据，这些是品牌实实在在抓在自己手里的，也是品牌的私域流量的来源。

第二，把用户当流量，没有围绕"人"产生有温度的情感连接。

目前很多品牌做私域流量，仍然是沿用原来的电商思维，是转化率和收割韭菜的概念。

比如做社群，很多品牌只是让客服团队注册大量微信个人号，把用户圈进来，然后在群里发各种各样的广告信息进行轰炸，这样做的结果是大部分社群很快就会变成"僵尸群"，很难长久持续运营。

私域流量赋能品牌，要做的是经营用户的终身价值，把卖货逻辑（流量收割）转变为用户价值的逻辑（顾客终身价值）。

卖货是把产品卖给 100 个人、1000 个人，而经营用户是筛选出"信任流量"，让他/她买 100 个产品或者让这个人推荐 100 个人来买，是一种信任关系。

第三，重价格驱动，轻内容输出。

优质内容严重不足，这个从社交媒体时代一开始就呈现出来的难题，在私域流量运营方面越发明显。

而内容传达给消费者的产品卖点、品牌价值观、活动吸引力非常重要，如果只拿折扣和优惠疯狂吸粉，让用户完全被价格驱动，是对本就不强的品牌力的持续透支和稀释。

从底层往上说，私域流量的本质并不是流量，而是人。人不是单纯的数据表现，它背后有着千丝万缕的情感连接。

所以，真正能帮助品牌挖掘私域流量价值、和其他品牌拉开差距的是坚持精细化运营，以用户为核心，设计好运营路径的每一个细节，做好每一次和用户的沟通互动。

正是因为更早地看到了流量的本质，在私域流量还远没开始被广泛讨论的时期，名创优品就有幸借助互联网的东风，把各个渠道的流量进行整合、打通，走出了一条"门店＋会员深度运营＋新社群营销"的线上线下私域流量打法组合拳。

3000万会员增长策略：用户终身价值经营

从2017年开始，名创优品的会员战略就初见端倪。

和大多数品牌一样，当时发展中的名创优品面临着三个痛点：

在数据层面，我们线上线下都拥有着庞大的流量，但各渠道（门店、电商、线上新媒体）数据分散，无法打通，数据对营销活动的驱动力弱。更好理解的说法是，我们无法清晰地知道用户的性别、年龄、职业与身份，他/她喜欢什么、热衷于哪些品牌、关心哪些时事、会被怎样的内容吸引。

在运营层面，缺乏系统的运营体系，运营成本高，无法根据不同的用户和场景，针对性地提供差异化服务，未能形成品牌竞争力和品牌特色。

在门店层面，无法有效赋能终端门店。具体表现为，缺少门店营销赋能工具；活动与运营等依赖门店店员，缺乏对周围3公里消费者有效运营的手段。

2017年是小程序爆发元年，依附于微信生态的小程序对线下新零售来说不仅仅是一个销售渠道，也是非常好的品牌曝光、品牌与用户深度沟通的平台。

为打通各渠道的数据，提升用户体验，名创优品上线会员小程序（见图7－1），正式成了私域流量精细化运营的排头兵及最前端的载体。

图 7－1　名创优品 SCRM 架构

那么，会员从哪里来？

在初始阶段，名创优品主要通过以下几种方式拉新客流：

线上：经过多年的耕耘，名创优品 3000 万粉丝微信公众号形成了天然的私域流量池，为我们把粉丝沉淀成会员提供了良好的土壤。这也是我建议品牌要重视微信公众号的原因，微信公众号现在就是品牌的私域流量官网。

线下：我们沿用了扫码关注名创优品微信公众号的方法，门店收银员引导消费者扫码注册会员送购物袋（见图 7－2）。

图 7－2　门店扫码注册会员送购物袋活动

因为都是自己的流量，所以名创优品会员原始积累冷启动的成本非常低。截至目前，通过线上线下双渠道引流，名创优品小程序会员数已接近 3000 万，复购率实现超过 3 倍增长（统计周期为 2019 年 11 月 1 日至 2020 年 5 月 31 日，以及 2018 年 11 月 1 日至 2019 年 5 月 31 日）。

3000 万人是什么概念？这个数字几乎等同于一个超级大都市的人口数量（上海市 2019 年常住人口数是 2428 万）。所以，当我们谈论名创优品会员系统时，其实我们在谈论的是一座流量城池。

那么，名创优品又是怎么运营、盘活这个庞大的会员体系的呢？

一、组织架构是"骨骼"

因为会员运营会调动企业的电商、门店、商品、物流、品牌、市场、技术等各个部门，所以当时品牌中心作为主导部门，联合信息技术管理中心、运营中心、商品中心以及电商事业部成立了名创优品会员小组。

二、数据能力是"血"

用户洞察不是一个主观的感性的词汇，而是一道浩瀚如烟海的"数学题"，需要全面了解用户画像、行为习惯，将用户从"冷冰冰的数字"变成"鲜活的个体"，并根据他们的需求，持续发生交互。

在用户分析上，数据可以进行精准的用户喜好预测。比如通过对名创优品客群的分析，我们发现许多有趣的数据结论：主力消费人群的特征是爱漂亮，这群人占比27%，消费频次和贡献力度最大；多件囤货群、IP 爱好者、零食吃货群、周末遛娃群（周末带娃买玩具）也是名创优品客群的消费主力。

经过解读，这些数据就能进一步指导品牌决策。像上面所提到的 IP 爱好者，背后折射出的是当下年轻人的喜好，为此名创优品迅速做出反应，引入国际大 IP，并摸索出了一套成熟的 IP 合作体系，与粉红豹、Kakao Friends、漫威、故宫等多个 IP 合作推出了周边产品，迎合年轻人的潮流品位，提供原创设计。

三、运营机制是"肉"

说到运营用户，在零售行业也不是个新概念了。但如何有效地操作，实现真正的维护与转化，则存在很多待精进的地方。

在这个板块，名创优品所有的核心都是围绕用户的价值，主要是采取了以下三个策略。

1. 产品提频

高频、刚需的产品可以做流量型产品，吸引会员到店，比如名创优品的核心产品是生活日用、美妆类和零食类产品（见图 7-3），在消费者的心智中渗透率比较高。

图 7-3　名创优品零食节活动

名创优品针对会员推出加 1 元换购面膜、美妆蛋爆品推广、吃货节（会员购满食品 5 件以上，可得全场食品满 100 减 15 元券）等活动。

其中，配合美妆蛋的爆款推广活动，触达大概率到店消费并购买美妆工具的会员。触达会员一周的消费率就达到 24% 以上，且其中三分之一的会员购买了美妆工具大类。

此外，还有我们的 1 元换购面膜活动，会员在参与领取面膜的活动后，对名创优品面膜的信任度进一步提升，更多会员会在购物时选择消费面膜细类。

所以，名创优品吸引会员到店复购的产品，一般是很有吸引力的爆品，主要是为了让消费者和门店产生连接，然后通过会员专属活动加深和消费者的连接，刺激消费者二次消费和转发裂变。

2. 权益提频

会员权益主要围绕提升用户的价值感和用户体验进行设置，体现出会员与非会员的差异，并让会员在门店的显著位置看到，加强会员尊贵感。名创优品常见的权益维度主要是以下几个板块：

产品类：新产品优先体验、免费试用、限量抢购。

活动类：会员日、会员生日福利、营销活动优先参与名额。

福利类：折扣，优惠券，翻倍积分，好礼兑换。

服务类：附加服务，如修眉、赠送购物袋等。

异业联盟：享受其他跨界联盟的产品/服务。

这里简单列举名创优品的一些权益。

推行积分制：购物返积分，1 元返 1~2 积分，可免费兑换好礼。

我们的用户都有一些积分，但他们没有感知，也想不起来用，实行积分制就是让消费者知道自己还有"钱"在名创门店，从而提高用户复购频次。

打造"名创周三会员日"（见图 7 - 4）：打造专属于名创会员的狂欢购物节，不同会员级别，周周可享"全场满 68 元减 12/10/8 元"的优惠。

造节的好处是，在周末消费高峰之外，我们可以通过节日增加消费者到店频次。同时，"名创周三会员日"设定"满 68 元减 10/8/6 元"的机制，也有效地提升了消费者的客单价。

会员专属福利：通过管理用户预期，打造一系列会员宠粉福利等。

图 7 - 4　名创优品周三会员日

如部分 IP 商品优先购买权、明星演唱会门票福利、会员生日积分翻倍并专享 8 元无门槛券、免费购物袋、到店修眉服务等。

3. 精细化运营

精细化运营的本质是运营人，是在深挖用户需求的基础上，针对不同细分的用户群优化运营策略和体验链路，利用合适的时机、合适的渠道、合适的方式，给到合适的用户想要的东西，从而和用户互换价值，促成交易。

四、管理用户生命周期

我一直坚信的一点是，未来的竞争，是用户终身价值的竞争。

结合名创优品用户的消费行为数据，我们提出"用户生命周期"的概念。根据用户近期购买的行为表现，并比对历史购买的趋势变化，我们对用户人群进行细分，针对不同时期用户的特点匹配不同的营销策略。

如图 7 - 5 所示，在用户生命周期曲线中，横轴为用户与品牌发生交互的周期，纵轴为用户为品牌贡献的价值。沿着用户生命周期曲线，我们可以把用户分成三大阶段四个时期。

客户价值

| 首次到店 | 初步消费 | 稳定复购 | 预流失（预警） | 流失（赢回） |

潜客转化　短期激励　　交叉销售　　　高频优先，持续挽回
　　　　　培养复购习惯　拓宽消费品类

引导注册未消费　在消费后短期内，通过　交叉销售高频品类能　在预算有限的情况下，优先挽回历史高频会员，
客户在线上/线　折扣券，用其偏好的品　有效提频　　　　　　未来可贡献的价值也更高
下消费　　　　类触达激励效果更佳　以生日为代表的个人商机
　　　　　　　微信渠道触达效果更佳　关怀也能产生一定增益

客户生命周期

		在合适的时间	向合适的人	通过合适的渠道	传递合适的内容
生命周期	初步消费	首次消费后2周内	第1~4单消费会员	微信支付有礼 微信模板消息：积分变动提醒/订单评价提醒/…+短信	折扣券、偏好品类
	稳定复购	吃货节、会员日 其他大型运营活动	消费5单及以上会员	短信 微信模板消息：积分变动提醒/订单评价提醒/…+短信	门店营运活动（如吃货节）高频产品品类
	流失预警/挽回	周末、节假日 线下大力度营运活动	近一年订单数3单及以上，近30天/60天未消费 近一年订单数4单及以上，近90天未消费	短信 微信模板消息：积分变动提醒	大力度券/活动历史偏好品类
个人商机	生日	周中生日前一个周末周末生日前一天	有生日信息的金银卡会员	短信	生日券使用提醒
门店营运活动	大规模门店营运活动（如双十一）	活动开始前一天或当天	全量会员	短信 微信模板消息	营运活动内容偏好品类/爆款
	分阶段的大规模门店营运活动（如1231清仓）	活动前1~2周的周末活动当天上午	活动前1~2周：全量会员 活动当天：账户内有券未核销会员	短信 微信模板消息/微信订阅消息	营运活动内容偏好品类/爆款
	中等规模门店营运活动（如三八节）	活动开始前一天或当天	营销活动敏感会员	短信	营运活动内容偏好品类/爆款
	常规门店营运活动（如吃货节、名创日）	每月吃货节每月会员日	近一年消费单数5单及以上，近1个月有消费，近3个月未购买食品/近3个月会员日购买单数2单及以上	短信	吃货节活动+爆款食品会员日活动+偏好品类/爆款

图7-5　名创优品用户生命周期路径

1. 获客阶段

引入期（首次到店）：这个阶段的用户是潜在客群，可引导未消费用户在线上或是线下门店下单。

2. 升值阶段

成长期（初步消费）：这个阶段用户虽然产生了消费，但刚刚了解品牌，信任感不是很强。

名创优品就通过微信支付后发券，抓住会员首次消费后的黄金时间（两周内），发券引导复购，用于培养其购买习惯。

比如 2020 年 5 月 23 日到 5 月 29 日期间，在门店消费满 35 元且使用微信支付的会员在支付后会收到一张 88 折券。我们发现消费后一周内的复购概率提升了 20% ~ 30%。相对短有效期的券更有助于趁热打铁，促成复购。

成熟期（稳定复购）：成熟期的用户是最优的，黏性强、复购多，他们对品牌和产品已经产生一定的认知，是线下门店高价值产品的核心用户。

这时，名创优品采取的策略是定期做一些专属活动，并通过线下门店，为他们提供更好的服务体验，注重的是用户的参与感、荣誉感。

比如我上面提到吃货节（会员购满食品 5 件以上，可得全场食品满 100 减 15 元券）、"名创周三会员日"等，通过这些运营动作让这群用户保持高频次的购买。

3. 挽回阶段

衰退期（预流失/挽回）：在预算有限的情况下，我们优先挽回高频历史会员，比如针对近一年消费 3 单及以上，且近 30 ~ 60 天未消费和近一年消费 4 单及以上，且近 90 天未消费的预流失会员，尝试多波次、大折扣力度券发放的触达唤醒。

通过触达挽回后，有 25% 以上的会员会在之后半个月内再次到名创优品消费。

五、分层管理，建立顾客关系

《科特勒营销思维》一书中提到一旦公司了解了顾客终身价值，便可以利用信息来进行精准营销，从而建立起紧密的、盈利的长期顾客关系[一]。

唐·佩珀斯（Don Peppers）和玛莎·罗杰斯（Martha Rogers）更是提出了运用于顾客关系管理的营销方法：

（1）识别你的潜在顾客和顾客，不要盲目追逐每个人。

（2）根据顾客需求和他们对品牌的价值对顾客加以区分，适度地更多关照有价值的顾客。

（3）为每位顾客定制产品、服务和信息，量身定制个性化的服务方案。顾客的权力大大增强了，他们能决定品牌的发展方向，甚至是品牌的营销方式。

围绕这一理念，名创优品面对不同层级的会员会采取不同的策略，更高层级的会员往往跟名创优品绑定得更深，享受的权益也存在差异。

目前名创优品的会员分为三个等级，主要是用成长值来进行划分。

普卡会员：0～2999 个成长值

银卡会员：3000～5999 个成长值

金卡会员：6000 及 6000 以上个成长值

什么是成长值？

成长值是用于计算会员等级的数值，目前可以在参与会员活动的名创优品门店和名创优品微信小程序获得成长值，每消费 1 元累积 10 个成长值。

针对会员等级设置的不同权益旨在刺激消费者的不同行为，背后则是我们的目标考量。

㊀　资料参考：菲利普·科特勒和凯文·莱恩·凯勒所著的《科特勒营销思维》，中国人民大学出版社。

普卡意在刺激高频消费，培养消费习惯；银卡意在刺激拉新和高客单；金卡则同时刺激留存、高频消费和高客单。

比如在"名创周三会员日"，金卡会员享受的是全场满 68 元减 10 元优惠（见图 7-6），银卡会员享受的是全场满 68 元减 8 元优惠，普卡会员享受的全场满 68 元减 6 元优惠。

我们都知道二八定律，一个企业 80% 的销售额是由 20% 的重要用户贡献的。

而管理高价值消费者，重点不在于触及多少人，而在是否触及重要的人。在这里，名创优品做的更多的是先与忠实用户对话，然后通过忠实用户的影响力，去影响核心用户以及大众用户。

图 7-6　金卡会员专享券

六、结合门店营销推广活动（见图 7-7）

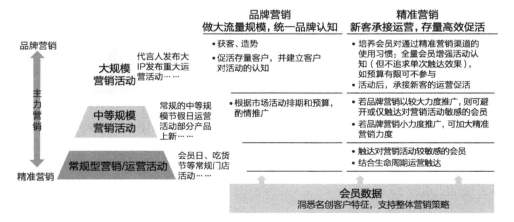

图 7-7　名创优品会员营销活动

　　门店的品牌营销活动是名创优品整体会员运营的关键。一方面我们会通过大规模的营销活动来加大会员对品牌的认知，比如通过牵手流量明星、IP合作等来促活存量会员和承接获客拉新带来的新流量；另一方面是通过高频的中小规模活动和常规型活动来维持用户黏性，提高会员活跃度，例如我上面提到的会员日、吃货节等就是我们日常用来最大化优化用户体验的活动，以此提高会员的长期关注力。

　　我在第四章中分享的名创优品×TFBOYS五周年项目，就是结合会员做营销推广活动，我们将300张门票福利让利给会员，会员消费即可抽奖送门票，让会员运营的价值不仅包括激活付费粉丝实现购买转化，也包括让粉丝沉淀为品牌的长期消费者。

　　最终，名创优品×TFBOYS五周年艺人35万张海报在名创优品6天的促销活动中全部售罄，并带来37万新增会员用户，大大提升了门店销售转化率。

新社群营销：给到用户不删你的理由

　　名创优品社群运营的最初雏形是体验官社群。

　　当时，名创优品运营的是数量很少的核心用户群。我们会在群里和这群用户保持频繁沟通，包括新产品上线、最新活动动态，通过这种方式让用户感受到名创优品的进步与变化。

　　从某种意义上说，这部分核心用户是名创优品品牌发展的驱动，他们在最开始的时候作为我们的种子用户在社交媒体上进行口碑传播和发酵。

　　那什么是新社群营销？

　　新社群营销是名创优品在2020年初新冠肺炎疫情期间，基于连锁实体门店，依托社交媒体建群和小程序，通过直播种草、线上下单、O2O配送，开展以店铺为中心的新社群营销，辐射和服务三公里范围内的消费群体，让店员成为消费者的生活管家。

在这期间，名创优品经历了关掉一半以上门店、收入下降95%的危局。线下没有流量，没有收入，难！对于品牌来说，产品线上化、服务线上化迫在眉睫。

为此，名创优品借助微信生态，以3000万会员和3000万微信公众号粉丝为依托，借机启动社交电商项目，上线了商城小程序，把社群作为与会员及粉丝沟通的主要渠道，使用"社群+商城小程序"组合的方式，在群里售卖产品，进行社交裂变、引流。

值得一提的是，名创优品的社群运营经历了两次迭代。

在新冠肺炎疫情期间，主要是以卖货为主布局私域电商，采用了五大核心策略：

（1）完善名创优选、名创优品商城等小程序（2018年上线），为裂变分销做底层支持。

（2）以国内2000多家门店为依托，通过扫码入群的方式，将附近三公里的消费者纳入私域流量池，提供即时的商品推荐和配送服务；同时，名创优品与饿了么、美团、京东到家等平台合作推出"无接触配送"服务，并与顺丰合作推出"同城急送"服务，保证了能在第一时间把商品送到消费者手上。

（3）动员名创优品集团所有的员工大力支持社交电商业务，开展全员营销（见图7-8）。名创优品有将近3万名员工，全员都变成分销员，迅速帮助品牌弥补了线下稀缺的流量。

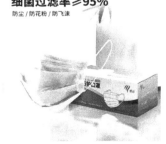

【50PCS/盒】暖山卫生防护口罩透气三层抑菌防护【3月19日发完】

¥145.0

图7-8 新冠肺炎疫情期间名创优品推出员工内部宅家购

（4）打造一批名创优品自己的网红KOC，通过线上直播为产品代言、带货。

（5）名创优品还建立多个名创优选推手

群，通过佣金分润裂变的机制（见图7-9），让社群粉丝把自己的流量带到平台上来。

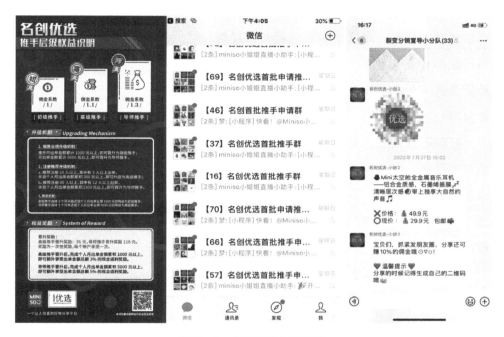

图7-9 名创优选推手机制

借助这种独创模式，名创优品的线上业务在新冠肺炎疫情期间环比增长了300%，不但在一定程度上对冲了线下业绩的损失，更让名创优品找到扩充线上版图的契机，跑出了实体零售的新赛道。

这种模式可以成功，很大程度上是因为：和过去大部分做电商的品牌没有实体门店不同，名创优品的这种模式是不依托于第三方平台，而是一种以自己的门店为基础，直接面向顾客的服务。这跟以往的电商或微商相比，具备较高的品牌信任度，它最大的好处是有助于加强名创优品线下会员的黏性，从而提升复购率。

在后疫情时代，名创优品在运营上改变了策略，通过总部专门成立社群运营项目组，把官方微信公众号、会员、微博、抖音等渠道上累积的忠实粉丝纳入私域流量池，实行分群管理。

名创优品的增长方式主要是通过福利引流的手段（见图 7 - 10），引导顾客添加一个微信号成为好友，而这个微信号就是已经被打造成小 IP 的名创剁主小顾问/名创总剁主，他们会进一步邀请用户进一个"名创剁手不败家群"。

社群运营的核心是用户关系，不只是把用户圈进来，而是需要品牌站在用户的角度去思考，要有目标、有方法、有策略，才不至于最终吃力还不讨好，让社群成为一盘散沙。

所以，品牌要像个人，有想法，有个性，要让用户相信你，愿意看你发的内容，知道你真心关心他，觉得你是一个懂他的人，而不是一台冷冰冰的机器。

名创优品是怎么做的呢？

图 7 - 10　名创优品社群引流

一、重视长期运营的价值

这里面有一个非常重要的环节，即给用户提供的是长期价值而非短期利益。

"名创剁手不败家群"会分享很多干货内容，还有新品发布、直播种草和新品体验官招募等来活动吸引用户的注意力。

同时，用户也会在群里分享近期在名创优品入手的好物，引发群里粉丝一起互动（见图 7 - 11）。

图 7 - 11　社群干货和粉丝互动

二、打造宠粉福利

用户进入社群以后，如果品牌只能给用户提供短期利益，那很多用户得到利益后就会删掉你，因为他们看不到品牌在未来所能提供的价值。

名创优品的策略是，经常在群里推出宠粉活动（见图 7 - 12），活动高频几乎达到天天见的程度，诸如新品尝鲜打折、专区 2 件 79 折，满 99 减 20 元优惠券等。

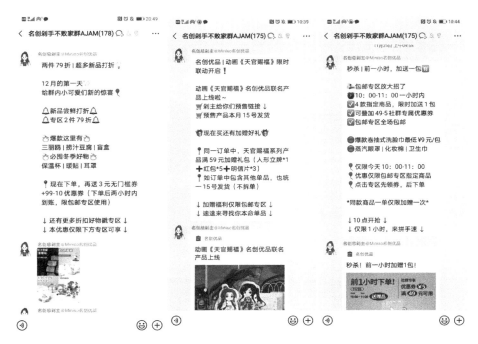

图 7 - 12　社群福利活动

三、优质内容是养料

社群运营的最高境界是和用户交心。用户相信你，知道你真心关心他，觉得你是一个懂他的人，而不是只会盯着他的钱包。

所以养料很重要，而这个养料就是品牌的内容能力、产品体系和服务体系。

比如对于正式开卖前的产品甄选、活动产品比重、海报设计、活动时间、群内工作人员的角色分工、如何引流等，名创优品都会提前做策划和设计。

在内容输出上名创优品都是经过构思和精心设计的，比如无论是剁主小顾问的朋友圈种草文案（见图 7 - 13）还是在群里的话术，打造的都是"伙伴型"人设，主打亲民，不断拉近与用户的心理距离，让用户感受到，和他沟通的是一个鲜活的人。

图7-13 名创剁主小顾问朋友圈

和名创优品社群运营模式比较接近的另一个品牌，也是我切身体验过，觉得在社群运营方面做得比较好的是钱大妈。

钱大妈的便利店模式限制了它引流的范围——只能围绕在社区周边。因此，这种模式的发展很依赖消费者复购。如何拉动社区居民复购？一是低价，二是会员，而且是围绕社区建立社群的会员制。

为此，钱大妈做的动作是：将会员以及周边社区居民拉到一个社群，通过日常问候、实时推送当日菜品、分享挑选菜品知识等，维持曝光度。

如果说大多数品牌的社群都是一潭死水，那么钱大妈这个社群就是一汪活泉。

首先，钱大妈社群解决的是用户的便捷性。

客服每天把当天的菜品和优惠折扣发到群里，用户想要买什么菜，可以让店员拍照，确认后随时在群里下单，满38元还包配送，且是半小时送上门（见图7-14）。

对于上班族或是懒得出门的人来说，你会选择等待1个小时的电商还是选择家门口的菜市场钱大妈下单？

其次，用红包和抽奖来盘活用户。

客服每天晚上会定时在群里发红包，不多，几毛钱的成本，手气最好的人送一样菜（见图7-15）。不要小看这样一个操作，这可是一个精心设计的消费者心理博弈，用户高高兴兴地抢着红包，高高兴兴地去门店领奖品，然后顺便在门店把第二天的其他菜也买了。

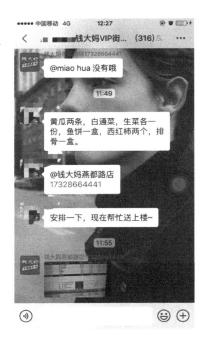

图7-14　钱大妈社群

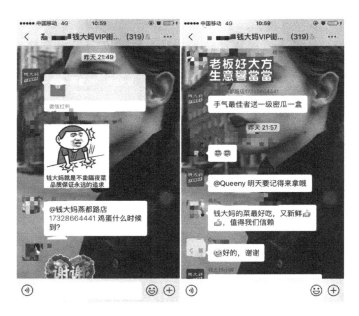

图7-15　钱大妈社群

品牌付出的成本很低，但是却带来了意想不到的效果。一来提高了群里的活跃度，二来还解决了复购问题，一举多得。

钱大妈还有一点值得夸赞的是售后服务，它解决的是信任问题。

只要有消费者在群里反馈买到的菜有质量问题，客服一定是无条件退款，这也大大地解决了消费者的顾虑问题。

在营业结束后，店员会把门店货架的照片发到群里给用户做监督，把钱大妈不卖隔夜菜的理念植入用户的心智，因为看见，所以相信，钱大妈的这一操作，解决的是人与人之间信任的"最后一厘米"。

最后，我想说的一点是，围绕"会员深度运营＋新社群营销"打造的私域流量体系，对名创优品来说，不仅是一个渠道，或者是增加销售的方式，更多的是连接消费者和品牌的粉丝群，同时也是名创优品数字化转型的加速器。

它的背后是加强线上推广和新工具应用，加快线上线下融合，充分挖掘会员数据、线上商城、官方微信公众号、微信小程序等自有线上平台，通过产品和用户持续产生连接，用优质内容去影响他们，从而实现深度运营。

换句话说，运营私域流量的能力＝打造品牌直面消费者的运营能力，是企业必修的内功。

私域流量运营也从来都不是一蹴而就的，也不可能有一套通用的方法论，试错、改进、迭代、优化，通过精细化运营来实现增长是品牌永远的课题。

以下是我总结的五条私域流量运营建议，仅供读者参考。

（1）私域流量绝对不是简单的割韭菜，而是长期关系的培养。

做私域流量运营，不能一开始就想着"榨干用户"，这是一个需要时间和精力的长线工作。

有付出才有回报，一定要重视运营的长期价值，短期利益只是临门一脚。

（2）私域流量和公域流量不是对立关系，而是协同关系。

私域流量的核心是构建用户与运营者之间更进一步的关系，并通过信任降低交易成本。而公域流量则是通过平台背书，并通过性价比和运营的手段，来获取交易的机会。对于企业来说，要左手做私域流量，右手做公域流量。

（3）内容输出是核心。

在不同场景向细分目标人群传递有说服力和吸引力的品牌信息和卖点，需要很强的内容力。比如你要吸引的是高端用户，就需要干货知识、深度洞察，而不能发太肤浅的内容。

（4）目前，微信生态下的私域运营依然是主流。

微信公众号用来做内容；微信个人号用来沉淀用户、加强关系、深度种草转化；微信群用来对用户分层管理，促进互动；小程序则可以嫁接产品，承载用户裂变。

（5）仅仅靠一个部门，很难盘活一个成熟的私域流量池。

私域流量的运营，必须在更广的范围内有跨部门的配合，靠一个部门单打独斗，很难盘活一个私域流量池。

第八章

CMO 如何赋能团队打好胜仗

管理的核心是人，要做到行事有条、松弛有度、奖罚分明、有理有据，才能赢得人心。

——木兰姐

名创优品前几年能够做到快、准、狠地在行业内立足，背后离不开一支好玩、会玩的新营销团队的付出。

在我离开名创优品前，品牌中心的团队近 40 人，80% 以上是 90 后和 95 后，他们用强大的执行力支撑起了名创优品在产品端、营销端和社交平台上的丰富玩法。

那么，我是怎么做到在短短 5 年多的时间里，一步步把处在公司边缘化的品牌中心部门，发展成了一支强大的接近 40 人的团队，并在公司竞争激烈的年终评选中连续摘下名创优品集团"最具创新团队奖"和"年度杰出团队奖"的呢？

从 0 到 1 重塑品牌营销团队

一个品牌的发展需要经历从 0 到 1 再到 100 的阶段，不同的阶段目标不一样，所以团队建设不是一蹴而就的，而是一个循序渐进的过程。

在品牌发展初期，名创优品实行的是扁平化管理机制，整个品牌中心只有 12 个人左右，同时负责哎呀呀和名创优品两个品牌的品牌建设工作，很多情况下是一人身兼多职。比如一开始我们的文案（那时还没有设立新媒体编辑岗位）要撰写微信公众号文章，要写微博文案，还要做运营、做活动等，一个人扛下了整个公司内容营销的 KPI。

随着名创优品的高速发展和规模的扩大，扁平化的组织架构已经无法满足公司的需要，原来的团队也可能不具备高速成长的能力。在这种情况下，不管是员工的专业技能还是公司的精细化管理都需要更上一层楼，这个时候就需要重塑组织团队，引进一些年轻人跟着我快速成长，站在更高层次的管理角度去思考。

这时招到合适的人尤其重要。

那什么样的人才是我们需要的？

我认为一个优秀的组织最重要的就是对的人、对的事、对的方法——怎么有机融合在一起？把合适的人和事融合在一起的，才是执行力的核心。

为此，我提出了一个前提和三个基本点：前提是态度要端正，基本点包括执行力、学习能力和责任感。

我强调态度第一，技能第二，这个基本面不能错。尤其是在品牌发展前期，在优秀人才的基础上，团队里更需要的是和公司保持价值观高度一致和一群愿意真正动手做事情的人，只有团队价值观一致，才能风雨同舟，一起走得更远。

此外，针对经理、主管和组员级别的不同，我选人的标准也会有侧重。

移动互联网时代讲究的是速度，传播推广发酵的速度要快，创意的输出要快速跟上品牌的发展。所以我对小组组长的要求是要有强大的领导力和执行力，必须对新的事物有敏锐度，这是我特别关注的。

比如负责媒介投放的小组组长，除了对广告投放渠道的把控，还要具备严谨的数据分析能力、文案鉴赏能力、沟通能力、资源整合能力和成本把控能力，是串通整个项目推广的灵魂人物。这是一个把钱花在刀刃上的岗位，所以一定要有专业的人来负责这个板块。

而对于下面的组员，我不会太看重他们的资历，主要是以合适为主。

基于这样的招人标准，我很少在市场上高价挖人。比如在组建名创优品新媒体内容营销团队的时候，我会偏向于去培养团队中有潜力的人，比如原来名创优品的新媒体主管，也是我现在的助理，从月薪 3600 元的

"光杆司令"做起，一路把微信公众号、微博、抖音等官方平台建立起来并达成了各种广告合作。我看中的，其实是她对于品牌有真正的个人情感联结。

另外就是招聘有网感、有娱乐基因的 90 后、95 后，我在面试的时候更加关注他们的娱乐感、敏锐度、文案力三个方面的能力。

先说娱乐感。今天大家都说要抓住 Z 世代消费者，Z 世代的标签是什么？玩梗、二次元、追星、有个性、敢创造，需要让同频的人去与他们沟通，所以娱乐感和网感很重要。

但只有娱乐感还不行，新媒体岗位是最接近市场、最了解用户的岗位，所以要对数据敏感，要对平台红利吃得狠、吃得透、吃得深。所以面试时我会关注几点，比如："除了新榜之外，是否接触过其他的大数据分析平台？""你觉得什么样的流量平台是有营销价值的？"

文案力，更多的是写品牌的产品种草文案。要能挖掘产品背后的故事，提炼产品亮点，比如能够将一款产品的特征、使用场景、感官体验、差异化效果转化成消费者都能明白的语言，传达给消费者。

符合这三点要求的人，一般是走在 5G 冲浪前沿的弄潮儿。所以，我们新媒体团队经常笑言，他们是一群单身的、过得很苦但文案写得很甜的人：既卖得了腐，也写得了鸡汤文；既画得了二次元漫画，也玩转得了 RAP；既可以戏精上身，也可以上阵出演走心的短视频。

截至今天，如大家现在所看到的，名创优品的新媒体团队都是 90 后和 95 后，1 个新媒体组长，3 个编辑，1 个漫画美编，这 5 个年轻主力军支撑起了名创优品 5000 万新媒体矩阵的运营。

随着团队的迅速壮大，为了提升组织的灵活性，我开始把名创优品品牌中心的组织架构（见图 8-1）划分为"职能化"和"项目化"两种。

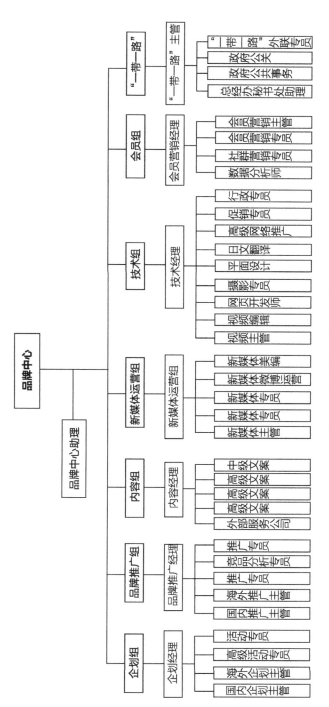

图 8 - 1　名创优品品牌中心架构

先说职能化。

传统的公司品牌中心组织架构包括品牌、广告、媒体三部分，分割得特别清晰，但移动互联网讲究的是速度，这种模式放在今天可以说是效率低下。

我在组织上做的调整是：以工作呈现价值来界定职能小组和岗位，一看小组的名字就知道其主要解决的品牌问题是什么。

如果对名创优品的品牌营销团队进行拆解，主要是以下7个方面。

(1) 新媒体运营组：主要负责从微博、微信公众号、小红书、抖音到知乎、豆瓣的运营，具体表现为负责官方新媒体内容的创意输出和产品营销推广，与用户更好地共创品牌。

(2) 内容组：主要负责集团所有品牌的公关形象管理、品牌原创深度内容撰写、媒体选择、发稿、公关传播、关系的建立与维护，包括在门户网站、财经大号等受众接触点做好内容营销。

(3) 品牌推广组：主要负责品牌推广及KOL媒介投放，促进内容营销与口碑引导；策划与寻找符合营销目标的场景（个人IP、电视综艺、品牌跨界合作、品牌营销活动等），将产品体验有机地融入场景之中，设计方案并执行。

(4) 会员组：主要负责用户的信息化和数据化，包括小程序、SCRM等基础技术搭建，通过数据分析优化会员管理和门店体验，驱动业务增长。

(5) 企划组：主要负责品牌新品发布会、招商会、展会、公益活动等大型活动的策划。

(6) 技术组：主要负责官网搭建、各用户接触点项目的平面视觉设计、视频拍摄及后期制作、多国语言翻译和部门行政管理。

(7) "一带一路"组：主要负责政府公共事务对接和国外大使馆公关对接，维护品牌和政府的关系。

要强调的一点是，组织架构不是一成不变的，而是需要根据公司的发展做优化调整，以上你看到的这个组织架构就是我们无数次优化后的呈现。

那什么是项目化呢？

大多数传统中小企业品牌营销部门很欠缺的一个点，我认为是怠于沟通，这是很可怕的一件事。

新媒体归新媒体，媒介归媒介，活动归活动，小组之间是割裂的，内部的组织结构过于"泾渭分明"，这也是很多企业品牌营销的价值没有发挥出来的关键原因。

因为割裂的组织架构在一定程度上影响了全渠道数据的打通，过多的内外消耗也不利于快速迭代试错，也很难集中力量办大事。

但在今天，我们是处在一个以创新为主导的时代，严谨的结构反而会抑制创新，这就需要融入项目型组织，并鼓励各小组协同作战。

比如一个爆品项目的推广，从方案到落地，需要投入不同的资源，包括媒介投放、内容输出、平面设计、线上线下活动配合等。它是一个持续在创新产出的流程，没有一个角色可以独立完成整个工作。

名创优品前期在这方面也走了不少弯路，不管是部门内部还是跨部门协同，一些很好的创意被提出来，但却很难推动落地。这时我就意识到这样下去不行，必须在内部组织和外部的沟通流程上做出优化调整。

那怎么把不同的角色串起来呢？

应该有一个统筹角色把所有资源整合起来，不是管理，而是整合，把不同体系的小组串成一条线，实现营销项目的价值。

所以，在名创优品所有的营销项目中，根据不同的推广需求，我们会选择不同的人来统筹，成立项目小组，所有相关小组的部门都要协同去完成这个项目的推广。

此外，项目组的成员都是平等的，统筹者也没有什么特别的权力，他们主要担任沟通协调的角色，解决任务冲突、时间冲突、人员冲突，让大家能够愉快配合，按时把推广项目完成。

项目小组的成员都非常清楚自己的职责、自己的工作在项目整体中的位置和顺序以及时间进度。在这个过程中，我们明确好责任人，做到奖罚分明。

由于分工明确，而且每一个环节都是无法替代的，因此大家都彼此尊重，同时又敢于提出自己的不同见解。

经过这样的调整之后，以上几个小组除了有各自独立的工作范围，又能互相协同，特别是在配合品牌层面的大型营销活动时，能够整合资源，发挥资源的最大价值。

提升团队执行力，这黄金 6 点要落地

就算有最好的创意和方案，如果没有执行力，一切都是空谈。

尤其是对于走在市场前端的品牌营销部门，讲究的就是高效执行，快速落地。按部就班的工作方式，其实就是放弃了创造的可能性，而只有对自身的鞭策和高要求，才能让团队每天都有新的想法和办法去解决新的问题，从而一点点不断完善。

所以，在品牌中心人数达到 40 人左右时，我开始尝试大刀阔斧地用杠杆式的管理工具来把控整个盘子，以避免出现低效、冗员的情况。

一、数字量化管理

以常见的开会环节为例。

很多管理者最喜欢开会，但大多数企业至少 60% 的会议都是在浪费时间，低效且没有价值，我称之为"虚假繁忙"。

我是个时间观念很强的人，对于开会迟到几乎是零容忍，所以我会要求团队无论是在日常生活中还是在工作中，都要有时间把控意识，如果迟到就需要自觉按制度规定进行处理。

在周例会形式上，我也做了多次迭代，由前期的部门全员参加，到后来改成由主管级别以上的人员出席，每个人的发言控制在 2 分钟以内，主要汇报本周重点工作进度，遇到了哪些解决不了的问题需要提供帮助，以及下周的重点工作计划。

同时，部门文员会提前让各小组成员登录共享盘，把自己负责的重点工作汇报事项和计划汇总成表（见表 8 - 1）。这样前期准备得越充分，会议效率就会越高。

表 8 - 1　会议记录表

主　题	品牌中心 10 月 16 日—10 月 19 日工作总结		
时　间	10 月 20 日 08:45 - 09:30		
地　点	大会议室		
主持会议	成金兰		
参会人员	品牌中心成员		
参会人数	应到 35 人，实到 35 人		
审核一			
审核二			

项目组	组员	工作内容	执行时间	
			开始时间	结束时间
重要事项		1. 部门卫生检查工作每月 20 日进行，不达标者即时进行负激励，30 元/人		
		2. 严抓工牌、八点半后吃早餐现象		
		3. 读书分享会 20 日确认后，开始落实监督执行		
		4. 制作海外项目下单需求表		
		5. 项目总结 PPT（各小组，最迟下周一提交）		
		6. 日本商标事宜的跟进		
		7. 鹿晗运动季媒介投放费用对账，因跨部门产生费用与之前报的不同，需再核对		

最重要的一点是，会议开完了，一定要下结论，并做好执行和跟踪。

在名创优品的高层中，要求员工汇报 PPT 不能超过 7 页，汇报时间不能超过 8 分钟，所有的邮件回复时间不能超过 9 个小时，简称为"789"。

对于品牌中心的月度/季度/年中/年终的总结复盘会，我在集团的基础上做了微调，PPT 不能超过 8 页，且要统一模板。经理级别以下每个人的分享时长不能超过 10 分钟（经理级别 15 分钟），在汇报期间设置倒计时，超时后剩下部分不再做汇报。

和周例会不同的是，总结复盘会的主题更多的是检验目标的行动方案是不是真正被落实，每一个汇报的人必须讲行动计划方案和重点工作推进，日常的工作则无须再提及。这样做的目的是为了让大家进行工作整理归纳，考验的是逻辑思维和抓重点的能力。

工作效率是由会议方法论决定的，通过数字量化管理可以很大程度上保证会议的高效。

二、可视化工具赋能

团队大了，最大的问题就是：管理者可能看不到问题。所以，组建一个可视化的工具和流程的组合是必需的，这样团队才有足够的可扩展性。

运用工具来帮助团队更加高效地协作也是我们的一贯做法。

下面给大家分享几个图表示例。

1. SAP 流程图

图 8－2 是新媒体部门内部 SAP 流程图，从选题会召开、内容分工撰写、审核机制到复盘总结，可以很直观地帮助团队做好运营规划。

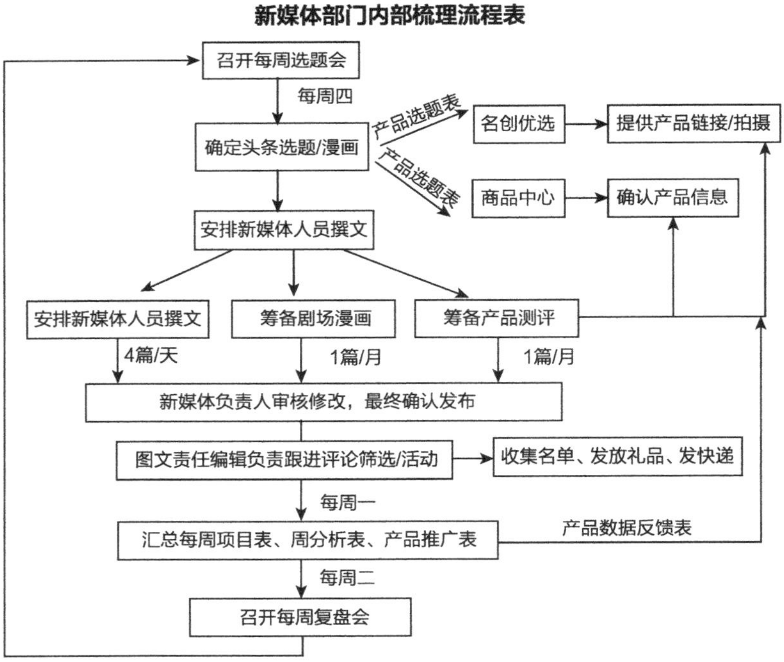

新媒体部门内部梳理流程表

图 8－2　SAP 流程图

2. 标准复盘表

表 8 - 2 是我们针对某个项目的标准复盘表。这个表格是为了帮助我们团队把这个项目过程梳理一遍，还原底层的逻辑和思考过程，之后再遇到类似的问题，可以吸取上次的经验教训。

表 8 - 2　复盘表

标准复盘 REVIEW			
主题（Topic）：			
时间（Date）：		地点（Location）：	
人物（Attendance）：		用时（Holding Time）：	
概况简述 （Briefing）			
Ⅰ. 回顾目标：目的与阶段性目标 REVIEW			
1. 最初目的 （Original Intent）			
2. 最初目标 （Milestones）			
Ⅱ. 评估结果：亮点与不足 EVALUATION			
3. 亮点 （Highlights）			
4. 不足 （Drawbacks）			
Ⅲ. 分析原因：成败原因 ANALYSIS			
5. 成功原因 （Success Factor）			
6. 失败原因 （Failure Factor）			
Ⅳ. 总结经验：规律、心得与行动计划 CONCLUSION			
7. 规律、心得 （Key Learnings）			
8. 行动 （Action）	开始做 （Start doing）		
	继续做 （Continue doing）		
	停止做 （Stop doing）		

3. 工作周报表

关于工作汇报，前期主要是每天全体成员在微信工作群里汇报，但考虑有些常规工作和项目跨度时间比较长，后期调整为每周五晚上 12 点前各小组成员提交一份周报（见表 8-3）给小组负责人，然后小组负责人汇总整理小组本周的工作项目发送到我邮箱，并抄送给其他小组。

这样做一方面是让每个人总结复盘本周的工作内容，另一方面是为了让团队之间互通信息，及时了解各小组项目的分工进展情况。

表 8-3 品牌中心工作周报与规划

组别：　　　　姓名：　　　　汇报日期：

项目类别	序号	项目内容	项目时间	主要表现指标要求（或项目数据表现）	项目进度	相关执行/负责人	项目结束时间	工作进展及资源配合
总结	1							
	2							
	3							
规划	4							
	5							
	6							
本周体会	7							

4. 时间象限管理表

时间象限管理表（见表 8-4）是一种非常好的时间管理方式，可以让团队成员很好把控自己的精力，有条不紊地进行时间分配。

表 8-4 时间象限管理表

品牌中心 Urgent & Important
姓名：

日期	重要又紧急的事	完成情况	日期	重要但不紧急的事	完成情况

（续）

日期	紧急但不重要的事	完成情况	日期	不紧急也不重要的事	完成情况
备注：	此表为《时间象限管理表》，部门成员要打印表格、手写记录每周"紧急的重要"事项及完成情况，每周一9:00主动提交至后勤组，由后勤组于周例会交至品牌中心担当。（环保纸打印，按实际情况，不一定填满。）				

5. 会议工作推进表

对于我们团队来说，如果在每次开完会议后，有计划没行动等于零，有布置没监督等于零，有发现没处理等于零。所以，针对会议上的行动方案我们都会以表格的形式（见表8-5）进行整理追踪。

表8-5 工作推进表

品牌中心会议—工作推进表					
会议名称					
会议地点					
会议时间					
主持人					
会议秘书					
工作推进负责人					
序号	待办事项	部门	责任人	预计完成时间	实际完成时间
1					
2					
3					
4					
5					
6					
7					
8					
9					
10					

6. 建立部门资料共享盘

很少有公司会重视资料的留存，但对于品牌推广工作来说，资料就是最好的宣传素材。

从我接管品牌中心以来，我们部门所有的资料，无论项目大小，都需要建档保存下来（见图8-3），以小组为单位，分门别类，上传到部门资料共享盘中。一是为了信息共享；二是做好素材积累沉淀，以备后续传播要用到时可以快速找到；三是新来的人员可以更快熟悉部门以及自己岗位的工作。

图8-3　品牌中心资料存档

以上这些流程都是我们在这几年的摸索中一步步完善的，所有的工具都是为了让团队成员用最低的成本了解"项目中的新进展"，保证快速、准确的响应。

这也是在名创优品的鹿晗运动季和TFBOYS五周年等活动中，我们团队在时间紧急任务繁重的情况下，可以快速落地执行，并做出良好传播效果的原因。

没有不听话的 90 后和 95 后，只有不合适的管理方式

当然，在制度之外，管理团队的核心还是管人。

这几年网络上有一句话很火："不要大声责骂年轻人，他们会立刻辞职的。但你可以往死里骂那些中年人，尤其是有车有房有娃的那些。"

这句话我是非常不认同的。在我眼里，90 后和 95 后并不是接受不起批评的一代。

是我的错，我认，不是我的错，锅我不背，他们遵循的是对事不对人的契约精神。

而支撑契约的，是标准和坦诚。作为和 90 后、95 后，进可以在会议室里并肩作战聊项目，退可以在路边摊推杯换盏大侃天南地北的过来人，我从中总结了一套管理法则。

一、遵守"四感"原则

在团队管理中，管理者要明白并且遵守"四感"原则。

"四感"是什么？我总结为：**尊重感、成就感、仪式感、参与感**。

1. 尊重感

与拼搏的 85 后下班后回家不知道自己还能做什么相比，几乎每一个 90 后和 95 后都有自己的世界。

你会发现团队中越来越多的小伙伴都有一项你不知道的爱好或技能，且排序远在工作之前。

当我们尝试像剥洋葱一样，剥开平淡无奇的表层，就会看到一串光怪陆离的关键词：饭圈女孩、Cosplay、王者荣耀、LO 圈、汉服圈、手办……

因为亚文化的存在，90 后和 95 后比任何人都需要你尊重他们的时间，这也是为什么"996"一出来就引起他们强烈反应的原因。

因为对于 80 后来说，加班只是占用了他们与家人的相处时间；而对于 90

后和 95 后来说，他们可以接受合理的加班，但不是为了无谓的面子加班工程而加班，他们更愿意把时间放在他们认为有价值的事情上，为了迎合领导做无用功的加班，在他们心里还远远未到最高优先级。

所以，我从来不会用员工是否加班来评估他们的工作表现，只要他们按时按质完成本职工作，我从来不会要求他们加班，也不会对他们准时下班有任何微词。

我一直认为尊重是双向的，以己度人，必有反响。慢慢地我开始发现，被视为不愿加班的 90 后，实际上却是我们团队的加班主力军。

我们新媒体运营组的小伙伴会为了拍摄一则创意十足的面膜抖音视频反复重拍，折腾到深夜两点才离开公司，第二天仍按时上班；企划组的小伙伴会为了线下展会的完美举办，通宵布展、彩排；还有品牌推广组的小伙伴们，有一年国庆节，我要去谈名创优品越南代言人，临时有突发情况需要有人跟进处理，当时没等我发话，正在放假的他们和视频组人员就二话不说自发地回到公司加班加点两天把工作给处理好……类似这样的事情还有很多，每一件都深深地触动了我。

2. 成就感

在工作上，90 后和 95 后渴望付出和收获成正比，希望被平等对待，希望得到成长和认同。他们更愿意直接跟领导谈价钱，不喜欢闪烁其词，尤其讨厌那些空画大饼、拿理想当挡箭牌的上司。

所以很多公司会强调 KPI，通过 KPI 去量化团队的工作，然后据此发工资。但在我的团队里，是没有硬性 KPI 考核的，因为新媒体时代环境变化得太快，设立严格的 KPI 是不够灵活的。

但没有 KPI 考核，怎么调动团队的积极性呢？我的策略是在员工现有工资的基础上，以数据为驱动，额外再给团队奖金激励。

以新媒体团队奖励为例（见表 8 - 6）：

我会尝试针对爆款文章给编辑现金奖励，比如头条每产生一篇 100 万阅读量的文章，就奖励编辑 800 元现金，在 100 万阅读量的基础上，每增加 20 万阅读量再奖励 200 元，以此叠加；对于每个月的广告合作，也会有提成奖励，且是直接给钱，达到目标立即兑现。

表 8 - 6　新媒体奖励考核表

新媒体 2018 年月度绩效考核表				
序号	项目名称	奖项性质	考核标准	奖励标准
1	订阅号头条阅读量	个人奖励	微信头条阅读量达到 30W +/次	奖励 500 元/条，在此基础上每超过 10W，奖励 200 元，以此类推 奖励要求：产生爆文者获得奖励
2		个人奖励	微信分条阅读量单独突破 10W +/次	奖励 200 元/条，在此基础上每超过 10W，奖励 100 元，以此类推 奖励要求：产生爆文者获得奖励
3	服务号头条阅读量	个人奖励	微信头条阅读量达到 100W +/次	奖励 800 元/条，在此基础上每超过 10W，奖励 200 元，以此类推 奖励要求：产生爆文者获得奖励
4		个人奖励	其余微信分条单独突破 20W +	奖励 200 元/条，在此基础上每超过 10W，奖励 100 元，以此类推 奖励要求：产生爆文者获得奖励
5	微博	个人奖励	微博单条阅读量达到 40W +/次	奖励 300 元/条，在此基础上每超过 1W，奖励 100 元，以此类推
6	企业排名	团队奖励	每月对名创优品订阅号、服务号进行新榜排名数据跟进，新榜综合榜挤进前 150 名	奖励 1000 元/次，奖励金额按次数获得，上不封顶
7	粉丝增长	团队奖励	双微每周粉丝净增环比超 0.5%	奖励 300 元/次，在此基础上每增加 0.5%，奖励加 100 元/次
8	选题优秀奖	团队奖励	产生爆文（满足以上爆文条件）的选题提供者可获得奖励	奖励 100 元/条选题

这种所见即所得的激励机制很大程度上戳中了他们"爽爆了"的成就感，这样就会激励我们的小伙伴在内容输出上更加用心。

同时，在我管理期间，品牌中心每月会评选月度优秀员工奖（见图 8 - 4）、最佳新人奖和进步奖。部门与集团荣誉评选均由部门所有人进行投票并写明评选理由，以民主投票作为参考（有时候对于大家考虑不太周全的，我会否掉并换人，当然这种情况比较少），对于获奖的小伙伴会颁发荣誉证书和奖金。

图 8 - 4　月度优秀员工奖颁奖仪式

在薪酬方面，我也会根据每个人的能力，尽自己所能满足他们的期望值。因为我也是从基层员工一步步走过来的，将心比心，所以会经常站在员工的角度，让他们接触到更多新的机会，而当看到员工产生更大价值的时候，我就会主动为这个员工加薪。

更有甚者，对于一些基层员工，我把这份功劳让给他们的经理，让他们认为是自己的直属领导主动加的薪。

这一切，都是为了让所有员工对部门产生归属感，让每一个人都能在工作中发光发热，发自内心地热爱自己的工作。

同样，有奖就要有惩，奖罚必须分明，但这个度要掌控好。

一般情况下，对于平时表现优异的员工我会公开去表扬，对于表现不好的员工我会私下找他沟通，如果一而再再而三地犯错，那么该点名批评就点名批评，该辞退就辞退。

只有这样员工才明白，付出和收获是成正比的，但是浑水摸鱼是不行的。

3. 仪式感

在团队管理中，我是个很注重仪式感的人。

每个月我们都会为生日的小伙伴庆祝生日（见图8-5），除了送上定制蛋糕外，每个人都会收到部门精心准备的礼物，且每一份礼物我都会亲自把关确定。

图8-5　月度员工生日会

在集团年会上，品牌中心的团队服装也是我们的一大特色（见图8-6）。这件黑色T恤正面印着大大的"我们不一样"，反面是PPZX（品牌中心缩写），它的设计创意来自于当年很火的一首歌《我们不一样》，代表了品牌中心拼搏创新的精神。

无论是集团年会上的颁奖，还是平时的团建，我们都会统一穿上团队服装，这在企业里成了一道非常靓丽和吸睛的风景线，也是我们增加团队凝聚力的加分项。

图 8 - 6   品牌中心在年终集团颁奖现场

每年年底，除了集团的年会，我们部门也会举办特定的主题年终总结会（见图 8 - 7）。比如 2017 年，我就包下了一幢度假别墅，采用劳逸结合的方式

图 8 - 7   品牌中心年终总结会

举办了为期 3 天的"年终总结 + 主题年会",让小伙伴们既能享受工作的乐趣,又能在紧张的工作中释放身心。

那一年的会议让我至今记忆犹新,白天是年终复盘总结,晚上则是主题狂欢聚会。以"我们不一样,We Are 品牌 Family"为主题,每个小组都盛装出席玩 Cosplay,有水手服、睡衣、校服……创意十足。

在这次的年终会议中,我还根据每个团队的特色,评选出别具一格的团队奖。如新媒体运营小组的"年度最具人气奖"、内容组的"年度最佳原创内容奖"、媒介组的"年度最佳创新营销奖"、技术组的"年度杰出合作奖"、企划组的"年度最佳贡献奖","一带一路"组的"年度最佳公关奖"……每个奖项都是以各小组工作呈现的价值来界定的,并给予丰厚的奖金作为激励。

正如陈春花教授所讲:"虽然隆重的仪式需要花费一些成本,但是隆重并不是豪华,而是用心赋予一些价值。"

而这些有温度的仪式感会帮助管理者进一步将这种氛围变成一种团队精神,一种团队文化,一种"魂"。

4. 参与感

强调参与感是为了加强团队的凝聚力,主要体现在三方面。

一是共创部门规章制度。

90 后和 95 后是不喜欢被太多条条框框束缚的人,如果管理者为了满足自己的控制欲,非要他们屈服于你的操控,那么很容易引起他们的反感。

我是怎么服众的呢?很简单,让所有人都参与到部门规章制度的制定中来。

为此,我和团队共同制定了长达 18 页的品牌中心管理守则,从行为管理、工作汇报到奖罚制度,每一条都务必要得到大家的认可,白纸黑字,签名存档(见图 8 - 8)。

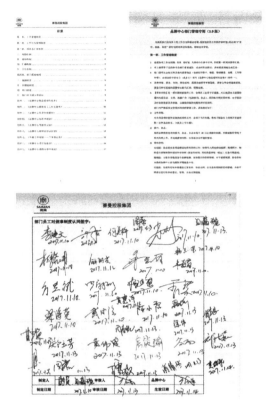

图8-8　品牌中心管理守则

二是读书分享会。

我始终认为，一个优秀的领导除了要持续学习，让自己不断成长，还要带着员工跟着自己一起成长。所以我每次在外学习到好的东西，都会带回团队进行分享，并且每两个月在部门举办读书分享会（见图8-9）。

这些年我们的读书分享会还进行过三次升级，迭代的背后隐藏着一个我和团队斗智斗勇的故事。

第一次我是指定大家共同读一本书，但结果是多数人都没有看，分享的心得都是从网上摘抄的；于是第二次我调整为每个小组提报自己团队的书单，自行安排组员进行分享，最后发现只有参与分享的人看了书；第三次我再次改变策略，通过现场点名来进行分享。

图 8 - 9　品牌中心读书分享会

当然，我不是为了学而学，而是希望每个人都可以主动提升自己，不断成长。所以，在每次的读书分享会中，部门会进行公开投票，选出 1 ~ 3 名优秀的分享者，分别奖励 300 元、200 元、100 元 。

所有的成长都是为了独当一面，为此我还鼓励团队定期开展个人的主题分享，发起者可主动分享与本职工作相关的课程，并可获得 200 元奖金。

三是好玩的团建活动。

我们部门有个惯例，节假日前后要安排聚餐，至少每两个月组织一次员工旅游，而且期间不谈工作，就是纯玩，且不能重样（见图 8 - 10）。

因为我自己在日常生活中就是个喜欢探索吃喝玩乐的人，所以我们部门的经费除了用于奖金激励，其他的全部用于团建活动。我们团队的活动宗旨只有一个：吃好、住好、玩好，务必让大家玩得尽兴。

遵循这"四感"管理法则，就可以做到既给鸡汤又给勺子，既给目标又给信任，既给指引又保留灵活性，下属执行起来舒服，领导对结果满意。

图 8-10　品牌中心的团建活动

二、激发潜能，放权试错

90 后和 95 后是在互联网的浪潮中成长起来的一代，先天的社会环境让他们自带优越感，也让部分 90 后在职场上敢爱敢恨，敢创造敢尝试。吃苦不是90 后的长项，敢拼才是。

如我在前文中提到的，在我的团队中，90 后和 95 后占了 80% 的比例，每个人的个性都很鲜明。

在这些年轻群体中，追星的小姑娘就有好几个。一个喜欢王俊凯，办公桌上贴满了他的照片，而且谁都不让碰，疯狂搜集他的海报、签名，买各种周边产品，不在乎花多少钱；一个在饭圈当站姐，甚至为了拍偶像的照片追到日本去；还有一个为了支持自家明星代言的肯德基，可以连续一个星期吃汉堡炸鸡……她们的日常除了上班就是为自己的偶像打榜、反黑、控评、做数据。

还有我们的微博编辑，我们习惯叫她团宠，她对潮流有着自己的坚持，用现在很时髦的话说，无论是言行举止还是时尚审美都很酷。

我们的微信公众号编辑则热衷于各种日剧、韩剧，沉迷其中无法自拔，以至于在读大学的时候就自学韩语和日语，在没有报学习班的情况下靠刷综艺和韩剧考过了韩语 6 级。

身为一个 85 后，我有时也会对团队中小姑娘们的种种行为感到匪夷所思。不过虽然我有时跟不上她们天马行空的脑洞，但我会选择尊重她们，并帮她们把这些个性转化为在岗位上的优势。

因为喜欢追星，了解饭圈文化，也就意味着她们在娱乐营销项目上拥有得天独厚的优势，所以当初名创优品的鹿晗运动季、TFBOYS 演唱会项目就交给这群小姑娘来执行，当饭圈女孩的追星文化和品牌推广两相碰撞时，传播效果超乎了我的想象。

再看另一个性格酷酷的小女生，虽然年纪不大却心思非常细腻，情商非常高，我就安排她去挖掘 KOL 达人，每次都带给我惊喜。也因为颜值高，我们把她打造成了名创优品新媒体编辑 C 位担当小 M，并作为前期拍摄抖音的模特，高颜值和会玩好玩的性格吸引了一大波粉丝的关注。

同时，要放手让年轻人去冒险，去折腾，去试错。对于团队中 90 后和 95 后小伙伴提出来的建议和方案，即使不够成熟和完美，我也不会一味抹杀。遇到可以被执行的方案，我非常乐意给空间实施，甚至会让部门承担试错成本。

比如我在前文中提到的自己拍摄产品测评视频，就是由我们新媒体团队的小伙伴自己提出来的，而我做的就是为他们协调电商部门来配合。

大多数 90 后都喜欢受到重视的感觉，愿意接受责任与挑战。所以，除了本职工作之外，我非常乐意给团队的小伙伴机会去接触他们感兴趣的其他工作领域。比如我们的一个设计师，她对组织线下活动很感兴趣，在跟着企划组学习一段时间后申请转岗，我欣然同意了。

所以，面对这样一群充满着浓厚个人主义色彩的下属，身为管理者，不要站在制高点去给 90 后和 95 后挑刺，非要让他们遵循我们的游戏规则。

我们应该做的是激发他们的潜能，让他们在更有利于自我成长的职位上野蛮生长，这才是我们的本分和水平。

三、交个朋友，别端架子

对于管理层来说，对自己最好的认知，就是先把自己的架子放下。

但很多人囿于身份，总是端着领导的架子，沟通时是自上而下的上位者姿态。

我一贯主张的相处原则是：平等、开放、自由。在我的团队中，"成总"这个称呼是不存在的，同事们都亲切地叫我"兰姐"。

我多年来坚持的一个习惯是，无论多忙，我每周都会固定时间跳过小组里的经理，找 90 后和 95 后的基层员工聊聊天（见表 8 - 7），但不局限于工作，可以聊他们的兴趣、他们最近的生活、他们的家人、他们的感情……

表 8 - 7　品牌中心员工每周会谈时间推进表

　　这样做的好处是什么呢？可以进一步拉近和团队成员的距离，让他们知道，我很乐意倾听他们的内心诉求，并对他们在工作遇到的一些困惑提供方向和建议。

　　我不知道有多少人和我一样，在生活中，可以和自己的团队成员分享秘密，放下领导的包袱在KTV包间里一起鬼吼鬼叫，在街边的路边摊推杯换盏天南地北敞开聊，还可以在假期里一起外出旅游。

　　很多人都不相信我会下厨，因为我平时除了工作就是工作。但我一年屈指可数的下厨机会全部给了我的团队小伙伴们，我的家人都很少有机会享受我洗手作羹汤。

　　我团队里的人经常笑言，在生活中，我既是员工的"爸妈"，时刻照顾他们的情绪，又像是他们的"哥姐"，随时开导他们并帮他们解决问题。很庆幸的是直到今天，在我离开名创优品之后，我们依然还是像好朋友、家人一样（见图8-11）。

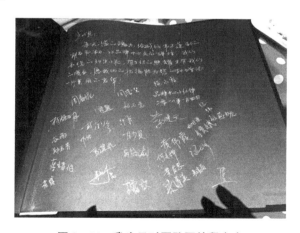

图8-11　我生日时团队写的留言本

　　就是这样无数次的一来一回，巩固以交换为基础的契约，让我和团队的这群小伙伴的关系附加上更多价值，比如配合的默契、彼此的信任，这才是真正的留人心。

四、酷有很多种，管理者至少要占一种

很多人都不知道 90 后和 95 后有职场偶像情结，他们特别迷恋成长故事，他们更愿意对标身边的榜样进行努力。

"我认我认为有能力的人，但这个人不是你，你说的话我不服气。"这是 90 后思维。

"你个黄毛丫头，小小年纪目中无人，把我的话当耳边风！"这是领导思维。

90 后和 95 后在意的是，做他们领导的人是否有足以征服他们的能力。而很多管理者在意的是，你挑战了我的权威，让我下不了台，我很不爽。

两者不在同一个频道上，是谈不了倾力合作、同频共振的。

无专业不职场，在所有素养里，领导首先要做的是以身作则。

很开心的是，我经常听到团队里的小伙伴对我说：兰姐你很酷，你是我们的人生导师。

而这些评价都是我在工作中全力以赴换来的。

我的座右铭是：生活就是工作，工作就是生活。生活中大家对我的评价是"工作狂"。一年 365 天，我几乎有一大半的时间不是在出差的路上，就是埋首在加班的深夜中。

除了出差，我每天坚持早上 8 点前到公司，除了公司的保洁阿姨，我是来得最早也是最晚下班的员工之一，而这个习惯我坚持了 10 多年，风雨无阻。

甚至为了不耽误工作，有段时间我出差买的机票都是早上的第一班或者晚上最后一班，最疯狂的时候一个星期要飞五个国家，一天 24 小时来回印度尼西亚。

那种累到极限直接趴在行李箱上睡着，还有出差半夜回到家，第二天一大早到公司开会，还经常因天气问题飞机晚点睡眠不到 5 小时的日子，这些在一般人看来不可思议的状态，对我来说简直是家常便饭，是我多年以来的

生活常态。

我忙起来简直是一天当成两天用，忙到有时团队的人找我都需要"排队"沟通，在等电梯的时候沟通，甚至是在飞机上沟通。有好几次我父母来广州探望我，我都毫不犹豫地选择优先处理工作。

而这些所有的动力都源于"热爱"，我完全是把工作当成自己的事业在奋斗。

当你把对极致的追求、对细节的死磕表现在工作中时，你展现出的拼劲、强大、专业已经足以让 90 后和 95 后看到成长的对标参考物，让他们自动给你加上属于他们对话时才有的标签，比如好酷、厉害、牛。

一旦抱有这些看法，90 后和 95 后会更加认同你的管理方式，听得进去你的管理建议，更愿意和你探讨他们的想法，这就是榜样的力量。

所以，不要跟 90 后和 95 后讲道理，你要做的是展示你的能力，让 90 后服气。

最后，关于团队管理做个小总结：

（1）不刻意追求招到有资历有经验的人，而是招到合适的人，激发他们的潜能，干一件不平凡的事。

（2）借助可视化工具和流程，可以让团队执行起来事半功倍。

（3）从管理到赋能，公司搭建平台，提供资源，让 90 后和 95 后在舞台上表演。

（4）管理的核心是人，要做到行事有条、松弛有度、奖罚分明、有理有据，才能赢得人心。

（5）管理者以身作则，做好榜样。

以上是我作为过来人，总结出来的在团队管理中有较普遍适用面的几个核心：你怎么对待你的员工，你的员工就怎么反哺你。

这几年来名创优品品牌中心员工的流失率低于 5%。我想，这正是我对他们的用心换来的结果。

附录一

木兰姐说品牌语录 （精选）

模式篇

1. 物美价廉才是最高级的商业模式。

2. 品牌创新，往往是从选择另一条赛道开始的：发现一个"非我不可"的市场需求，洞察到用户一个没有被满足的需求。

3. 新零售催生新物种，一定是搭载互联网的东风和优势，重新在行业里找到新领域做聚焦，切入风口真正帮助用户解决需求。

4. 创业项目必须是雪中送炭，不能是锦上添花。

5. 所有消费品机遇的背后都是：品牌使命化，品类品牌化，产品差异化。

6. 一个成熟的品牌定位模型是：顺着消费者的心智大潮，产品内容化、营销年轻化，流行符号化。

7. 从来都没有什么横空出世的品牌，只有把产品做到极致，把创新植入品牌的 DNA 中，锻炼出魔鬼一般的进化能力，才是企业不被时代抛弃的不二法门。

8. 对于每一个鹤立鸡群的品牌，不要关心它现在站得有多高、体量有多大，应该关注它从 0 到 1 做了什么。

9. 新媒体＋新渠道＋新产品＝新品牌，虽然都在强调新，但是消费脱离不了本质：产品、价格、体验。

产品篇

1. 无法匹配消费者需求的产品创新，都是毫无意义的创新。

2. 产品是企业唯一免费的传播渠道。

3. 产品给用户创造独特的价值，才能让用户尖叫，赢得用户的信赖。

4. 产品品牌化的基石：高颜值，高品质，高性价比。

5. 成功的企业是创造产品价值而不是单纯创造产品。

6. 优质低价的产品才是世界通行证。

7. 产品本身是什么并不重要，重要的是消费者认为你的产品是什么。

8. 企业一把手在产品上下的功夫深浅，决定了这个产品有没有核心竞争力。

9. 产品研发需要长期重点投入，每多构筑一层优势，竞品模仿的难度就会更大一点，用户的黏性就会更高一点，品牌竞争壁垒就会更强一点。

营销篇

1. 品牌营销不过是讲好每一个产品的故事。

2. 品牌营销方法论：好产品、好故事、用户口碑。

3. 市场营销无非就是要解决消费者的三大问题：消费者到底需要什么？为什么会有这样的需要？我们能不能满足他们？

4. 品牌营销不是品牌的一厢情愿，而是品牌和消费者的合谋。

5. 社交营销让"粉丝"变成消费者。

6. 营销的本质是：聚焦用户的需求，为用户创造价值；建设品牌的形象，为企业创造利润。

7. 抓住年轻人目光的内容营销更有效果：有趣、更新快、个性化、颜值高。

8. 好的营销和坏的营销，差别就在于能不能放大产品的优势，被更多的人认同。

9. 做营销，就是让消费者从众多对手之中选择你。

用户篇

1. 目标用户在哪里，新媒体社交平台就在哪里！

2. 将消费者的信号变为有用信息，掌握消费者的动向。

3. 挖掘用户需求的底层逻辑，以用户喜欢的方式一起讲故事。

4. 1 个信任流量抵得上 1000 个普通流量，这就是超级用户思维。

5. 一定要在体验上为你的用户制造可以传播的介质，要学会制造惊喜，给用户超乎寻常的感受。

6. 未来一部分的竞争，来自社交体验感，运营粉丝、玩参与感、创造体验惊喜，才有可能抢占市场份额走得长远。

7. 每个消费者有着自己的一套从认知到消费决策的逻辑，可以迅速找到自我的"最优选择"，不需要品牌层层说教来对他指手画脚。

8. 读懂年轻人，这盘生意才能做下去。

9. 做好用户运营，应该是企业的战略选择而非战术投机。

以上 36 句语录出自于"木兰姐说品牌"栏目。

我始终坚信，现在读者不缺信息，缺的是有用的、有深度的、可持续输出的内容。

我耗时一年，打造了"木兰姐说品牌"这个栏目，每天坚持更新，把我前 10 多年积淀出来的经验毫无保留地分享出来：

一年 365 天，每天 2 分钟，一句木兰姐品牌语录 + 案例拆解。

通过最通俗易懂的方式和方法论模型提炼，帮助大家利用碎片化时间更好地搭建品牌营销体系，找到品牌背后的魂和肉，借助品牌营销的东风，少走一些弯道，让品牌不止步于流量，不盲从于跟风。

内容的输出其实是一个痛并快乐着的过程。痛是因为每次课程的打磨都极其耗时耗力，快乐是因为输出也是为了倒逼自己更好地输入，这是一个自我审视和成长的历程。

　　所以，希望借助"木兰姐说品牌"这个栏目可以连接更多喜欢品牌营销的无数个你和我。

附录二

巅峰时期告别名创优品：
她用实力演绎开挂人生

曾经有人说，女人啊，一定要活出自己的铠甲。

但是，什么才是女人披荆斩棘一往无前的铠甲呢？

在成金兰身上也许可以一窥答案。

初见成金兰的人，很难将眼前这个面容精致、谈吐温婉的美丽女子，和在商场中叱咤风云、有"兰姐"之称的霸气形象联系在一起。

而正是这个既不强势，也不咄咄逼人的温婉佳人，经过岁月锤炼，从一名小小前台逆袭成名创优品从 0 到 150 亿元的品牌操盘手，在职场上活成了自己的大女主，让无数人叹为观止。用现在很时髦的话说，她是怎么一步步出圈活得这么开挂的？

成家有女初长成，初生牛犊不怕虎

从农村走出来的成金兰，或许骨子里天生就带有"拼命三娘"的基因。小时候家境清贫，当别的同龄女生还在父母强壮的翅膀下享受着呵护和关怀时，作为长女的成金兰却因父母外出打工，早早就用自己瘦弱的肩膀扛起了照顾家里的责任。

照料三个弟弟和妹妹，养猪喂鸡，因力气大几乎一人收割大部分稻谷、挑粪水灌溉蔬菜……甚至是翻山越岭来回跨越十几公里砍柴，这种在现如今回想起来都不可思议的事情，成金兰都一一干过。

因父母长年在外，和奶奶、婶婶住在一起的成金兰和弟弟妹妹们并不受宠爱，因此从小她就养成了独立的性格。弟弟和同学出现争执被对方父母劈头痛骂时，她会很彪悍地冲上前把年幼的弟弟护在身后据理力争；被男同学冤枉偷钢笔时，她会憋着一股劲儿在同学的抽屉里翻找出来，即使明知道对方比她高、比她壮，也要拧着对方的手腕让他道歉，小小年纪便有初生牛犊不怕虎的气概。

你能想象到吗？这些在外人看来充满着辛酸的往事对于成金兰说都不算什么。唯一一次让她感受到委屈的是，有一次她煮好家里人的饭，然后出去洗衣服，回来才发现所有的饭菜都被一扫而光，没有人想过为辛苦干活的她留一点吃的。这也是她第一次哭着把心里的委屈写在信里，倾诉给远方的爸妈听。

这些在一般人看来很艰苦的生活，成金兰并不觉得有多难熬，她觉得为父母分担一下照顾好家里是应该的，而这重担压在她身上一压就是长达5年，直到她上初中，爸妈才从城市回到家里。但好景不长，父亲生病要动手术，成金兰念职校需要缴学费，这对当时的成家来说无疑是笔庞大的费用。

于是她把目光投向了常年恶意拖着她父亲欠款的老赖，内心的小宇宙一触即发，她跑到对方家里进行周旋。然而成年人的世界总是充满着尔虞我诈，对方不为所动，仍是拖字诀为上。那时的成金兰凭着一股韧劲儿在对方家里一坐就是一天，倔强的小脸上挂着"不达目的誓不罢休"的表情，最后磨得对方不得不认输，先把部分欠款给还上。

但这只是解了燃眉之急，还上的这部分费用得以让父亲的手术顺利进行，而成金兰的学费还没有着落。破罐子破摔，成金兰尝试敲开了校长的门，请求校长做她的担保人，学费先欠着，等以后工作赚钱了再还上。也许是得益于成金兰平时在校篮球队积下的好人缘，和同学、老师平时相处得比较好，给校长留下了深刻的印象，校长二话不说就答应了。

小小年纪，她就已经懂得自己想要的必须要靠自己的努力去争取。

"我当时就觉得自己已经被逼到了墙角，背后是没有路的，只能抬起头往前走。现在想想，也不知道自己当年小小的身体里哪里来的爆发力。"

笑盈盈地回忆往昔时，她感恩苦难，认为苦难是对自己人生的历练。要不是这些磨砺，她又如何能发现自己有如此大的潜力？

正如我们看到的，从小独立的性格造就了成金兰和别人不一样的童年，也为成金兰后续的蝶变并展翅高飞埋下了伏笔。

没有无缘无故的幸运，只有全力以赴的努力

10 年前很多人提到成金兰，最多的词是遇到了贵人。

20 岁出头便遇到贵人叶国富先生，得其赏识，一路从一个小小的前台升到掌管着一个堪称小广告公司团队的品牌总监。人生得一伯乐相看，何其幸运。

可是笔者想说的是，你只看到了表面上的 1% 的好运，却没有看到背后她付出的 99% 的努力。

初入社会的成金兰，还带着一丝少女未退的青涩感，但拼搏的种子已在她心里开始生根萌芽。

她进入的第一家公司还不叫名创优品，而是饰品巨头"哎呀呀"，接下来

和她的职业生涯紧紧捆绑在一起的公司。

公司的规模很小，小到只有五六个人，没有什么岗位职责的细分，成金兰什么都做，重要的是，她什么都愿意做。

前台、文案、客服、招商、财务……这些岗位的频繁更换在有清晰职业生涯规划的人看来是最为忌讳的，但她在各个岗位中来回切换从不抱怨。下班后当别的女生忙于逛街打扮自己时，成金兰却铆足力气，全身心地投入工作中，接电话、打包、整理、贴标签……她就像一块砖，哪里需要就往哪里填。

成金兰的学习能力在当上财务人员后再次充分展现了出来。因公司业务发展需要，她常常要往银行跑，来来回回的次数多了，她便留意到银行工作人员数钱的手法，回家疯狂练习，大大提高了收钱的效率和专业度。

闲暇之余，成金兰更是一头埋进财会考证中。报名夜校的学习费用昂贵，而她微薄的工资平时已用于补贴弟妹的读书费用。于是她选择跟老板预支薪水，等第二个月发工资再还上，然后再提前预支，连续多个月以此循环周转。即使因此在接下来的三年里她过着捉襟见肘的日子，没有买过新衣服，每天上班来回走路一个小时，几乎没有任何娱乐消费，她也甘之如饴。

都说老天不会辜负每一个执着努力的人，她用自己所学帮助公司理顺了财务收支的问题，并且能定期向老板提一些有效建议，很快就得到了老板的赏识与重用。

这时的成金兰并没有满足于一辈子只能当一个小职员，一个大胆的念头在她脑海里定格：她要自己创业。成金兰特立独行的性格再次彰显了出来，说干就干，于是她毅然辞去哎呀呀财务的职位，选择到东莞开一家哎呀呀门店，就这样成金兰开始了她的创业之路。

无奈天有不测之风云，2008 年的金融风暴让成金兰遭遇了人生创业上的第一个滑铁卢，开在东莞的哎呀呀门店随着附近的工厂倒闭一度陷入了亏损状态，在出师不利的情况下，成金兰把门店关了，选择再次回到哎呀呀上班。

阔别两年再次回到公司，成金兰首先面对的就是待遇上的落差，当时的财务经理开出的工资比她当年离开哎呀呀时少了将近一半，与她自己创业时的收入对比更是云泥之别。然而成金兰并没有退缩，毫无怨言地接受了这一安排。

心若坚定，自有命运打赏。来自同事的一次偶然引荐，从财务转岗做品牌推广让成金兰的人生在那一刻翻篇。可以说品牌中心之于成金兰，是一扇大门，她通过这扇大门看世界，人们通过这扇大门看见了她。

尽管当时的领导喜欢挑刺，但是成金兰却让他抓不到任何把柄刁难，对于上级交代的工作，她总是事无巨细把领导能想到和想不到的都一一做到，别人可以做到 8 分，她总是能出色地做到 12 分。

世上无难事，只怕有心人；你若认真，便成了风景。

慢慢地，因为工作出色，她开始被公司倚重并被任命为公关主管，再到公关经理兼总裁助理。像是开了挂般，别人用三年时间完成的职场生涯三连跳她只花了一年多时间。

这些机会像是一扇窗，让成金兰看到了更广阔的世界，不断接收新的事物，又不断地去实践，外向的性格给她帮了大忙。

欲戴王冠，必承其重，世间万事，皆是如此。也因为她的努力和付出，渐渐地公司很多事情都交代给成金兰办理，即使是接待会议上一件很小的行政采购，最后都要成金兰出面把关。这对于一般人而言，无疑是大材小用，但成金兰从不会推诿，在她眼里工作没有贵贱之分，都会全力以赴。

与别人对不属于自己负责的工作总是避之唯恐不及相比，成金兰都是当成挑战和历练来对待，她乐于接受超出她职责之外的每一次新的挑战，并把它完成得十分漂亮。

无论是工作和生活，成金兰身上那股不服输的劲儿，从小支撑她到现在。所谓"你必须非常努力，才能看起来毫不费力"，大抵就是如此吧。

在工作中生活，也在生活中工作

都说摩羯座对别人要求严格，但对自己下手最狠，这句话在同属于摩羯座的成金兰身上体现得淋漓尽致。

对待工作，成金兰的内心是强大的。她简直就是一个工作狂，工作安排得很满。一年 365 天，几乎有一半的时间不是在出差的路上，就是埋首在加班的深夜中。

除了出差，她会在每天早上 8 点左右来到公司，除了公司的保洁阿姨，她几乎是来得最早也差不多是最晚一个走的，而这一个习惯她坚持了 10 年，风雨无阻。

一步一个脚印，能者多劳的化学反应在成金兰这里再次得到验证，除了总裁助理、品牌中心总监，成金兰在她的职场生涯中又浓厚地留下了几笔彩墨：同时担任"一带一路"办公室主任、CCFA 特许经营分会执委、广州连锁经营协会副会长……多重身份的转变，也意味着责任和忙碌的双重加持。

在她的字典里，从来找不到"推诿"二字，不管是作为名创优品的总裁助理还是品牌总监，从公司贵宾的接待到大型活动及对外宣传，再到行业盛会、评奖、媒体采访，无不是她亲力亲为、带队执行。她可以大到把老板交代的每件事做到极致，小到部门里的每次奖项评选语都要亲自审核确认。

在成金兰的理念里，以小见大，每件大事都是由不起眼的小事叠加起来聚沙成塔，所以，她习惯于把每件事都当成最重要的事去完成，可以说高度严谨这个词简直就是为她量身打造的。

甚至为了不耽误工作，她买的机票永远都是早上的第一班或者晚上最后一班。从北半球到南半球，从一座城市穿梭到另一座城市，世界各地都留下她匆忙的脚印，最疯狂的时候一个星期要飞五六个国家，一天 24 小时来回印尼，于是有朋友调侃她是空中飞人，一年下来的飞行旅程足以绕整个地球一圈。

你能想象吗？那种累到极限直接趴在行李箱上睡着，还有出差半夜回到家，第二天一大早到公司开会，还经常因天气问题飞机晚点睡眠不到 5 小时的日子，这些在一般人看来不可思议的状态，对成金兰来说简直是家常便饭，是她多年以来的生活常态。

成金兰的每一步路都走得非常踏实、认真、刻苦。和她合作过的客户这样评价她："这个女人太拼命了！"

也因为这种高强度的没有停歇地工作，长年累月没有休息好的成金兰落下了一堆身体上的病痛，肩颈和腰部有了非常严重的劳损。即使是这样，成金兰也只有在剧痛难忍的时候才会在不出差的周末去找按摩师，在经过一番推拿后第二天没有休息又奔赴下一场忙碌之中。

她忙起来简直是一天当成两天用，忙到有时团队的人找她都需要"排队"沟通，在等电梯的时候沟通，甚至是在飞机上沟通。更让人敬佩的是，有好几次成金兰的父母来广州探望她，她都毫不犹豫选择优先处理工作，可见其投入在工作中的心有多狂热。

很多人对成金兰这种堪称疯狂的工作方式表示不理解，其实她这样做的原因无非有三：

一是因为成金兰在老板身边做事，高处不胜寒，面对的责任和压力都是异于常人的，所以她很清楚要比别人付出得更多。

二是感念叶国富的知遇之恩，它镶嵌在成金兰的人生信念里。所以，在成金兰的座右铭里，工作没有差不多，只有全力以赴，不负众望。

三是最让人惊叹的，成金兰很享受这种充实、认真、努力、拼搏的感觉。她所有的动力源于"热爱"，她是把工作完全当成自己的事业在奋斗。

"我对工作所有的激情源于——在工作中生活，也在生活中工作。"

就连她的闺蜜都自叹弗如，经常感慨成金兰是她们几个当中近年来变化最大的，从外在的气质到内在的修炼，她的坚韧、行动力和执着，既果断又勇敢，是一般人难以望其项背的。

成金兰的狠，还来源于她的自律。

翻看成金兰的微博你还会发现：

工作再忙再辛苦，她每天都会留一点时间给自己读书，她的随身包里永远都放着一本书。对她而言，这既是放松，也是学习。

在这方面，她对自己很严格，哪怕是常年出差，在提升自己的道路上也一直没有停下脚步，不仅经常参加各种有价值、有意义的会议和论坛，还经常带着部门的小伙伴一起组织学习分享会。

同样，这份自律还体现在很多细节上：

无论是在生活中还是在职场中，成金兰呈现出的一面永远都是优雅精致，从容、大方、得体。

要知道，为了穿搭合宜，每天无论多忙多累，她都会在睡前，根据第二天的天气、场合、重要性，搭配相应的衣服、鞋子和首饰。

特别是出席一些重要的场合，她的着装几乎从来没有出过错，经常被视为最佳着装代言人。

这是一个优秀女性的职业修养。

因为成金兰坚信，一个女人可以长得不漂亮，身材不完美，比例不匀称，可是只要她能够用自律去管理自己的仪容外貌，继而就能管理自己的人生。

美与灵魂，女人想拥有的两个关键词，成金兰都占全了。

在知乎上，有一个问题："不自律的人生是一种什么样的体验？"

有一个回答被赞了很多次，答主说："就是像我现在这样一事无成，被命运反复羞辱，毫无还手之力。"

而在自律中越走越远的成金兰，不会把时间和精力白白浪费在无意义的事情上，而是真正把碎片化时间都利用起来让自己成长。

这样的女人，无论在哪里，都是自带耀眼光芒的。于是，你会发现有成金兰出现的场合都自带光环，她用专业和用心做事的态度收割了一大片精英老板们欣赏钦佩的眼光，也收获了外界赋予她"奇女子"的称号。

就是因为这股韧劲儿，10 年后再提到成金兰，最多的词是刚和飒。

曾经很多人看不懂她的拼劲儿，如今是我们追捧的霸气。

她清晰无误地知道自己要什么，为了达到目标，对自己死磕。

以至于公司领导说："只要任何时候有事找金兰，她肯定都能处理好，都让人心服口服。"

可谓应了那句话，长得美是一种优势，活得漂亮，才是种本事。

撕掉世俗的束缚，我的事业我做主

职场对很多女人来说都不太友好。很多有抱负的女人，在进入 30 岁以后，就无法顾全事业，甚至牺牲事业去守护家庭。

成金兰在自己的人生中，经常听到三个字："为什么"。

为什么你一个女人要活得这么拼这么累？

为什么你不找个男人依靠一下？

为什么你不愿意把更多的时间花在自己的生活上？

······

为什么为什么？

这几乎是很多职场女强人都会面临的灵魂拷问。但明显的是，成金兰不是讨好型的小女人，面对世俗，她自有一套准则：

"当一个女人有了事业，那种在事业上的成就感，远比生活里的柴米油盐酱醋茶，更让她开心，因为事业给予她话语权和自信。所以，一个女人终极的安全感，来自不断变强大的自己。"

所以，你会看到，与那些结婚后辞掉工作回归家庭主妇，像菟丝花一样只能依赖于丈夫的女子相比，成金兰其实一直都知道自己要什么，她从不吝于向外界展示自己在事业上的野心。

当别的女人因为家庭琐事深陷一团糟，埋怨这种日子何时是尽头时，她在谈判桌上大杀四方……

当其他人甘于守着眼前的一亩三分地时，她却跳出了舒适圈，一步步把处在公司边缘化的部门，发展成了一支强大的40人左右的铁血军团，并连续摘下"最具创新团队奖"和"年度杰出团队奖"。

当有人因性别质疑她的能力时，她选择用过硬的业务实力让那些轻视她的人闭上了嘴。

都说自媒体难做，她迎难而上带领团队攻下微信企业号排名第一的战绩，微信公众号的阅读量轻松破亿。品牌营销不易推进，她却过五关斩六将，成为为品牌创造85亿流量话题的营销女王，上交出了一份亮眼的成绩单。

成金兰用自己的力量，在职场中找到了自己的立足之地，掌控了生活的主动权，她就像女侠一般，敌去我留，敌来我挡。

若有才华藏于心，岁月从不败美人。

成金兰就是最好的证明，打破职场对女性的枷锁，主宰自己的命运。功夫不负有心人，接踵而来的是"风云人物奖""突出个人贡献奖"等各种荣誉。她用实力印证了，当你知道自己想要去哪儿，并且全力以赴奔跑的时候，全世界都会为你让路。

心有猛虎，细嗅蔷薇

看长相，成金兰是被上帝偏爱的那部分人。骨相好，轮廓分明，很上镜的脸蛋，干练有余，攻气很足，也造就了她爽朗的气质。

她的性格，一面刚强，一面柔软。这种柔中带刚、刚中有柔的个性，让她在同事和客户中具有超好的人缘。

身边的人都喜欢叫成金兰"兰姐"，这一声称呼中，担得起 10 分信赖，10 分崇拜。

经常被外界定义为"不听话"的 90 后，在成金兰眼里却是格外好的一代。她曾经笑言，说 90 后不好管理的人是没有用到适合 90 后的管理方式。

对于管理一个部门，成金兰有自己的一套准则：要站在员工的角度看待问题，以己度人。

她的身份角色是多样化的，对待下属，她张弛有度，既有威严，也不失亲和。在工作中，她是公私分明、不偏不倚的上司，从不以势压人；在生活中，她既是员工的"爸妈"，时刻照顾他们的情绪，又像是他们的"哥姐"，随时开导他们并帮他们解决问题，同时也像"朋友"一样可以和他们打成一片、畅所欲言，即使是最傲娇最难管理的 95 后群体，也能跟她愉快地相处。

在她成为品牌总监后，品牌中心制定了一系列奖罚分明的规章制度，用于激励大家学习成长。成金兰很看重团建，部门经费全部一分不剩地用于对员工的激励。在她的带领下，部门每个月会评选优秀员工，举办员工生日会，至少两个月组织一次员工旅游，至少半年组织一次优秀员工评选。在每次的季度总结中，还善于采用劳逸结合的方式，让小伙伴们既能享受工作的乐趣，又能在紧张的工作中释放身心。

一个优秀的领导除了要持续学习，使自己不断成长，还会带着员工跟着自己一起成长，成金兰显然深谙此道。每次在外学习到好的东西，她都会带回团队进行分享，并且每个月都在部门组织读书分享会，小小的读书会在成金兰的带领下也进行了好几次升级迭代，就是为了让每个人都可以主动阅读和分享，在交流中一起学习、进步。

因为成金兰一人身兼多职，所以会经常站在公司的角度，将心比心地让更多人接触新的机会，所以品牌中心的小伙伴很多人手上都是负责多个项目。

强将之下无弱兵，成金兰一直认为尊重是双向的。你怎么对待你的员工，你的员工就怎么反哺你。有一年国庆节，因为越南代言人临时有突发情况需要有人跟进处理，正在放假的几个下属毫无怨言自发地回到公司加班加点把工作给处理好，这件事深深地触动了成金兰。

成金兰用自己榜样的力量潜移默化地影响着她的团队，高效、有担当。当别的 90 后都在追星时，品牌中心的小伙伴却把"兰姐"当成自己的偶像，努力向她看齐。

对待其他高层领导或是客户，她不随波逐流，也不迎合讨好，守住自己心中的那份秩序，不张扬卖弄，只做自己。

当时在公司内部流传着这样一句话：只要是兰姐答应帮忙的事，她就会尽 10 分的力去完成。

确实，成金兰的处事准则是：在力所能及的范围内，可以搭一把手的事，都会友好地伸出双手。

纵然一路披荆斩棘取得了如今人人羡慕的成绩，无论是对待员工还是陌生人，成金兰在生活中依然是个不拘小节的人。

也许是环境使然，很多公司的老员工对新员工不太友好，初来乍到的新人一般是没有人去主动去搭理的，当时的一个新入职的文员就遭受了这种冷待，而成金兰是第一个主动跟她打招呼表现出善意的人。尽管这在成金兰的人生中是再平常不过的一件小事，但没想到却让这位小姑娘一直记在心里，并在多年后提起这件事时仍然心存感动，因为没有成金兰的微信，还主动跑到她的微博主页下去留言表达感激之情。

也正是这一种浑然天成的待人处事风格，在公司的一次人力测评里，成金兰以超高票数占据最受欢迎员工宝座。

就是这样的成金兰，无论在国外街头还是市井小巷，都可以纵情潇洒，自在畅快——挎得起几万元的名牌包，也不嫌弃几十元的 T 恤；可以在咖啡厅品味人生，也可以坐在嘈杂的路边摊推杯换盏；坐得起豪华香车，也坐得了公交车；可以在高雅的宴会里谈笑风生，也可以在团队的聚会里肆意欢唱；可以小鸟依人，也可以自力更生。

巅峰中转身，清风中盛开

走到今天，成金兰的人生也由上半场转入下半场。

都说职场不易，特别是对于一个孤军奋战的女人来说。成金兰做到今天这样本身就很不容易，自然而然压力也伴随着掌声从四面而来。不了解成金兰的人会以为她是花瓶，不看好甚至总是带着羡慕嫉妒的眼光看待她，但是这些从来没有击垮过她内心的防线，在成金兰看来，有大格局的人，会懂得为自己修篱种菊，不纠缠，我自从容。

经得起多少磨砺，就受得起多少掌声。

只是让人意想不到的是，在这个处于事业巅峰的阶段，成金兰心中叛逆的因子再次跳动，做了一个让很多人跌破眼镜的决定：离开名创优品，离开这个发展得如日中天的巨人平台。

很多人问为什么？

最根本的原因，是她骨子里对品牌推广工作的热爱。因为一直待在一家公司里，企业的那种高速紧绷的状态是没办法按她自己的节奏去走的，也无法让她专注于自己喜欢的品牌推广领域，所以成金兰选择了离开。

也恰恰印证了成金兰所说的，一个聪明的人不仅仅知道他什么时候应该上场，还要知道他什么时候应该离开。

而撕掉名创优品的标签，意味着告别和未知，遇见不一样的自己。

离开名创优品的成金兰并没有放缓自己的步伐，而是开始重新审视自己，她开始去进修充实自己，一边在国内的中山大学、清华大学、浙江大学等名校学习，一边走出国门到美国西点军校短途游学，去日本交流学习，也逐渐在属于自己的职场领域里，编织起属于自己的事业梦网。

创业不像上班那样，有稳定的高收入和名气，但成金兰仍然甘之如饴，也婉拒了很多知名大企业递过来的充满巨大诱惑的橄榄枝。

她开始投身于混沌大学广州分社的三尺讲台，成为上海交通大学总裁班导师，受邀出席各大重量级论坛和会议，出任多个知名企业的品牌顾问，以"木兰姐"的称号在营销领域中开始崭露头角。

"木兰姐"，大无畏，意为致敬花木兰。

从"成总"到85亿流量营销女王"木兰姐"身份上的转变，让成金兰打开了新世界的大门。突破自己未知的可能，其实并没有想象中的那么难。

被学员们尊称为"最美 85 后职业经理人"的她，在离开名创优品后再次在工作中找到了自己，并找到了属于她的信仰和喜好。

她说："到了今天，我入行十几年了，我的初心没有变，而且到了今天，我会更加有勇气和更加坚持去做自己内心想要做的事情。"

如果说一定要用什么词来给自己的职场生涯下定义，成金兰给出的回答是：乐观积极、脚踏实地、愿意吃亏。在成金兰看来，能够取得现在的成绩，更多的要归功于她内心满满的正能量和不以物喜不以己悲的乐观心态。

所以，活得最漂亮的那种人，大抵就是像成金兰那样随时都在准备重新开始的人，只要自己认准，就积极面对，决不妥协。

你若盛开，清风自来。

回顾自己一路走来，阅尽千帆终不悔。对名创优品这个让她破茧成蝶展翅高飞的平台和叶国富的提拔之恩，成金兰始终是心怀感激的。这是她梦开始的地方，也是见证了她涅槃重生的地方，可谓意义非凡。

对于跟着她一路打拼同甘共苦过的小伙伴们，还有一直支持她给过她帮助的客户朋友们，成金兰也是没齿难忘，那段充满鲜花与汗水的岁月，在接下来的日子里她将会妥善收藏和安放。

成金兰，这个不简单的女子，用现实版的"杜拉拉升职记"的故事告诉我们：

宝剑锋从磨砺出，梅花香自苦寒来！

也把这句话送给所有在职场上打拼的女孩们，共勉之。

愿你们也能把每一寸时光都过得骄傲、独立、活色生香。

作者：浅浅

写于 2019 年 1 月 18 日

附录三

从前台到名创优品 CMO，
成就她的是机遇还是努力

"从小到大，在家里农活没有什么是不干的。读小学的时候，爸爸妈妈出去打工，我在爷爷奶奶家，早上六点钟就起来，帮爷爷弄猪食，然后再去上学，放学回来可能就要煮饭洗衣服，周末去砍柴。"

"初入职场，我只是一家小饰品公司的小职员。公司只有六个员工，我是前台、文案、客服、招商、财务。"

上面这些话，可能是许多珠三角工厂的打工者们共同的自我介绍。但从成金兰嘴里说出来，却另有一番意味。因为在这段经历之后，她从一名普通的前台，成长为零售巨头名创优品的 CMO。

在名创优品官网上，公司联合创始人兼首席执行官叶国富介绍说，名创优品 2018 年营收突破 170 亿元，在全球 79 个国家和地区开设了 3500 多家门店。

这引起了我们的兴趣，这会是一个小镇青年艰苦奋斗的故事，职场女强人一路升级打怪的故事吗？成金兰为什么成长得如此之快？

或者我们把问题问得更直接些：是成金兰跟对了人，运气好吗？在她的职场成长中，是努力更重要，还是机遇更重要？

饰品店里的打工魂

成金兰进入的第一家公司，是还处于萌芽阶段的饰品公司——哎呀呀。

五六个人的公司，岗位划分没有那么明确。前台、文案、客服、招商、财务，成金兰什么都做，在接电话、打包、整理、贴标签这些"杂活"中忙忙碌碌。远离核心工作、职业成长路径不清晰，这样的职场开局，能打多少分？

Q：能否多介绍一下你的第一份工作，当时是什么情况？

成金兰：我觉得自己挺幸运的，面试我的就是叶总。那个时候公司也就几个人，简单聊了一会，叶总就说你来上班吧。虽然那时候才开了三四家店，但对于我来说还是很开心的。刚到公司，要干什么不是自己选，而是哪里缺人去哪里。随着整个公司的发展越来越快，慢慢地每个人的岗位就越来越清晰，我逐渐被定义为财务。

Q：财务知识从哪里学到的？

成金兰：那个时候我读了会计夜校，在公司附近，白天上班，晚上上课。另外，当时每天收现金，需要经常数钱，我就去银行看柜员怎么数钱，人家三张三张地数，我就回来照着练。到现在，很多人看我数钱的样子，还会问我是不是专业的。

当时，成金兰上班打工下班上夜校，学费要自己出，这对于刚走出校门的成金兰来说，负担沉重。一个月 1000 多元的工资，要支撑生活，要补贴还在读书的弟弟妹妹，还要交学费。成金兰只能不断压缩开支，走路一小时上下班，不买新衣服，几乎没有娱乐项目。

就这样，钱依然不够用。

怎样开口管老板借钱？站在老板叶国富的办公室门口，成金兰纠结了很久，但结果让成金兰欣喜，老板同意了她预支薪水的要求。这样捉襟见肘的生活，成金兰过了三年。

不甘于现状的成金兰萌生自己做点生意的想法。她辞去哎呀呀财务的职位，选择在东莞的一个工业园区开了一家哎呀呀门店。2008 年的金融风暴让整个工业区风雨飘摇，也捎手刮倒了成金兰的店。关了店，成金兰硬着头皮又回了哎呀呀。

时隔两年回到公司，许多事情都发生了改变，工资和职位都不理想，但成金兰接受了现状，又回到了各种活儿都去做的状态。跟着公司一路走来，成金兰把每件事情都当成自己的事全力以赴地做好，做事勤快又得体，颇受老板赏识。

一次品牌部门缺人，成金兰抓住机会要求加入。这次内部调整，为成金兰打开了一扇大门。

要是娇生惯养，早干不下去了

慢慢地，因为工作出色，她开始被公司倚重并被任命为公关主管，再到公关经理兼总裁助理。像是开了挂般，可能别人用三年时间完成的职场生涯三连跳，她只花了一年多时间。

但成金兰觉得，她是把别人一年的时间当作三年来过。早上 7 点半到办公室，几乎和保洁阿姨同时开始工作。这个早到的习惯，成金兰说她坚持了十余年。

成金兰出差，大都习惯买早上第一班或者晚上最后一班飞机，用她的话说："不耽误工作。"从南到北，从东到西，随着名创优品开店的推进，成金兰在全球飞来飞去。最疯狂那个星期，成金兰飞了六个国家，最疯狂的那天，成金兰 24 小时往返印度尼西亚。2018 年年底，成金兰查了查一年的航程，绕地球一圈绰绰有余。

Q：现在大家都在谈原生家庭对个人成长的影响，你怎么看？

成金兰：其实就看每个人的心态和选择。我觉得心态真的很重要，如果从小到大我的心态不正的话，可能就是另外一种结局了。如果出身条件并不优越，我的建议是：认清自己，摆正心态，奋发图强。

Q：如果现在回过头来看，你还愿意吃那些苦吗？

成金兰：我不觉得苦。我想过这个问题，如果让我从头再来，我会在每个阶段更努力。我从小到大的环境就是这样的，不努力就没得吃。但我觉得恰恰是因为我从小到大所处这样的环境，促使我愿意吃别人不愿吃的苦，愿意干别人不愿意干的活。要是娇生惯养，我早走了。

　　Q：道理都很简单，怎么能做到？

　　成金兰：环境和"引路人"的影响十分重要。我很庆幸我一路走过来，从家人到老板，一直都很正。他们不会讲太多道理，但会用行动告诉你，必须得做，你做了才会有机会，你才会得到认可，你才会得到你想要的。我跟叶总十几年，除了工作，我们没有任何其他交集。但无形中他确实给了我很多影响，行胜于言。

很多人不是缺好领导，　而是太想走捷径

　　名创优品自创立之初，一直有个小活动，店面扫码关注微信公众号送购物袋，使得粉丝数量一直保持稳定的增长。虽然粉丝数量喜人，但成金兰发现转化和评论等其他方面的数据并不理想，靠"送礼"吸引来的粉丝，往往并不是核心目标人群。在 2016 年年底，成金兰取消了这个活动。

　　活动取消的后果是，名创优品全平台粉丝数量下降一度达到 500 万，这让成金兰背负上来自老板和业绩的双重压力。

　　但成金兰坚信这样的调整意义重大，她从定位、内容、栏目、人格化运营等各方面对官微进行了调整。成金兰说，经过两年时间的调整，名创优品全平台粉丝数量突破 5000 万大关，做到了广告费一年不到 3000 万元，却做出超亿元的品牌营销效果，同时新媒体还为公司赚了超过 1000 万元的广告费。

　　真正有效果的营销项目，需要工厂、产品、店面、销售等各个环节密切配合。从基层员工一路上升，又做过老板助理，这给了她别人未有的优势，让她懂得各个部门的工作语言。"我是随着企业一起发展的，这中间（每个部门）的发展过程我很清晰。"但一开始的时候，冲突仍不可避免。成金兰说，面对都是真刀真枪拼业绩的团队，必须要让与她合作的部门得到好处，"要敢于先站出来吃亏"。

Q：很多人会抱怨，我遇不到一个像叶国富信任你一样信任我的老板。你怎么看？

成金兰：老板不会上来就信任你，我也是通过先提供价值，才赢得老板的信任，然后被认可的。有时候，许多不是我工作范畴内的工作，老板都交给我，我的第一反应是他觉得我可以。我要对得起这份信任，所以很多的时候在公司，我真的就是老板安排什么工作我就做什么。

好领导，对于很多人来说，是可遇不可求的。但不管这是缘分还是命运，其实最核心的一点就是你自己要时刻做好准备，做出超越他期待的成绩，机会才会更大概率落在你的头上。

大多数人其实不是想找一个好领导，而是想走捷径。

Q：你会选择给什么样的老板工作？

成金兰：价值观匹配很重要。我选老板会选实干型的，否则价值观不匹配，公司再好你也很难发挥价值，或者是说你有再强的能力，公司不认可，你的价值也体现不出来。

Q：努力有用吗？

成金兰：努力不一定有回报，但不努力就真的完全没有回报。机遇是需要时间点的。但你要愿意吃苦，愿意走在前面。我离开名创优品半年前就已经做了决定，但直到离开的前一天我还在全力以赴，离职的前一天我还在出差，全力以赴地工作，我觉得这是职业的素养。

Q：那为什么离开名创优品呢？

成金兰：在这里我已经成形了。我想把我的精力都放在品牌这一块上。整个行业在重新洗牌，这可能也是我的一个机会。

欲食半饼喻

《百句譬喻经》中记载了这样一个故事：有个人正在吃饼，吃到六张半的时候就很饱了。这个人捶胸顿足后悔不已："我今饱足由此半饼。然前六饼唐自捐弃。"

　　机遇和努力哪个更重要？这个问题困扰着很多职场人。我们总是将两者对立起来思考，将他人的成长称为"命好"，刻意忽视了他们在"命运"背后付出了多少汗水。

　　若想实现职业梦想，机遇和努力都很重要，如果非要分出一个高低，成金兰给了我们一个很好的答案。

　　"机遇固然重要，但请先努力到达那个有机遇的地方。"

作者：脉脉编辑部

2019 年 4 月 28 日发布于脉脉公众号

附录四

年龄算什么！
34 岁的我，无所畏惧！

曾经有人问我，觉得自己哪个年龄段最美。

我的答案是——当下。

在年满 34 岁的这个特别的日子里，

我想把自己讲给世界讲给你们听。

人的一生就像一把尺子，刻度清晰长度分明，总有人喜欢在女性不同的年龄时刻上，狠狠钉上图钉，勾勾画画为她们写好人生每个阶段的剧本。

可年龄不过只是一个数字，人生因为不拘而精彩，是做一个围着围裙的巧主妇，还是做一个独自精彩的大龄剩女，选择哪种，请君入瓮。

所以，谨以这篇文章对我的 34 岁做一个回顾，把我的经历分享给大家。

变

前段时间助理让我用三个词做年度盘点，我写下的第一个词是：蜕变。

1. 身份的转变

34 岁这一年，如果问我最大的一点感触是什么，那就是，原来"求战者安，求安者亡"的道理对人生选择也适用。

虽然相对于三万多天的生命长度，我现在仅经历了三分之一，不敢说哪种选择一定是正确的，但我大概清楚哪种选择一定是后悔的。

当你面前有两个选择：

一条是轻松的、可以套用之前已经熟稔的、不费多少力气的路；一条是充满不确定的、未知的、包含了荆棘与冒险的路。

我的选择是：我永远不想彻底妥协，不愿意随波逐流。

所以 2018 年我辞了职，从一名职场经理人到半个创业者，开启了从 0 到 1 的创业状态，也逼自己进入了一段严苛的反人性之旅。

这一年，因为受到很多平台的邀请，我有幸得到了一些为人师表的机会。

40 多场的论坛主题活动，2400 多个小时的分享，30 多个城市的日与夜，100 多次飞行的航程，这些数字的背后，是连轴转的空中飞人状态。

奔波在一个城市到另一个城市的航班上，在无数个酒店的夜里，一次又一次的课件打磨，对着 PPT 逐字逐句修改内容，一遍不行，两遍，三遍……

因为心里绷着一根弦，站在台上分享的瞬间，看着那一张张充满着热忱的脸庞，我觉得总要留下些什么吧。

为了不辜负"成老师"这一句尊称，为了担得起"木兰姐"这一声最美的呼唤。

在此也要感谢：混沌大学广州分社、Hello 再会营销大学、36 氪、人人都是产品经理、品观 App 等平台，让我能借三尺讲台赋能和连接更多喜欢品牌营销的人。

熟知我的朋友也知道我今年接了几个品牌顾问咨询的活儿。

合作的品牌不算多，毕竟我是一个成就感和责任感驱动的人，如果没有把握，宁可不合作。

这一路走来，我看过太多品牌给自己挖了很多坑，销售额做到几亿元、十几亿元、几十亿元，忽然就被拍死在沙滩上了，或是被市场逼得破坏品牌溢价力，提前消耗生命。

我希望在帮助合作品牌梳理定位和核心竞争优势时，真正可以让他们少走很多弯路，或是帮助客户做一些看起来"分外"的事情，陪伴他们成长，而不是过分专注于收割客户。

我坚信，任何一种关系都遵循同一个朴素的原则：爱出爱返，仁往仁来，才是双赢。

因为爱，也因为热爱。

在 34 岁的生日里，我收到了三份珍贵且意义重大的礼物：

一份来自于 "2019 ECI Festival 国际数字商业创新节——年度创新人物盛典" 颁发的 "2019 ECI 年度最具创新营销力人物奖"。

何其荣幸，能够和获得 "中国艺术创新卓越贡献奖" 的著名演员刘晓庆以及历届年度创新人物雷军、傅盛、李开复、杨飞等企业家和精英大咖共享殊荣。

一份是我生日当天，由 "PR 人" 联合北京大学光华管理学院、首席数字官等颁发的 "2019 金牛奖最佳营销人物奖"。

惊喜，惊喜，还是惊喜！我相信，这次生日因为这个奖项赋予的感动，会让我终生难忘！

还有一份是 12 月 18 日，由 "2019 智慧渠道高峰论坛暨第七届金锐奖颁奖盛典" 授予的 "2019 金锐奖年度人物奖"。

星光从不问赶路人，时光从不负有心人。

就像我在朋友圈里写的，这将鞭策我要在品牌路上更加努力，要紧跟时代的变化做出相应的变化，品牌营销的道路之于我，任重而道远。

2. 微信公众号捡起来了

细心的人会发现，"木兰姐" 微信公众号是在 2014 年注册的，但是真正有内容输出是 2019 年。

为什么要选择在大家都纷纷唱衰微信公众号的时候入局？

当然，很大的原因是，我终于有时间有精力把尘封已久的微信公众号捡起来了。

还有一点，我始终坚信，现在读者不缺信息，缺的是有用的、有深度的内容。

我相信大家关注"木兰姐"微信公众号并非是因为我的颜值（当然如果是我也不介意，哈哈），主要还是因为我的分享能给大家一些启发和价值。

所以我对"木兰姐"微信公众号的定位是：言必有干货，写必有共鸣。

内容的输出其实是一个痛并快乐着的过程。痛是因为每篇文章的打磨都极其耗时耗力，快乐是因为输出也是为了倒逼自己更好地输入，这是一个自我审视和成长的历程。

当然，还有最重要的一点，读者的每一次打开，都蕴藏着一份信任与爱。

星星之火可以燎原。持续地输出，做有洞察性的内容，做有用的内容，也让更多的人因为"木兰姐"微信公众号而认识了我。

这便是我依然相信的事情：你若盛开，清风自来。

3. 木兰姐品牌人社群

很多人运营社群，是为了把一群人圈进来，当韭菜一样收割。

可能是天性使然，我会坚持刻意做很多不功利的事情。

所以，"木兰姐品牌人社群"成立的初衷很简单，就是把一群对品牌营销有浓厚兴趣的人聚集在一起，画地为营，敞开唠嗑。

不为广告而生，也不为名利而来。

在这里，只有一手干货。

从年初到现在，这个群运营到现在也有了 1200 多人，木兰姐社群公开课也按部就班地进入了第二期，未来还会有第三期、第四期……

最近，听到一个比较有成就感的事情就是：群里的成员告诉我，说自己目前所在的品牌群里，木兰姐品牌人社群是让他最有收获的一个。

千言万语，唯有一句：但行好事，莫问前程。

4. 写一本品牌营销方面的书

写一本关于品牌营销的书，一直搁置在我的未完成事项清单上。

这个念头不是今年才萌生，只是最近我才有把它照进现实的想法。

这一年来，在与很多人的交流与探讨中，他们对于我是怎么一年花不到 3000 万元广告费却做出超亿元品牌效果的营销方法论非常感兴趣，这也让我在做微信公众号内容输出的同时，想把一套更系统化的实战经验，毫无保留地整理出来，分享给大家。

我希望这本书是干货与实用兼具的，是真正可以对品牌的营销有参考价值的。

很开心，耗时一年，这个计划终于落地，希望正在看这本书的读者可以有所收获。

不变

很庆幸有些事、有些人还依然陪伴着我，未来，应该还能坚持下来。

1. 把读书变成一种习惯

每个人都有让自己适当喘一口气的方法，对我来说，敷面膜、读书就是最大的消遣，方式也不局限于用眼睛看，零碎时间也会听书。

我读书一向都很随性，会读一些和创业相关的书，也会读互联网圈讲趋势的书，也会读很多杂七杂八的闲书，和工作没有直接关联，但会有千丝万缕的间接关系。

如果说有什么值得遗憾的话，这一年，我留给自己独处的时间太少。

一年忙到头，忙于工作，忙于奔波，希望新的一年我也能偶尔停下脚步，给自己一些放飞自我的独处空间吧。

2. 从这个班级跳到另一个班级

身边的朋友有一次问我，你觉得什么样的女人最完美？

我的答案是："五毒"俱全的女人。何为"五毒"？

独立的价值观，独立的思辨能力，独特的生活方式，独特的人格魅力，以及独立的经济能力。

同时，愿你还有第六毒，爱学习。

但是对于很多人来说，学习是一件反人性的事情，刻意练习是一种反人性的事情，突破舒适区更是一种反人性的事情。

这一年来，我很庆幸，在反人性的道路上，放弃"唾手可得"的快乐，放弃"即时满足"的倾向，学会做痛苦但正确的事情，学会等待，学会"延迟满足"，我依然在为之坚持着。

作为"扬帆计划"的首期学员，我在 2019 年毕业了，然后作为得到大学第 5 期学员，我又开启了新的一轮求学之旅。

也正是这段倒逼自己学习的经历，让我认识了很多企业家，他们对未知的冒险、对成功的抱负、对行业的格局视野都超越了常人。

他们在各自的领域缔造着神话，他们的专注使得他们的企业即使面对动荡的市场大环境也安然屹立。

你会发现，跳出自己的围墙，多去了解外面的行业动态，跨界交流沟通，才能深入骨髓。

原来每个成功的企业背后都没你所看到的这么光鲜容易，都是需要不断地创新、挑战、突破，才有更大的市场份额和更长远的路。

同时，这些学习平台也让我有更多的机会通过不同的渠道和场景，比如走进扬帆计划和得到大学去和大家分享交流，也让我更加明确自己在哪方面还存在短板和上升空间。

虽然频繁的出差和上课消耗了我很多精力，但缓过来之后，我依然渴望下一次的课程，因为那意味着对远方和更多美好的探索。

眼界决定是世界。

34 岁的我深刻理解了：当你做到又美精神又富有的时候，那种实力赋予你的底气，无畏风雨。

3. 那些可爱的人儿啊

人这一生，能遇到一两个知己，也是极幸运的事。

而我何其有幸，有些人，第一次遇见，就是一眼万年。

这两年，从成都到广州，寒来暑往秋收冬藏，因为 Hello 再会营销大学，结缘了 Happy，认识了我的一群可爱又温暖的成都接待办小伙伴们。

一起撸串、偶尔小酌，天南地北，把酒言欢。

从此，成都不再是我出差清单上的一个寡淡无味的城市，而是充满着人间烟火的栖息地，让我有所依，有所眷，有所恋。

还有无论我走多远，依然守在我身后，陪我哭、陪我笑、陪我疯、陪我闹的闺蜜们。

感谢你们陪我度过悠悠岁月，红尘做伴，一起将生活过得潇潇洒洒。

感谢你们在我生命的每个有意义的时刻，远隔山海与我共存。

请容许我默默地在今天酸上这么一句：时光不老，我们不散，好吗？

4. 佛系旅行

2019 年我去过的地方不少，但算得上旅行的寥寥无几。

一个是柬埔寨。

这是一场说走就走的旅行，纯粹自己规划，随心而动。

但佛系旅行有时也可以遇见很多小惊喜，我永远记得，初见时，西哈努克日落时分那片在夕阳下美到让人想恋爱的海。

这样美到让人窒息的景致，在往后的日子里不复，这大概就是旅行中的小确幸吧。

还有那片蔚蓝辽阔的属于木兰姐的大海。

另一个是西藏。

这应该是我人生旅途中迄今为止待的时间最长的一个地方，吃吃玩玩看看，优哉游哉地晃荡了 12 天。

是的，没有高反，在海拔几千米的地方，吃嘛嘛香，身体倍儿棒，估计要羡慕死很人，哈哈。

探秘了神圣的布达拉宫，为文成公主和松赞干布的故事落泪，穿越了那根拉山脉，打卡了有蓝绸缎一般湖面的羊湖，遇见有群星点缀的穹顶的纳木错。

这次旅行可以说开启了我人生中的很多第一次。

在海拔 5000 多米的纳木错，不仅体验了一把当地的帐篷住宿，还破天荒凌晨 5 点爬起来看了一场日出，幸运的是，我看到了日照金山。

真是久违的年少疯狂啊！

如王家卫所说，人的一生是见天地、见众生、见自己的过程。

我也想说一句：我们来人间一趟，就要去看看太阳啊。

褪去大平台的光环，当所有人的目光只聚焦在我是"木兰姐"的时候，这一份盈满胸腔的成就感，真的是无以言表。

能找到属于我自己的赛道，能圈粉，让自己也很舒服，在自己有天赋的领域去努力，去做一些有意义的事情。

我想这一年，我给 34 岁的自己上交了一份诚意满满的答卷。

最后，要感谢的人与事很多。

感谢一路走来，给予我无数温暖和感动的合作伙伴以及客户，还有那些或萍水相逢，或相见恨晚的朋友，感谢一切的相遇，愿我们来日方长。

感谢生命里所有的际遇和线索，不管是好的还是坏的，都是我生活里空降的惊喜。尽管未来充满未知，但我依然享受当下的生活，享受当下的事业，享受当下的一切。

正如北野武所说："虽然辛苦，我还是会选择那种滚烫的人生。"

这就是，独一无二的我！

木兰姐

2019 年 12 月 13 日发表于木兰姐微信公众号